KB017362

부자들의
비밀노트

부자들의
비밀노트

초판 1쇄 인쇄 2019년 9월 5일
초판 1쇄 발행 2019년 9월 10일

지은이 강은규
펴낸이 장신희

펴낸곳 서사원
출판등록 제2018-000296호
주소 서울시 마포구 월드컵북로400 문화콘텐츠센터 5층 22호
전화 02-898-8778
팩스 02-6008-1673
전자우편 seosawon@naver.com
블로그 blog.naver.com/seosawon
페이스북 @seosawon **인스타그램** @seosawon

홍보총괄 이영철 **마케팅** 이정태 **디자인** 김종민

ⓒ 강은규, 2019

ISBN 979-11-90179-05-8 03320

이 책은 저작권법에 따라 보호를 받는 저작물이므로 무단 전재와 무단 복제를 금지하며,
이 책의 전부 또는 일부를 이용하려면 반드시 저작권자와 도서출판 서사원의 서면 동의를 받아야 합니다.
이 도서의 국립중앙도서관 출판예정도서목록(CIP)은 서지정보유통지원시스템 홈페이지
(http://seoji.nl.go.kr)와 국가자료종합목록시스템(http://www.nl.go.kr/kolisnet)에서
이용하실 수 있습니다.(CIP제어번호 : CIP2019031415)

부자들의 비밀노트

강은규 지음

**주식시장이 폭락하고
불황이 와도
끄떡없이 부자 되는 방법**

서사원

프롤로그

세상에서 가장 비싼 점심

'투자의 귀재'이자 세계 최고 부자 중 한 명인 워런 버핏은 매년 일반인들에게 귀가 솔깃할 만한 이벤트를 한다. 그것은 자신과의 점심식사를 경매로 내놓는 것이다. 그런데 이 이벤트에는 한 가지 조건이 있다. 점심식사를 하는 중에 버핏에게 어디에 투자할 것인지 물어보면 안 된다는 조건이다. 당신의 눈이 의심스러울 수도 있다. 어리둥절이란 표현으로도 부족할 것 같은 조건이다. 이것은 마치 대학수능 만점자에게 어떤 문제집으로 공부했는지를 묻지 못하는 것과 다를 바 없는 것이다. 하지만 놀랍게도 매년 엄청나게 많은 사람들이 이 경매에 참여한다. 당신은 얼마 정도면 버핏과 이런 식사를 할 마음이 생기겠는가. 이 점심식사의 2018년도 낙찰가는 35억 원이었다.

"Price is What You Pay, Value is What You Get."

이 말은 워런 버핏의 유명한 명언 중 하나이다. 직역하면 '가격은 당신이 지불하는 것이고, 가치는 당신이 얻는 것이다' 정도가 될 것이다. 이 문구는 버핏과의 점심식사 경매 사이트에서도 인용되었는데, 본래의 의미와는 조금 다르지만 아마도 35억 원의 점심값보다 더 가치 있는 것을 얻을 수 있다는 메시지를 주고자 했던 것 같다. 정말 모순적인 얘기가 아닐 수 없다. 버핏이 다음에 어디에 투자할지를 아는 것보다 더 가치 있는 것이 있다는 말인가. 그것이 버핏과의 점심식사의 비밀일까?

35억 원짜리 질문

당신이 버핏과의 점심식사에 낙찰되었다고 하자. 그렇게 비싼 점심을 먹으면서까지 묻고 싶은 것은 무엇인가? 그저 생각만 해도 신나고 흥분되는 일일까? 그렇지 않을 것 같다. 35억 원의 주인공이 얼마나 부자인지는 모르겠지만, 그 액수는 그 만남의 무게감을 의미한다고 생각한다. 어쩌면 인생을 건 모험일 수도 있다. 버핏의 대답이 35억 원 이상의 가치를 갖느냐 아니냐는 당신의 질문에 달려 있는 것이다. 어쩌면 대부분의 사람들이 가장 중요한 질문이라고 생각할 수 있는, '돈을 많이 벌기 위해 어디에 투자해야 하는가'를 묻지 못하는 상황이 혼란스러울 수도 있다. 나는 점심값을 지불한 사람들이 어떤 질문들을 했는지는 모르겠지만, 그리 궁금하지는 않다. 버핏은 이미 우리가 던져야 할 질문이 어떤 것이어야 하는지에 대해 힌트를 줬다고 생각한다.

하늘에서 돈이 떨어진다면?

'투자의 비밀!' '이것만 알면 당신도 할 수 있다!'

서점에 가면 사람들의 마음을 흔들어 놓는 책들이 수없이 많다. 시선을 빼앗기지 않을 수 없다. 사실 당신은 이미 이런 종류의 책을 몇 권 읽어 봤을 수도 있다. 그리고 늘 기대감 가득히 읽어보지만 결국은 별 효과가 없어서 실망했던 기억이 있을 수도 있다. 그런데 서점에 가면 또 그런 책들만 눈에 들어온다. 이번에는 뭔가 다른 내용이 있진 않을까 하는 기대감으로. 벌써 마음이 두근두근거린다.

모두 경험해 봤을 법한 일이다. 우리는 투자를 잘 하기 위한 어떤 비밀이 있다고 생각하곤 한다. 매우 자연스러운 생각이다. 학창시절 전교 1등 하는 친구를 보면서 매일 그런 생각을 해보지 않았는가. 그들이 보는 문제집을 알고 싶어한다. 그 입에서 나오는 말이면 공부할 때 클래식 음악을 듣는다는 것조차 비밀처럼 들린다. 여하튼 그 비밀만 알면 금방 효과를 볼 수 있지 않을까 생각하는 것도 무리는 아니다. 이와 마찬가지로, 자신이 부자가 되지 못한 진짜 이유가 어떤 결정적인 비밀을 알지 못했기 때문이라고 생각할 수 있는 것이다. 어쩌면 그렇게 생각하는 것이 덜 억울하고 정신건강에 좋을 수도 있다. 적어도 그 비밀만 알면 희망이 있다는 얘기 아니겠는가.

또 한편으로는, 부자들은 원래부터 돈이 많았기 때문에 별 노력 없이도 계속 부자로 살 수 있다고 생각하기도 쉽다. 금수저라는 말에는 이 모든 억울함과 부러움이 농축되어 있다. 좋은 투자 기회는 늘 그들의 몫이고, 우리는 늘 뒷북만 칠 수밖에 없다고 한탄하기도 한다. 돈이 돈을 번다는 유명한 투자 격언도 있다. 이제는 더 이상 개천에서 용 나는 시대가 아니라고도 한다. 하지만 가끔 개천에서 용이 되었다는 얘기들이 들려온다. '그래, 분명 내가 모르는 뭔가가 있어. 부자들과 같은 방법으로는 절대 그들을 이길 수 없어. 뭔가 특별한 방법이 있었던 거야.' 이제는 전통적인 원칙을 따라서는 안 된다는 확신까지 생기기도 한다.

그런데 과연 정말 그럴까? 갑자기 하늘에서 1억, 아니 10억 원이 뚝 떨어졌다고 하자. 이제 당신은 이 돈으로 무엇을 할 것인가? 지금 당장 머릿속에 무슨 생각이 드는가? 현금으로 10억이면 분명 큰 돈이다. 당신이 원했던 많은 것들을 가능하게 해줄 수 있는 돈이다. 그리고 앞에서 부자가 아니라서 할 수 없었던 것이라고 했던 것들을 이제는 할 수 있을 만한 돈이다.

그런데 무엇을 어떻게 해야 할지가 명확한가? 여기에서 차이가 생긴다. 이 차이를 만드는 것이, 진짜 비밀이다. 당신에게 뚝 떨어진 10억과 부자가 갖고 있던 10억의 미래는 다를 수 있다. 그 영향력이 다를 수 있다. 그리고 그 열매가 다를 수 있다. 10억 자체가 중요한 것이 아니라, 그 10억이 누구에게 있느냐가 중요하다. 비밀은 바로 이것이다. 10억으로 무엇을 해야 할지 아는 것과 100만 원으로 무엇을 해야 할지를 아는 것은 그 근본이 크게 다르지 않다. 돈의 액수가 핵심이 아니라는 것이다. 물론 돈이 많으면 분명 선택의 폭은 넓어진다. 그리고 마음이 매우 여유로울 것이다. 하지만 100만 원을 갖고도 제대로 할 수 없는 사람은 절대로 10억을 제대로 관리할 수 없다.

이 책을 쓴 이유

먹고 살기 위해서 돈을 벌고, 아이들에게 좀 더 잘 해주기 위해 더 돈을 벌고, 좀 더 안락한 집에 살기 위해 더 열심히 돈을 벌고, 은퇴한 후에 남에게 손 벌리며 살지 않기 위해 더욱 더 성실히 돈을 번다. 누가 이런 이유로 돈을 버는 사람에게 탐욕스럽다고 할 수 있을까. 평범한 사람들에게는 이 정도를 문제없이 해결해 나가는 것 자체가 쉬운 일이 아니다. 생각처럼 잘 안 된다. 절대 간단하지 않다는 말이다. 내가 돈을 벌지 않는다면, 그러면 돈을 써야 할 일들도 없어지는가? 당연히 그렇지 않다. 그러면 결국 누군가에게서 도움을 받아야 한다. 그 말은 곧, 그 누군가는 당신 몫까지 돈을 더 벌어야 한다는 것이다.

삶이 이렇다 보니 시대가 바뀌어도 서점에는 돈을 버는 방법이나 투자에 관한 책들이 넘쳐난다. 책을 사서 읽는 사람들의 심정은 비슷할 것이다. 나 역시 같은 심정으로 대학 시절부터 수많은 책을 읽었다. 특히 나는 오랜 기간 투병으로 고생하시는 부모님께 짐을 드리고 싶지 않았다. 그러다 보니 결혼이나 집을 준비하는 것도 내게는 쉬운 일이 아니었다.

하지만 내가 책까지 사서 읽은 이유가 단순히 집을 사기 위한 방법을 알고 싶어서는 결코 아니었다. 물론 집 장만도 쉽지 않은 문제이지만, 그 정도는 마음먹기에 달렸다고 생각했다. 대학 시절에도 아르바이트 하면서 필요한 대부분의 것들을 스스로 해결하며 살았기 때문에, 눈 딱 감고 무식하게 저축만 해도 몇 년 정도면 꽤 가능한 일이라고 생각했다. 실제로 미국 유학을 준비하는 동안 나는 정말 거지같이 살면서 유학 자금을 모았다. 미국에 와서 몇 년간은 더 거지같이 살아야 했지만 말이다(미국의 월세는 정말로 살인적이었다.). 여하튼 목표를 위해 잠시 몇 가지를 포기한다면, 목돈을 모으는 것이 불가능한 일은 아니라고 생각한다.

그런데 계속 그렇게 살 수는 없을 것 같았다. 뭔가 청사진 같은 것이 필요했다. 그리고 가능하면 근사한 청사진을 보고 싶었다. 아무 것도 없이 시작한 나같은 직장인에게도 희망이 있다는 것을 확인하고 싶었다. 그래서 닥치는 대로 책을 읽었다. 그러면서 많은 용기를 얻었다. 엄청난 동기부여가 되었고, 자신감이 생기기 시작했다.

그런데 책을 덮고 나면 늘 비슷한 현상이 나타났다. 책을 읽고 뭘 해보려고 하면, 막상 뭐부터 해야 할지를 몰라 흐지부지되는 경우가 많았다. 때론 너무 동기부여가 과한 나머지 무리한 목표를 세운 탓에 중도에 포기하는 경우도 있었다. 그리고 주식이나 부동산의 경우는 솔직히 두려움을 극복하기가 만만치 않았다. 안 그래도 이미 IMF를 겪은 터라 심장이 많이 쪼그라들어 있었는데 현실은 훨씬 더 복잡했다. 내가 세를 살던 집도 잘 모르겠는데, 몇 번 밖에 안 본 집의 투자성을 판단하는 건 쉽지 않았다. 적어도 머리로는 알겠는데 행동으로 옮기는 건 또다른 문제였다. 가장 큰 이유는 이것이었다. 나는 실패를 감당할 수 있는 여유가 없었다. 책의 저자들은 성공할 수 있는 방법과 성공의 결과를 보여주며 심장을 뛰게 했지만, 그 반대의 경우에 대해서는 침묵했다. 아니, 그런 것은 부정적인 생각이라고 간주하면서 오히려 나무라곤 했다. 그래도 내 입장은 그렇지 않았다. 잘못되면 어쩌란 말인가.

작은 돈이라서 잃어도 괜찮은 것은 아니다. 작은 돈도 지킬 수 없으면서 큰 돈은 지켜낼 수 있다는 믿음은 설명이 되지 않는다. 만약 몇 차례 성공한 것들이 행운이었다면? 그 뒤에 감당해야 할 대가는 생각보다 쓰라릴 수 있다. 솔직히 말해보겠다. 나는 내 개인적인 성공을 비롯하여 많은 저자들의 성공 뒤에는 크고 작은 행운들이 결정적인 역할을 하는 경우가 적잖이 있다고 생각한다.

나는 우연을 믿지 않는다. 분명 노력이 결실을 이룬 것이라고 믿는다. 하지만 많은 경우 그 결실이 분명히 나의 힘만으로 된 것이 아니었다는 것을 깨닫게 되곤 한다. 이런 이유가 아니더라도, 다른 사람의 성공이 반드시 내게도 일어나리라는 보장은 없다. 말하자면, 내가 공부한대로 그대로 공부하거나 성공한 방법들을 똑같이 따라한다고 해도, 내가 이룬 것들을 비슷하게라도 이룰 수 있다는 보장은 전혀 없다. 그렇기 때문에 내가 성공했기 때문에 당신도 할 수 있다는 논리는 위험하다. 내가 아는 것을 다 알려줘도 당신은 실패할 수 있다. 그것이 공식에 따라 기계적으로 작동하는 것이 아니라면 말이다. 따라서 우리에게는 저자의 성공 스토리를 제거해도 각자만의 성공의 길을 걸어갈 수 있는 방법이 필요하다. 이것이 내가 이 책을 쓰게 된 이유이다.

감당할 수 있을 정도의 실패

쓰나미를 온몸으로 막아내서 살아날 사람이 없다. 쓰나미가 오면 대피해야만 한다. 가랑비는 우산이 없어도 당장은 크게 신경이 쓰이지 않는다. 하지만 가랑비도 하루 종일 맞으면 온몸이 다 젖어서 심한 감기에 걸릴 수도 있다. 그 이외의 날씨에 어떻게 대응해야 하는지는 설명할 필요가 없다. 비가 오면 우산을 쓰면 되고, 햇빛이 너무 강하면 선크림을 바르면 된다. 이 정도는 감당할 만하다. 무엇보다도 이 정도는 누구나 할 수 있다.

아는 것이 힘이라고 한다. 그래서 투자 상품이나 부동산을 잘 알면 알수록 손실을 줄이고 안전하게 투자할 수 있다고 한다. 그런데 현실은 어떤가? 투자의 전설인 워런 버핏도 돈을 잃을 때가 많이 있다.

2008년도에는 무려 27%를 잃었고, 2018년 1월에는 2주만에 10%를 잃기도 했다. 잘 아는 것만으로 안전할 수 있다는 것은 환상이다. 그것보다는 누구든지 잃을 수 있고 그것이 정상적이라는 것을 인정하는 것이 맞다. 다만 당신은 버핏이 아니라는 걸 반드시 기억해야 한다. 많은 이들이 돈을 벌 때는 버핏인 것처럼 행동하지만, 돈을 잃을 때는 갑자기 다른 사람이 된다. 그 사람은 평소 당신의 모습도 아니다. 물에 빠진 사람이 되어버린다. 차이가 있다면 버핏은 항공모함을 타고 있지만, 당신은 구명조끼조차 없을 수도 있다는 것이다.

모든 부자들 역시 우리와 동일한 위험에 노출되어 있다. 그들의 비밀은 부자가 되는 특별한 방법에 있지 않다. 진짜 비밀은 그들이 가지고 있는 것을 지켜내는 능력이다. 얼마나 많은 사람들이 지켜내는 것에 주목을 하고 있을지 의문이다. 그렇기 때문에 이 비밀 같지 않은 내용이 비밀이 되었다고 생각한다. 실패에 대한 두려움이 적어지면 당신은 조금 더 자신 있게 한 걸음을 내딛을 수 있을 것이다. 그렇게 한 걸음 한 걸음 내딛을 수 있으면, 뛰어가는 것은 이제 시간 문제이다.

나는 이 책에서 경제적 자유를 이룰 수 있는 방법을 7가지로 나누어 정리하였다. 특징적인 것은 각각 전략들의 성공을 가로막을 수 있는 장애물들을 6가지로 분류하여 각 전략들과 연결시켜 설명했다는 것이다. 수입의 많고 적음에 따라, 현 재산 상태에 따라 적용은 달라질 수 있다. 하지만 누구에게나 무시해도 되는 위험은 없다. 이것을 명심하면서 각 챕터의 내용들을 자신의 삶에 적용시켜 나가기를 바란다.

부자는 지위가 아니다. 부자는 상태이다.

나는 '풍요롭다'는 말을 좋아한다. 국어사전을 찾아보니 '흠뻑 많아서 넉넉하다'라는 의미였다. 부자는 이런 상태에 있는 사람이라고 생각한다. 애써서 자족하는 것과는 분명 다른 것 같다. '넉넉하다'라는 것은 필요가 충분히 채워졌다는 의미이다. 그 '필요'는 사람마다 다르기 때문에 분명 부자를 재산의 액수로 정의할 수는 없을 것이다. 그렇기 때문에 정말로 부자로 살아가기 위해서는 그 필요가 채워짐으로써 얻게 되는 만족과 행복이 무엇인지를 알아야 한다. 그것을 누릴 수 있어야 한다. 그런데 이것이 그리 쉬운 것 같지는 않다. 돈을 아무리 많이 가져도 행복해 보이지 않는 사람들이 너무도 많다. 그들이 행복해지기 위해 몸부림칠수록, 그 주변은 더욱 힘들어지곤 한다. 그 이유는 간단하다. 그들의 필요는 채워질 수 없기 때문이다. 그 필요가 '돈'이기 때문이다.

나는 이것이 '버핏과의 점심식사'가 말해주는 지혜가 아닐까 생각한다. 버핏은 누구보다 돈이 많은 사람이다. 그리고 그와 식사를 하려는 사람들도 세상의 잣대에서는 이미 큰 부자들이다. 그들은 식사를 하면서 다음에 어디에 투자할지 따위는 얘기하지 않는다. 그들은 '가격'보다 훨씬 중요한 '가치'를 얘기하고 싶은 것이다. 이것을 갖고 있는 자의 여유라고 생각할 수도 있다. 하지만 더 이상 돈도 필요 없고 명예에 목맬 필요도 없는 버핏이 뭣하러 공개적으로 그런 여유를 부리겠는가. 나는 버핏이 의도적으로 우리의 시선을 돌리려 하는 것이라고 생각한다. '가치'에 시선이 고정되어 있으면, 당신은 흔들리지 않을 수 있다. 그리고 당신의 돈은 그 '가치'를 더욱 빛나게 해줄 수 있는 훌륭한 도구가 될 것이다.

　나는 당신이 '돈'을 좇는 인생을 살지 않기를 바란다. '돈'은 필요가 있는 곳에 가야 할 도구일 뿐이다. 때로는 그 필요가 있는 곳이 당신이 아닐 수도 있다. 나는 당신이 그 필요를 보면 채워줄 수 있는 넉넉한 사람이 되기를 원한다. 나는 그런 당신이 기대가 되고, 그런 당신이 있는 세상이 기대가 된다. 그래서 나는 당신이 부자가 되는 것을 돕기 위해 최선을 다할 것이다. 당신도 최선을 다해 노력해주기를 바란다.

2019년 8월

강은규

차례 contents

Ch 03
얼마를 벌든지 자신의 몫부터 챙겨라
위험요소 #1: 돈을 쓰는 순서

Ch 04
돈이 없으면, 돈을 쓰지 마라
위험요소 #2: 빚을 남용하는 위험

Ch 05
반드시 투자를 하라. 단, 절대 잃지 마라 1
위험요소 #3-1: 투자를 하지 않는 위험

Ch 6
반드시 투자를 하라. 단, 절대 잃지 마라 2
위험요소 #3-2: 투자를 할 때의 위험

Ch 10
지금 당신 곁에는 누가 있는가
위험요소 #6: 궁극적 실패의 위험

Ch 11
감사하라

폭풍을
맞이할 준비가
되어 있는가

최선의 결과를 바라며 뛰어라. 그러나 늘 최악의 순간에 대비하라.
그리고 어떤 상황이 오든, 그 상황을 기회로 이용하라.

— 지그 지글러

2008년 9월 15일

정말 행복했던 기억들도 날짜까지 기억나는 일이 많지는 않은데, 이 날은 이상하리만큼 잊혀지지 않는다. 불행히도 이 날의 기억은 그리 좋지 않다. 당시는 내가 미국에 온 지 정확히 4년이 되는 때였다. 그 날은 한치 앞도 안 보이는 짙은 안개 속 같은 하루하루를 버텨가며 열심히 살아가던, 그저 어떤 날이었다. 그런데 이 날 이후 미국 전체는 말 그대로 큰 혼란 속으로 빠져들었다. 마치 10여 년 전 한국의 IMF 사태를 보는 듯한 혼란이었다. 이 날은 바로, 세계 최대 투자은행 중 하나였던 리먼 브라더스의 파산이 결정된 날이었다.

그로부터 정확히 한 달 후 미국 주가는 20% 폭락했다. 그리고 6개월 만에 주가는 무려 40%나 폭락해버렸다. 믿기지 않게도 씨티은행, AIG 보험 등의 세계적인 회사들이 거의 파산 직전이었다.

왜 이렇게 된 것인가? 우리에게 무슨 일이 벌어진 것인가?

사실 대중들에게 이런 원론적인 질문들이 당장 무슨 의미였을까 싶다. 중요한 것은, 정신 차릴 겨를도 없이 그들의 돈이 사라졌다는 것이다. 연일 TV에는 울면서 절망하는 직장인들의 모습이 보였다. 그들이 평생 모은 돈의 40% 이상이 6개월만에 사라진 것이다. 그 누구도 이 상황을 어떻게 극복해야 한다고 자신 있게 얘기해주지 못했다. 그렇게 울고 있는 사람들을 그저 바라보고 있는 것 이상으로 해줄 수 있는 것이 없었다. 나 자신 역시…

그 후 10년…

역사적인 금융 위기 이후 10년이라는 시간이 흘렀다. 이제 곧 11살 생일파티를 앞두고 설렘 가득한 딸아이를 보니 벌써 시간이 그렇게나 흘러갔다는 것이 실감이 난다. 우리가 하도 정신없이 사느라 느끼지 못해서 그렇지 10년은 분명 짧지 않은 시간이다. 대입 준비를 하던 학생들은 이미 사회생활을 시작했을 것이고, 신입사원이었던 청년들은 과장님이 되었을 수도 있다. 10년은 모든 것이 완전히 바뀌어 버릴 수 있는 시간일 수도 있다. 그렇다면 당신의 경제적 상황은 얼마나 달라졌는가? 더 직접적으로 말해보겠다. 10년 동안 당신은 얼마나 더 경제적 자유에 가까워졌는가.

역사는 참으로 아이러니하다. 적어도 되돌아봤을 때는 그렇게 보일 때가 많다. 2008년 금융 위기로 경제는 극심한 침체에 빠졌다. 실직자들은 넘쳐났고, 그런 상황에 자영업자들은 직격탄을 맞았다. 융자를 갚지 못해 무수한 집들이 은행으로 넘어가고, 파산을 신청하는 사람들도 부지기수였다. 말 그대로 희망이 보이지 않았다.

그런데 지난 10년간 미국 주식시장의 모습을 보면 이런 상황은 전혀 찾아볼 수가 없다. 2009년부터 2018년까지, 미국 주가지수 S&P 500의 연평균 수익률은 13.69%였다. 이것이 어느 정도의 수익률인지 감이 오는가? 만약 당신이 2009년 초에 1억 원을 투자했다면, 2018년도 말에 이 돈은 3억 5천만 원으로 불어나 있었을 것이다. 연봉으로 따지면 1년에 2천 5백만 원 정도의 수익이라 할 수 있다. 직장인들에게는 그리 놀라운 연봉이 아닐지 모르지만, 전혀 일하지 않고 이 정도 돈을 벌 수 있다면 얘기가 많이 달라지지 않을까?

그런데 정말로 아이러니한 것은 예상을 뒤엎고 주식 시장이 이렇게 좋았다는 사실이 아니다. 이렇게 좋은 상황 속에서, 그것도 10년이나 지속된 성장 속에서 투자로 돈을 번 사람이 그리 많지 않다는 것이 진짜 아이러니이다.

경제적 자유로 가는 길

내가 생각하는 경제적 자유란 더 이상 생계 유지를 위해서는 돈을 벌지 않아도 되는 상태이다. 이것은 일을 하지 않는 것이나 은퇴와는 다른 의미이다. 오히려 경제적 자유는 진정으로 자신이 하고 싶은 일을 하면서 살 수 있도록 도와줄 것이다. 정말로 설레는 일이 아닐 수 없다. 하지만 마냥 감상에 빠져 있을 수만은 없는 노릇이다. 이런 경제적 자유를 이룬다는 것이 그리 간단할 리가 없기 때문이다.

경제적 자유, 즉 부자의 상태로 살아가기 위해서는 두 가지 어려운 일 중 하나라도 해내야 한다. 첫째, 남은 여생 동안 넉넉히 쓰면서도 부족하지 않을 만큼 현금을 모으면 된다. 둘째, 필요한 만큼 계속 월급같은 소득을 제공해 주는 투자자산을 소유하면 될 것이다. 임대부동산이나 연금자산이 그 대표적인 예가 될 수 있다. 분명히 둘 다 만만해 보이지 않는다. 시간이 아주 많이 걸릴 수도 있다. 솔직히 말하자면 현실적으로 경제적 자유를 이루지 못할 수 있는 가능성이 더 높다. 은퇴라도 편하게 할 수 있을지조차 고민스러운 일 아닌가.

하지만 이것을 반대로 생각하면 희망이 보인다. 둘 중에 한 가지만 해내면 경제적 자유를 이룰 수 있다는 것이다. 똑같은 얘기로 들릴 수도 있다. 하지만 해결해야 할 문제를 분명히 알고 있고, 더군다나 그 문제를 해결할 방법을 알고 있다면 얘기는 달라질 것이다. 우리가 해결해야 할 문제는 두 가지밖에 안 된다. 그저 긍정적으로 생각해보자는 얘기가 아니다. 이 문제는 인류 역사를 통해 모든 사람들이 고민해왔던 문제이다.

그럼 아직까지도 그에 대한 해결책이 하나도 나오지 않았을까? 그렇지 않다. 이에 대한 해결책은 출판된 책들의 숫자만큼 많을 수도 있다. 물론 정말로 도움이 되는 것들은 소수에 불과할 수도 있지만, 여전히 우리에게 도움이 되는 해결책은 충분히 많이 있다. 그런데 왜 문제가 사라지지 않는 것일까? 이것은 매우 중요한 질문이다. 현실적으로 우리는 경제적 자유는커녕 경제적 안정조차 누리지 못하는 경우가 많지 않은가. 그 이유는 바로 이것이다.

대부분의 해결책들은 당신이 실패할 가능성을 고려하지 않고 있다. 당신에게 그 어떤 훌륭한 해결책을 가져다 줘도, 당신이 중간에 포기하는 일은 생길 수 있다. 왜 그럴까? 그것은 그 해결책마다 개인이 극복해야 할 부분들이 있기 마련인데, 사람에 따라 그것을 극복해낼 수 있는 능력이 다르기 때문이다. 이것은 당신 잘못이 아니다. 단지 그 해결책이 당신에게 적절하지 않았던 것뿐이다. 건강을 생각해서 운동 프로그램에 가입했더니 목표가 3개월 안에 마라톤 풀코스를 뛰는 것이라면, 얼마나 많은 사람들이 성공할 수 있을지 의문일 것이다.

모로 가도 서울만 가면 된다는 말이 있다. 하지만 우리 자신의 인생을 이렇게 살 수는 없다. 서울로 가는 데 위험한 길과 안전한 길이 있다면 어느 길로 갈 것인가? 물어볼 필요도 없는 질문인 것 같다. 그런데 어느 길이 위험한 길인지 모른다면 상황은 달라진다. 아마도 어떤 길이 안전한지 알기 전에는 길을 떠나지 않는 사람이 많을 것이다. 안전한 길로 가고자 하는 이유는 무엇일까? 그것은 서울에 무사히 도착할 성공 가능성을 높이기 위함일 것이다. 돈 문제도 다르지 않다. 돈을 벌고, 모으고, 관리하는 방법은 많겠지만 내게 필요한 것은 실패 위험이 적은 방법이어야 할 것이다. 이것을 무시한다면, 어쩌면 그 실패는 시작할 때부터 예견될 수도 있다.

부자들의 진짜 비밀

부자들은 그 위험을 대하는 자세가 진지하다. 그들은 그들이 원하는 결과를 얻기 위해서는 어떤 형태로든 위험요소들이 동반됨을 알고 있기 때문에, 그 위험요소들을 극복할 방법을 찾아내기 전에는 무리하게 움직이지 않는다. 하지만 이런 준비 과정은, 결과가 나오기 전까지는 사람들 눈에 확인되는 것이 아니다. 그래서 겉으로 드러나는 결과만 볼 때, 사람들은 부자들이 돈을 참 쉽게 번다고 생각하거나, 유독 행운이 많이 따른다고 부러워하기도 한다.

예전에 즐겨 보던 TV 프로그램 중에 '출발 드림팀'이 있었다. 운동을 잘하는 연예인들과 일반인들이 나와서 여러 가지 경쟁을 하는 내용이었는데, 그 중의 백미는 장애물을 통과해 나가는 게임이었다. 이 게임이 시작되면 사람들의 관심은 출연자 중 한두 사람에게 집중되곤 했다. 그들의 경기가 시선을 사로잡은 이유는 모든 힘든 장애물을 결국 극복해냈다는 인간 승리의 감동이 아니었다. 사람들이 탄성을 지르게 된 이유는 그들이 너무도 쉽고 부드럽게 모든 장애물을 해결해 나갈 때의 통쾌함 때문이었다. 다른 사람들이 쩔쩔매다가 실패하거나 죽을 힘을 다해야 겨우 극복하는 장애물들이 그들에게는 마치 징검다리 건너는 일처럼 쉬워 보였다.

어떻게 저럴 수 있을까? 설령 안다 하더라도 실제로 하는 것은 어렵겠지만, 그래도 그들의 비결은 다름 아닌 그 장애물들의 위험요소를 정확히 아는 것이다. 물론 타고난 운동신경과 체력도 뒷받침되어야 하겠지만, 장애물에 어떤 위험요소가 있는지를 모르고 달려들면 제 아무리 특전사, 올림픽 금메달리스트처럼 날아다니는 사람들이 와도 추풍낙엽이 되어버리곤 한다. 하지만 장애물들의 위험요소를 파악하고 있고 거기에 경험까지 더해지면, 장애물은 더 이상 장애물이 아닐 수도 있다.

위험을 극복하는 방법은 시대별로 달라질 수 있다. 사용되는 도구가 계속 발전되기 때문이다. 하지만 위험의 본질과 그 위험에 대비하는 지혜는 시대를 초월한 것이다. 우리 모두는 조금 후에 무슨 일이 일어날지조차 모른다. 하지만 우리가 매 순간 긴장하거나 크게 걱정하지 않는 이유는, 우리가 이미 우리에게 일어날 수 있는 다양한 위험들에 대해 상당히 잘 이해하고 있고, 그에 대해 나름대로 잘 준비되어 있기 때문일 것이다.

그런데 돈에 관한 문제들은 조금 다른 면이 있다. 우선 돈에 대해서는 어디에서도 제대로 배운 적이 없다. 그렇다고 해서 돈에 대한 다양한 경험을 쌓는 것도 쉬운 일은 아니다. 무엇보다도 이미 형성된 돈에 대한 고정관념, 피해의식 또는 막연한 기대 및 방관 등이 큰 걸림돌이 되곤 한다. 즉, 우리 자신이 부자가 되는 데 큰 장애물이 될 수도 있다는 것이다. 앞으로 경제적 자유로 가는 길에 어떤 위험들이 있는지를 살펴볼 것이다. 그리고 그 위험들을 극복하는 방법들을 자세히 소개할 것이다.

그런데 그 전에 한 가지 먼저 살펴볼 내용이 있다. 위험은 당신이 경제적 자유를 위해 떠나는 이 모든 여정 속에서 극복해내야 할 장애물들이다. 하지만 설령 아무 위험이 없는 여정이라 할지라도 목적지까지 도달할 수 있을지는 여전히 미지수일 수 있다. 그것은 다름 아닌 당신 자신 때문이다. 당신이 가는 도중에 멈춰버리거나 길을 잘못 들어선다면 좋은 결과를 얻기 어려울 것이다. 그래서 다음 장에서는 당신이 원하는 궁극적인 삶의 목표를 성공적으로 이루어내기 위한 전략들을 먼저 살펴보도록 하겠다.

절대 실패하지
않기 위한
7단계 전략

모든 면에서 완벽한 삶을 살고 있다고 상상해보라.
자, 이제 그것이 어떤 모습인지 말해보라.

— 브라이언 트레이시

참 바쁜 세상이다. 시간은 너무 빨리 가는 것 같고, 마음은 이유도 모르게 조급해지곤 한다. 그런데 뭐든 급하게 먹으면 체하기 마련이다. 그리고 바쁘다고 끼니를 자주 거르거나 먹고 싶은 것만 가려 먹는다면 건강을 잘 유지하기 어려울 것이다. 하지만 불행히도 우리들 대부분은 이렇게 살아가고 있다.

뭐가 뭔지 알 겨를도 없이 새로운 것들이 자꾸만 나오다 보니, 그것들을 모르면 뭔가 손해를 볼 것 같아 불안한 마음이 들기도 한다. 그래서 그 새로운 것들을 애써 배워보려고 하지만, 그것도 생각처럼 쉽지는 않다. 그런데 이런 노력이 결과를 보기도 전에 또 새로운 것이 나와버리곤 한다.

하지만 명심해야 할 것이 있다. 성공을 이루는 근본적인 원리에는 유행이란 것은 없다. 유행을 타는 것은, 그 과정을 조금 더 빠르거나 편하게 만들어줄 수 있는 도구들이다. 따라서 이렇게 하루가 다르게 급변하는 세상에서 우리가 중요하다고 느끼는 것들이 사실은 핵심이 아닌 부수적인 것들일 가능성이 높다. 이런 것들이 우리를 헷갈리게 하는 것들이다.

이런 새로운 것들을 아는 것이 무의미하다는 얘기가 아니다. 세상은 분명 변하고 있고 전략도 그에 따라 변해야 할 필요도 있다. 하지만 이렇게 변하는 것들은 그렇게 오래가지 못한다는 것을 우리는 잘 알고 있다. 도구는 늘 바뀔 것이기 때문이다.

여하튼 마음을 흔들어 놓는 것들은 참 많다. 언론, 책, 세미나 등에서는 늘 새롭고 자극적인 내용들이 쏟아져 나온다. 성공 신화, 인생 역전 스토리, 최신 정보, 족집게 전망 등등 끝이 없다. 물론 동기부여에 있어서는 도움이 될 수 있지만, 너무 큰 환상을 갖지는 않기를 바란다. 어느 분야에서든 성공은 그런 식으로 만들어지는 것이 아니기 때문이다. 공부를 잘 하게 되는 것, 운동으로 건강한 몸을 유지하는 것, 다이어트에 성공하는 것… 등 절대로 첫 술에 배부르기를 기대하면 안 될 것이다.

실패하지 않기 위한 성공 전략

누구도 실패를 원하는 사람은 없다. 물론 실패는 성공의 어머니라는 말이 있듯이, 적절한 시행착오는 분명 성공의 밑거름이 되거나 인생의 중요한 재산이 될 수도 있을 것이다. 하지만 돈을 버는 일이나 투자, 사업 등은 그렇게 실패를 자주 경험해도 되는 그런 것은 분명 아니다. 적어도 나는 그런 실패를 감당할 만한 돈, 그리고 무엇보다도 시간이 넉넉치 않았기에, 실패의 고통을 최소화하기 위해 최선을 다했다.

성공한 사람들의 이야기나 자기계발 전문가들의 책을 읽어 보면 늘 제일 먼저 등장하는 주제가 있다. 그것은 목표 설정이다.

우리는 살면서 많은 목표를 세운다. 그런데 아마도 인생을 살면서 가장 많은 실패를 경험하게 되는 부분이 바로 이 목표 설정이 아닐까 한다. 마치 실행할 수 있는 목표는 아예 목표라고 말할 가치가 없다고 생각하는 것 같다. 물론 분명 어려운 목표도 있을 수 있다. 그리고 충분히 가능한 목표를 세워도 반드시 성공하리라는 보장은 있을 수 없다. 그저 최선을 다한 것에 만족해야 하는 경우도 있는 것이다. 하지만 무리한 목표를 세웠을 때의 진짜 문제는 실패 그 자체가 아니다. 문제는 중도에 포기해버릴 가능성이 높아진다는 것이다.

전문가들마다 표현은 조금씩 다를 수 있겠지만, 목표 설정에 대해 말하는 내용은 대부분 비슷하다. 그 내용은 대략 이렇게 정리된다.

1. 목표를 세운다.

2. 설정된 목표를 글로 정리한다.

3. 목표를 달성하기 위한 기한을 설정한다.

4. 계획을 짜서 실행에 옮긴다.

5. 성공한 후의 결과를 머릿속에 그려본다.

6. 항상 긍정적으로 생각하는 연습을 한다.

7. 과정을 진단해보고 필요하면 수정해 나간다.

8. 목표를 이룰 때까지 포기하지 않고 노력한다.

어느 것 하나 틀린 말이 없다. 다만 실행하기가 쉽지 않을 뿐이다. 분명 틀린 얘기도 아니고, 꼭 해야 하는 것도 알겠는데 실천이 어렵다. 무엇이 문제일까? 정신력이 약해서인가? 여하튼 이런 식으로 계속 목표 설정을 한다면, 어떤 좋은 목표를 세운다 할지라도 그 결과를 볼 가능성은 높지 않을 것이다.

정말 생각해볼 문제이다. 본인이 원하고 있는데도 불구하고, 그 목표를 이루기 위해서 꼭 필요한 일들을 하는 것이 왜 어려운 것일까? 그 이유는, 우리가 그 목표 달성으로써 얻어질 결과를 원하는 진짜 이유를 잘 이해하지 못하고 있기 때문이다.

이 말의 의미는 이런 것이다. 우리는 누구나 원하고 누구나 좋다고 생각하는 것을 목표로 삼는 경우가 많다. 말하자면, 그 목표는 우리가 정말로 원하는 것이 아닌, 우리가 원하는 것이라고 '생각하는' 것일 수도 있다는 것이다.

예를 하나 들어 보겠다. 만약 다이어트를 하기로 했다면, 내가 정말로 살을 빼고 싶은 이유는 뭘까? 정말로 다이어트가 목표가 될 만한 이유 말이다. 나는 그냥 살을 빼고 싶은 것일까? 살이 빠지는 것은 좋은 것이니까? 거울에 비추어진 모습을 보자마자 확 짜증이 나서? 보통은 이런 식으로 대답을 하곤 한다. 하지만 진짜로 우리가 원하는 것은 이런 것이 아닐까? 해변에서 수영복을 입었을 때 예쁘다는 소리를 듣고 싶은 것. 아니 거기까지는 바라지 않더라도, 적어도 창피한 생각은 들지 않았으면 좋겠다는 그런 것이 아닐까 한다.

핵심이 무엇인지 알겠는가? 살을 빼는 것 자체가 목표가 아니라는 말이다. 만약 우리가 어떤 것을 원하는 근본적인 이유를 정확히 이해하지 못한다면, 그 목표를 이루기 위한 동기부여가 충분히 되지 않을 수 있다. 말하자면, 분명히 원하기는 하지만 그 목표를 이루기 위해서 해야 하는 그 모든 것을 감당할 정도까지는 아닐 수도 있다는 것이다.

우리가 어떤 목표를 세우면, 처음부터 이런저런 시련이 시작된다. 뭔가를 계속 극복해 나가야 하고, 생각대로 잘 안 되면 포기할까 하는 마음으로 갈팡질팡하게 된다. 만약 애초에 갖고 있던 동기부여가 충분히 강하지 못하면, 그리고 우리가 왜 이런 목표를 이루어야 하는지가 아주 명확하지 않으면, 그러면 이겨내지 못하고 결국 포기하게 되기 쉽다.

다시 다이어트 얘기로 돌아가보겠다. 특별히 여자들 중에, 평소에 끊임없이 다이어트를 한다고 하는데도 살이 빠지는지를 육안으로는 확인하기 정말 힘들었던 친구가, 여름 휴가가 며칠 앞으로 다가오니까 말도 안되게 살을 빼서 나타나는 것을 본 적이 있는가? 상황은 똑같지 않더라도 이런 종류의 사례들을 종종 경험해봤을 것이라 생각된다. 아무리 좋은 목표와 전략을 갖고 있다고 하더라도 결과를 기대할 수 없다면 아무 소용이 없을 것이다.

1단계: 성취해야 할 결과를 명확히 정의하기

목표를 성공적으로 이루어내기 위한 첫 번째 단계는 성취해야 할 결과를 명확히 정의하는 것이다. 이를 위해 효과적인 방법은, 그 구체적인 결과를 이미 이룬 것처럼 적어보는 것이다. 예를 들면, 이런 식으로 말이다.

"작년보다 돈을 더 많이 벌어서 하와이로 휴가를 다녀왔다."

"올해 고객당 평균 판매액이 50만 원으로 올랐다."

"벤츠 SUV를 새로 구입했다."

"60세에 은퇴를 해서 매달 500만 원씩 연금을 받고 있다."

이것은 일종의 마인드컨트롤 방법이다. 이 방법은 어떤 장애물들을 극복해야 하는지를 먼저 생각하기 전에, 그 결과를 성취해낸 후의 모습을 먼저 그려보는 것이다. 이렇게 하는 이유는 단순히 그 기쁨을 상상해 보려는 것이 아니라, 본인이 그 결과를 얼마나 원하고 있는지를 계속해서 일깨워주고 동기부여를 하는 데 효과적이기 때문이다.

실제로 어떤 일의 결과를 계속해서 그려보다 보면, 그 과정까지 아주 명확히 그려지는 것을 경험하게 되곤 한다. 생각의 포인트가 바뀌어버리는 것이다. 마라톤 경기를 하는데 아무리 뛰어도 결승점이 얼마나 남았는지도 모른 채 계속 뛰어야 한다면, 완주하는 사람이 과연 얼마나 될까? 결승점이 어디인지 확실해질수록, 내가 뛰어야 하는 이유가 더욱 확고해질 수 있는 것이다.

2단계: 목표를 이룰 수 있다는 믿음 갖기

이것은 자칫 너무도 상투적인 얘기로 들릴 수 있는 말이다. 하지만 아무리 상투적일지라도 정말로 중요한 얘기이다. 우리 생각은 상상하는 것보다 훨씬 더 우리 삶에 많은 영향을 주기 때문이다.

사람들이 모두 성공을 원하고 있는 것 같지만, 실제로는 다른 것이 아닌 우리 생각이 그 성공을 제한하고 있는 경우가 많다. 무슨 말인지 예를 들어 보겠다.

고객들과 상담을 하다 보면 이런 상황을 정말 많이 경험하게 된다. 몇 년 전에 자영업을 하는 한 고객을 상담하면서 생긴 일이다. 그 고객은 경기도 안 좋고 경쟁자도 너무 많아서 장사가 너무 힘들다며 상담을 요청했다.

나: "선생님. 혹시 그 동네에서 매출이 최대로 얼마까지 가능할 것 같으신가요?"

고객: "에이, 그럴 일은 없으니 걱정 마세요. 생각할 필요도 없다고요."

나: "…그럼 주변에 동종 업자가 얼마나 되나요?"

고객: "경쟁한다고 볼 수 있는 곳은… 네다섯 정도 될 거예요."

나: "그렇군요. 그렇다면 혹시 그 중에서 누가 가장 장사가 잘 되는지는 아세요?"

고객: "그럼요. 거긴 정말 장사가 잘돼요. 심지어 우리보다 비싼데도 말이에요."

나: "그래요? 그렇다면 그 제일 장사 잘 되는 데만큼은 매출이 올라갈 가능성이 있다는 얘기네요?"

고객: "회계사님, 걱정 마시라고요. 그럴 일은 없다니까요?"

나: "… 왜 그렇게 생각하세요?"

고객: "그쪽은 매장도 깨끗하고, 서비스도 좋고, 물건도 좋고… 우린 거기 못 따라간다니까요."

나: "……"

뭘 그렇게 걱정 말라는지 모르겠다. 사실 내가 걱정할 일이 뭐가 있겠는가. 아무튼 뭘 물어봐도 안 되는 이유가 너무 많아서 상담을 진행하는 것이 매우 힘들었다. 그때 다시 한 번 깨달았다. 생각이 얼마나 무서운 것인지를 말이다. 이유를 불문하고 될 수밖에 없거나 안될 수밖에 없는 일은 그리 많지 않을 것이다. 실상은 대부분 본인의 생각이 가장 큰 장애물인 경우가 많다.

목표에 대한 믿음은, 앞서 얘기한 목표 설정을 전제로 해야 한다. 그저 '마음먹은 대로 된다', '꿈은 이루어진다' 같은 말들과 같이 듣기도 좋고 뭔가 뭉클하지만 너무도 추상적인 그런 믿음이 아니다. 충분히 합리적인 목표라면, 믿음을 갖고 일단 정진하는 것이 중요하다는 것이다.

'어떻게 해야 하는가'와 같은 방법론적인 것들이 시작부터 발목을 잡는 경우가 많다. 사실 더 중요한 질문은 '어떻게'보다는 '무엇을'이다. '무엇을 해야 하는가'에 대한 것이 명확해지면, 실제로 방법 자체는 생각만큼 큰 문제가 되지 않는 경우가 많다.

3단계: 동기부여

자, 만약에 90일 안에 백만 달러를 벌지 못하면 당신의 아이들을 다른 사람에게 떠나 보내야만 한다면 어떻게 할 것인가?

다른 답은 없다고 생각한다. 당신은 백만 달러를 만들어낼 것이다. 왜 그렇게 확신할 수 있을까? 당신은 자녀를 구하기 위해 어떤 대가라도 치를 것이기 때문이다.

사실 자녀를 키우는 부모 입장에서 보면, 이건 생각만 해도 정말 끔

찍한 이야기이다. 이 이야기는 내게 큰 영감을 준 책 중의 하나인《One Minute Millionaire》라는 책의 내용이다. 이 책의 주인공 미셸은 남편을 잃고나서 완전히 빈털터리가 되었다. 상황이 그렇게 되자 미셸 자녀들의 조부모가 양육권 소송을 걸게 된다. 주어진 시간은 단 90일. 그 안에 백만 달러를 만들어내지 못하면, 그녀는 아이들의 양육권을 잃게 될 극한의 위기에 처한 것이다.

이 책은 모든 지식과 지혜를 집중해서 90일 안에 백만 달러를 만들어가는 과정을 보여준다. 과연 결과는 어땠을까? 생각하는 대로 결과는 해피엔딩이었다. 그런데 내가 여기서 주목하고자 하는 것은 그 백만 달러를 벌어낸 방법이나 과정이 아니다.

도대체 왜! WHY! 바로 그녀가 처절히 돈을 벌어야만 했던 그 이유이다. 자, 우리에게도 이런 강력한 '왜!'가 있어야 한다. 다시 한 번 소설에 나오는 끔찍한 상황을 생각해보자. 실패는 절대로 있어서는 안 된다. 힘들다고 중단하는 일은 없다. 다음에 잘 하면 되지, 이런 생각 절대 하지 않는다.

말하고자 하는 핵심은, 그 목표를 이뤄야만 하는 충분한 동기부여가 있어야 한다는 것이다. 그런 동기부여는 다른 사람이 만들어주거나 심어줄 수 있는 것이 아니다. 다른 사람들의 강연이나 성공 사례 같은 것을 듣고, 순간적으로 가슴이 뜨거워지거나 어떤 밀려오는 감동이 있어서 두 손을 불끈 쥐었던 그런 경험들이 한두 번쯤은 있을 것이다. 하지만 이런 감정들은 그리 오래 가지 못하는 경우가 대부분이다. 충분히 시간을 갖고 생각해 보기를 바란다. 진짜 이유, 내가 그 목표를 이루기를 원하는 진짜 이유를 알면, 그 결과에 다가가는 것이 훨씬 쉬워질 수 있다.

4단계: 헌신

지금까지 우리가 어디까지 왔는지 잠깐 정리를 해보겠다. 우리는 이제 우리가 정말로 원하는 것의 결과가 무엇인지 구체적으로 말할 수 있다. 그리고 그 목표를 달성해낼 수 있다는 신념을 갖고 있고, 우리가 그것을 그토록 갈망하는 이유를 확실히 알고 있다.

이제 남은 일은 그 확신을 갖고 열심히 앞으로 나아가는 것이다. 어떤 일을 이루기 위해 전념하는 것, 이것을 보통 헌신이라고 부른다. 원하는 것을 얻으려면 당연히 상당한 정도의 노력을 해야 한다. 그 원하는 것이 간절하고, 또 얻기 힘든 것이라면 그 노력의 정도는 훨씬 강해야 할 것이다.

연애할 때를 한 번 생각해보자. 정말 헌신이라는 말이 가장 피부에 와 닿는 때가 아닐까 한다. 자녀에 대한 부모님의 헌신도 있겠지만, 사실 이것은 너무 차원이 높아서 이런 사례 사이에 포함시킬 수는 없을 것 같다. 그 이유는, 부모님의 헌신은 어떤 대가나 결과와 상관이 없기 때문이다. 그런 것과는 상관없는 무조건적인 헌신인 것이다.

여하튼 헌신이란 이런 것이다. 만약 어떤 목표를 이루기 위한 과정에 헌신되어 있지 않다면, 끝까지 완주하지 못할 가능성이 높아질 것이다. 시련이나 결과에 대한 실망감이 찾아올 때, 당신은 쉽게 흔들릴 수 있기 때문이다. 헌신적이라고 해서 반드시 성공하는 것은 아니다. 하지만 성공한 사람 중에 자신의 일에 헌신하지 않은 사람은 없다.

5단계: 전략 수립

대부분의 사람들이 시작도 못 해보고 좌절하거나 멈추는 단계가 이 단계가 아닌가 한다. 무엇을 해야 하나, 어떻게 해야 하나, 뭘 해보려고 하지만 할 일을 모르는데 어떻게 시작이 있을 수 있겠는가. 지금 이 책을 읽고 있는 것은 바로 이 단계에 속한 것이라고 할 수 있다. 즉, 앞으로 소개할 7가지 부자가 되는 비밀과 그 과정 속에서 극복해야 할 6가지 장애물들에 대한 해결 방법이 우리의 전략이다. 자, 이제 그 시작이 얼마 남지 않았다.

6단계: 실행에 옮기기

실제로 직접 하기 전까지는 아무 일도 생기지 않는다. 만약 뭘 해야 하는지는 알겠는데, 일이 시작이 안 되고 계속 지지부진하다면 어딘가에 문제가 있다는 신호로 봐야 할 것이다. 그럴 때는 바로 직전 단계였던 전략을 다시 점검할 필요가 있다. 전략이 너무 거창하거나 너무 추상적이지는 않은지 다시 한 번 살펴봐야 한다. 어떤 경우에는 목표 그 자체가 너무 비현실적일 수도 있다.

　이런저런 좋은 사업 아이디어가 있다면서 그것이 어떤지 봐달라고 상담을 요청하는 사람들이 많다. 그러면 그때마다 나는 찬물을 끼얹을 마음의 준비를 하고 있다. 이유는 아이디어가 좋고 나쁘고를 떠나서, 현실적으로 실행이 너무 어려운 경우가 많기 때문이다.

예를 들어, 전국의 편의점에 자신의 아이디어 상품을 납품하면 크게 성공할 것이라고 한다. 왜? 편의점은 수천 개가 넘고 하나에 얼마씩 팔면 완전 대박이니까! 이런 식의 논리에는 어떤 말로 위로를 해야 할지 고민스럽기까지 하다.

성공 신화를 보면 사실 이런 종류의 소위 '대박' 스토리를 많이 볼 수 있다. 하지만 그런 성공 신화가 왜 그렇게 적은지를 생각해 봐야 한다.

또한 실행하지 못하는 이유에 대해 자꾸만 주위의 환경과 자신의 상황을 핑곗거리로 찾지 말기를 바란다. 지금 할 수 있는 것부터 시작하면 된다. 부자가 되려면 한 달에 최소 백만 원씩은 저축해야 한다고 생각하기 때문에 시작도 못하고 있는가? 그렇다면 하루에 만 원은 어떤가? 만약 그 정도는 해낼 수 있다면, 그렇게 시작해도 된다. 완벽하지는 않지만 아주 훌륭한 시작이다.

사업을 해보지 않은 사람들은 사업을 하지 못하는 이유, 사업을 하지 말아야 하는 이유에 대해 백만 가지를 얘기할 수 있을지도 모른다. 아니, 아예 엄두를 못 내고 있다고 말하는 것이 더 맞을 수도 있다. 그런데 만약 당신의 아이디어나 서비스를 팔기 위해서는 10만 원을 투자해야 하는데 그렇게 해서 12만 원을 벌 수 있다면, 당신은 정말로 훌륭한 사업을 갖고 있는 것이다. 당신이 상상하는 것 이상으로 말이다.

7단계: 분석과 평가

이제 뭔가를 실행하면, 어떤 형태로든 결과를 보게 될 것이다. 그동안 수많은 사업체 고객들의 세금보고를 하면서 정말로 안타까운 것이 하나 있다. 대부분 본인들의 성과를 분석하고 평가하는 일을 너무 간과하고 있다는 것이다.

공부를 잘 한다고 해서 절대로 투자나 사업을 잘 하는 것이 아니다. 투자나 사업을 잘 하기 위해서는 지식도 필요하지만 그보다도 지혜로워야 한다. 이해를 돕기 위해 사례를 들어보겠다.

특급 천재가 아닌 이상 공부를 잘 하려면 노력을 해야 한다. 이 말은 공부를 잘 하는 사람 중 많은 사람들이 천재가 아니라는 말이다. 그런데 이렇게 공부를 잘 하는 상위권 학생들을 보면 방법은 달라도 거의 예외 없이 오답노트를 갖고 있다. 좋은 오답노트는 크게 3가지 항목으로 구성되어 있어야 한다.

1. 틀린 문제

2. 맞았지만 왜 맞았는지 불확실한 문제

3. 맞았지만 더 좋은 풀이 방법이 있거나 다른 문제에 응용이 가능한 중요한 문제

분명 오답노트인데 첫 번째만 빼면 정답노트처럼 보일 수도 있다. 그런데 이 중에서 실제로 경쟁자들이 따라올 수 없도록 차별화시키는 것은 세 번째 항목이다. 사실 두 번째까지 오답노트를 정리하는 것도 매우 훌륭한 것이다. 투자나 사업을 할 때 여기까지 오답노트만 실천에 옮겨 나간다 해도 정말로 탁월한 결과를 만들어 나갈 수 있을 것이라고 생각한다. 말하자면, 돈을 더 많이 벌 수 있게 될 것이라는 말이다. 그런데 만약 세 번째 오답노트까지 정리해 나간다면, 당신은 경제적 자유를 누릴 수 있게 될 것이다. 즉, 경쟁에서 자유로워지고 시간에서도 자유로워질 수 있게 될 것이라는 말이다.

지금까지 절대로 실패하지 않기 위한 7단계를 모두 살펴보았다. 이제 앞으로 소개될 내용들을 차근차근 습득해 나간다면, 이 7단계의 각 단계들이 명확해지고 견고해지는 것을 경험하게 될 것이다.

얼마를 벌든지 자신의 몫부터 챙겨라

위험요소 #1
돈을 쓰는 순서

매달 아주 신기한 경험을 하게 된다.

치밀하게 계획한 것도 아니고

딱히 의도했던 것도 아니지만 매달 이 경험은 반복된다.

그것은 월급이 평소처럼 들어오는 달이나 보너스가 들어오는 달이나 상관없이,

은행 잔고는 귀신같이 늘 변함이 없다는 것이다.

은근 살 떨리는 경험이다. 자칫하면 마이너스가 될 수도 있었는데…

정말 대단한 조절 감각이다.

– 어느 40대 가장의 독백

월급날만 바라보고 사는 삶

"회계사님, 뭔가 이상해요. 아무리 돈을 벌어도 남는 게 없어요."

우리 삶에서 풀리지 않는 두 가지 미스터리가 있다. 배가 터지도록 밥을 많이 먹어도 과일 배는 따로 있다는 것과 월급이 아무리 올라도 은행 잔고는 늘 한결같다는 것이다. 그 과일 배만 없었어도 수많은 사람들이 다이어트 스트레스로부터 해방될 수 있을지도 모르는데, 문제는 사람들이 그 과일 배까지 꽉꽉 차서 정말 움직일 수 없을 정도가 된 후에야 또 굳이 배를 다 채웠다는 것을 후회한다는 것이다. 물론 자기도 정말 왜 그러는지 모른다고 자책하기는 하지만, 정말 그런 걸까? 나에게는 과일 배는 없지만 정말 자기도 모르게 먹었다는 말을 믿지는 않는다. 나에겐 빵 배가 있기 때문이다.

돈을 벌어도 남는 게 없다는 건, 사실 나에게 물어볼 질문이 아니다. 본인은 이미 그 이유를 알고 있다. 다만 그 상황을 인정하기 싫은 것뿐이다. 하지만 나는 고객이 이런 질문을 할 때 그리 심각하게 대응하지 않는다. 조금 더 일찍 물어봤으면 좋았겠지만, 적어도 물어봤다는 그 자체만으로도 이미 절반 이상의 해결은 되었기 때문이다.

사람들은 생각보다 돈 문제에 민감하지 않다. 카드 값 내느라 바쁘고 돈이 잘 모이지 않는 것에 스트레스를 받으면서도 정작 어디에 돈을 쓰고 있는지 자세히 들여다보지를 않는다. 이 말은 오해의 소지가 있을 수 있다. '나는 매일 계좌를 확인하고 있고, 혹 잘못 결제된 것이 없는지까지 꼼꼼히 체크하는 스타일인데…'라고 생각하는 사람은, '자세히 들여다보지를 않는다'는 부분에서 안도감을 느낄 수도 있기 때문이다. 하지만 자세히 들여다본다는 것은 그런 의미가 아니다. 당신이 혹시나 과일 배를 너무 과하게 채우고는 있지 않은지를 살펴볼 필요가 있다는 것이다. 그런데 이런 일은 좀처럼 일어나지 않는다.

우선 잔고가 마이너스가 되지 않는 이상은 그렇게 심각한 위기를 느끼지 못한다. 곧 월급날이 다가오는 것도 큰 위안이다. 배가 부르면 바지가 터질 위기감이라도 느껴서 그만 먹기라도 할 텐데, 이 경우는 그런 경고를 주는 장치가 없다. 마이너스만 아니면 또 한 달이 지나가는 것이다.

또 다른 이유는 일종의 두려움 때문이다. 사람들은 어떤 안 좋은 결과가 일어날지도 모르는 일을 의도적으로 덮어버리는 경향이 있다. 학교에서 시험을 보고 나면 꼭 우는 애들이 있다. 그런데 그렇게 서러워하는 애들은 꼭 1, 2등 하는 애들이다. 그들이 우는 이유가 짐작이 갈 것이다. 다 맞을 수 있는 시험에서 한두 개 틀려버렸기 때문이다. 혹시 그런 광경을 보면서 정말 유난을 떨고 있다고 느꼈던 적이 있는가? 그

부자들의 비밀노트

아이들은 시험 보기가 무섭게 벌써 모든 문제를 다 확인해 본 것이다. 이와는 매우 대조적으로 많은 학생들은 시험을 본 후에 탈출하듯이 시험장을 빠져나가서 시험 결과가 나올 때까지 자유를 만끽하곤 한다. 하지만 그들이 정말로 자유를 누리고 있었을까? 그렇지 않다. 시험 결과를 확인할 용기가 없어서 사실은 도망가버린 것이다.

건강 문제 역시 마찬가지다. 건강 검진을 잘 받지 않는 이유가 과연 게으름 때문만일까?

지킬 수 없는 계획

돈을 모아야겠다는 생각이 들 때마다, 우리가 하는 일은 비슷하다. 바로 예산을 짜는 것이다. 우리는 돈을 잘 모으지 못하는 이유가 지출을 통제하지 못해서라고 생각한다. 그래서 지출 계획을 짜 놓고 그대로만 살아간다면 앞으로 돈을 모을 수 있을 것이라는 기대를 한다. 혹시 방금 새로운 예산을 짜 놓고 뿌듯해 하고 있었는지도 모르겠다. 그렇다면 제발 이번에는 달랐으면 하는 마음일 것이다. 그동안 예산대로 살지 못했던 자신을 꾸짖고, 마음을 가다듬고, 정말로 이번에는 반드시 성공하리라는 굳은 다짐을 하며 주먹을 불끈 쥐어 볼 것이다.

도대체 왜 그렇게 안 되는 것일까? 내가 원하는 미래를 위해서, 다른 사람도 아닌 나를 위해서 잘 해보자는 것인데… 정말 이해가 가지 않는다. 그런데 이렇게 생각대로 잘 안 되는 게 예산 짜는 것만 있는 것은 아니다.

아침 기상시간 6시 반. 초등학교(우리 때는 국민학교였지만) 때 나의 기상 시간은 늘 6시 반이었다. 그런데 실제로 6시 반에 떠오르는 태양을 본 기억이 거의 없다. 사실 자의로 일어난 적도 거의 없다. 시간표 속의 나만 매일 열심히 6시 반에 일어나고 있었다.

요즘은 모르지만 예전에는 방학이 되기 전에 꼭 선생님께 시간표를 제출해야 했다. 시간표를 짜는 일은 늘 부담스러웠다. 이것은 자기와의 약속이기 이전에 어떤 이미지관리 같은 것이었다. 나는 나름대로 모범생이었기 때문에 선생님을 실망시켜 드릴 수 없었다. 내 자존심이 걸린 일이기도 했다. 그러니 가장 멋진 아이의 사생활 일정이 필요했다. 생각할 문제가 한두 가지가 아니었다. 그렇게 고심 끝에 드디어 시간표가 만들어진다. 정말로 뿌듯하고 대견스럽다. 선생님도 날 흐뭇하게 바라보실 것이다. 딱 한 가지 단점은 절대로 지킬 수 없다는 것이다.

우리 앞에 놓인 예산은 이런 것일 가능성이 높다. 예산만 보면 너무 보기 좋지만, 애초에 지키기가 어려운 것뿐이다. 그러면 우리는 왜 이런 식으로 예산을 짜거나 계획을 세울까? 심리학적으로는 분명 어려운 말들로 이 현상이 분석되어 있겠지만, 그렇게까지 생각할 필요는 없을 것 같다.

이런 계획의 특징은 매우 합리적이라는 것이다. 초등학생에게 6시는 너무 현실감이 없고, 7시는 좀 늦잠꾸러기 이미지가 있어 보이고, 6시 반이면 딱 보기 좋다. 자부심도 있을 만하고 죄책감은 전혀 느끼지 않아도 되는, 그런 완벽한 시간인 것이다.

이런 생각은 계획 전체에 영향을 미친다. 6시 반 이후에는 30분 운동을 꼭 한다. 줄넘기나 동네 한 바퀴와 같이 구체적인 내용을 적어놔서 방황하지 않게 하는 치밀함도 보인다. 간혹 일별로 어떤 운동을 할지 정해놓기도 한다. 그리고 아침 공부를 한 시간 정도 하고, 8시에 아침 밥을 먹는다.

하기만 하면 좋은 것투성이다. 너무도 이상적이라서 어디 하나 손볼 곳이 없다. 그래서 실제로는 그렇게 살 수 없는 것이다. 적혀져 있는 것 하나하나가 미션이다. 뭐 하나라도 쉬워야 할 텐데, 6시 반이 아니라 10시에 일어나도 매일 운동하고 식전에 공부할 가능성은 거의 없다. 말하자면, 이상적인 결과를 위해 구색을 맞추다 보니 현실감이 떨어져 버린 것이라 할 수 있다.

이런 계획의 특징은, 한 군데가 무너지면 전체가 엉망이 될 가능성이 높다는 것이다. 그러면 결국 포기하게 된다. 시간표는 늘 붙어 있지만, 그저 벽화 같은 느낌이 되어버린다. 가끔 생각나면 한 번씩 반성의 시간을 가지면서 시간표를 다시 짜볼까 하는 생각도 해본다. 하지만 다시 시간표를 짜더라도 시간 배치만 좀 달라질 뿐 구색은 비슷할 것이다.

우리가 돈을 모으려면, 여전히 지출을 통제하는 것이 필요하다. 하지만 대다수의 전문가들이 부르짖듯이 예산을 짜는 것은 효과적이지 않은 경우가 많다. 그렇기 때문에 우리는 뭔가 현실적으로 가능한 대안이 필요하다.

당신 돈을 가장 먼저 쓰는 사람은 누구인가?

생각해본 적이 있는지 모르겠다. 매달 돈을 벌고 쓰는 삶이 반복되고 있는데, 과연 내 돈을 가장 먼저 가져가는 사람이 누구인지. 엄마? 가능한 답이다. 하지만 아무리 엄마가 재빠르게 움직인다고 하더라도 엄마는 순위권 안에 들기도 어렵다. 일단, 당신 돈이 통장에 들어오기도 전에 돈을 가져가는 자가 있을 정도이니 말이다.

월급날이 되면 당신을 목 빠지게 기다리는 사람들이 있다. 정말 인기 만점이다. 그런데 그들은 당신에겐 관심조차 없다. 통장만 바라본다. 그저 돈 달라고 아우성이다. 익숙한 이름들일 것이다. 집주인, 자동차 회사, 신용카드 회사, 은행, 보험회사, 전기/가스 회사, 이동통신 회사, 아이들 학교 등 순식간이다.

그런데 이들과는 비교도 안될 만큼 빠른 자가 있다. 바로 국세청이다. 그들이 가져간 돈은 내가 본 적조차 없다. 그런데 이들 중에 빠져서는 안 되는 이름이 빠져 있다. 바로 당신이다.

애초에 저축이란 것은 없다

마트: "고객님, 무엇을 도와드릴까요?"

고객: "네, 쌀 좀 사려고 하는데요."

마트: "네, 고객님. 몇 포대나 필요하신가요?"

고객: "아, 별로 많지는 않은데… 한 300포대 정도 주문해야 할 것 같아요."

마트: "대박이네요, 고객님. 정말 감사드려요. 그럼 언제쯤 배달해 드릴까요?"

고객: "30년 후에 배달 되나요?"

마트: "……"

고객: "할부도 되죠?"

마트: "…………"

30년 전이나 지금이나 밥을 먹고 살고 있다면, 30년 후에도 밥을 먹어야 살 수 있을 가능성이 높을 것이다. 만약 당신이 30년 후에 은퇴를 한다면, 그리고 그 후 30년 정도를 더 살 것 같다면, 사람마다 양이 다르기는 하겠지만 남은 여생 동안 최소 10kg짜리 쌀 300포대는 먹게 되지 않을까 한다. 현 시세로 보니 10kg 쌀 한 포대가 3~4만 원 하는 것 같다. 간단히 계산해보면 쌀 값으로만 총 1,000만 원 정도는 들어갈 것으로 계산이 된다.

그런데 30년 후의 쌀 값은 지금과는 다를 것이다. 이제 계산이 조금 복잡해질 수 있는데, 그냥 답을 알려주겠다. 물가가 매년 3%로 오른다고 가정하면 30년 후 쌀 값은 7~9만 원 사이가 될 것으로 예상된다. 이렇게 물가를 고려해서 다시 계산해보면, 30년 후에 쌀 300포대는 약 2,500만 원 정도가 될 것으로 예상된다. 그런데 당신이 쌀 값으로 2,500만 원을 한 번에 내려고 하니 좀 부담스럽다. 할부로 계산할 수 있으면 좋을 것 같다. 30년 할부로 월 7만 원씩. 이것이 바로 저축이다.

지금 어떤 명목으로 저축을 하든지 관계없이, 이 저축액은 미래에 어떤 형태로든 지출이 될 것이다. 결국 저축이란, 언젠가 때가 되었을 때 긴히 필요할 상품이나 서비스에 대한 값을 지금 지불하는 것과 같다. 그렇기 때문에 저축을 그저 현금자산으로 생각하는 것은, 문제가 있을 수 있다. 30년 후부터 먹어야 할 쌀을 매달 한 포대씩 사고 있는 것인데, 이것이 어떻게 현금자산이 될 수 있겠는가. 이런 것을 회계학에서는 '선급비용(Prepaid Expenses)'이라고 부른다. 미리 지불해버려서 미래에 상품이나 서비스를 이용할 권리를 가진 것이다. 물론 저축할 때 실제로 이런 권리를 사는 것은 아니다. 돈도 아직 내가 갖고 있다. 하지만 개념상 이렇게 생각하는 게 좋다.

"난 돈을 써버린 거야. 통장에 돈이 보이지? 하지만 그건 내 것이 아냐. 쌀집 아저씨 꺼야. 건드리면 안돼!"

만약 열심히 저축했는데 후에 그 쓸 일이 없어져버리면, 그 돈은 여윳돈이 될 것이다. 억울해 할 필요가 없다. 저축은 이미 써버린 돈으로 생각해야 한다고 했다. 만약 당신이 지금 나가서 간만에 식구들과 외식을 했는데 맛이 없었다면 어떻게 할 것인가. 그렇다 하더라도 그 돈은 이미 써버린 돈이다. 회수할 수 없다는 말이다. 식당 사장님께 그냥 기부한 셈쳐야 한다. 그런데 이미 써버린 것으로 알고 수십 년을 살았는데, 임자가 없다고 다시 돌려준다면, 정말 손해볼 게 없는 지출 아닌가.

이렇게 나중에 돈 써야 할 곳이 한두 가지가 아니다. 얼마를 어디에 쓰게 될지는 지금 당신이 쓰는 씀씀이를 보면 아이디어를 얻을 수 있다. 따라서 우리가 얼만큼이나 저축을 해야 할지를 아는 것은 그리 어렵지 않다. 문제는 지금 다른데 돈을 쓰느라고 내 미래를 위해 쓸 돈이 없을지도 모른다는 것이다.

미래의 당신에게 가장 먼저 지불하라

현재의 당신도 중요하고 미래의 당신도 중요하다. 혹시 과거의 당신

부자들의 비밀노트

때문에 짜증난 적이 있는가. 나는 당신이 실수를 반복하는 것을 즐겨하리라 생각하지 않는다. 누구도 그렇게 살고 싶지는 않을 것이다. 그렇다면 현재의 당신이 미래의 당신에게 조금 양보하는 부분을 만들기를 추천한다. 다른 사람도 아닌데 그리 고통스러운 양보는 아닐 것이라고 생각한다.

이를 위해 반드시 당신이 해야 할 일은, 매달 월급날 다른 그 누가 당신 돈을 가져가기 전에 미래의 당신이 먼저 돈을 가져갈 수 있도록 해줘야 한다. 쉽지 않을 것이다. 다른 이들은 몰라도 국세청보다 빠르기는 쉽지 않을 것이다. 물론 여기에도 방법이 없는 것은 아니지만, 여하튼 노력이 필요하다.

가장 좋은 방법은 그들처럼 자동이체로 돈을 가져가는 것이다. 액수는 미래의 당신과 상의를 해야 할 문제이지만, 통상 당신 월급의 10% 정도에서 시작하는 것이 좋다. 간단히 계산해 보자.

지금부터 월급의 10%를 매년 저축해 나간다면, 10년 후에는 정확히 1년치 월급이 모일 것이다. 같은 방식으로 30년을 꾸준히 모으면 3년치 월급을 모을 수 있다. 좀 민망한 숫자라고 느끼는 건 나뿐이 아닐 것이다. 이렇게 해서 무슨 의미가 있느냐고 물을지도 모른다. 뭔가 있겠지 하고 생각하고 싶을 것이다.

그렇다. 내가 이 얘기를 시작한 것이 고작 3년치 월급이나 모아보자는 말을 하려고 했던 것은 아니다. 그런데 진짜 얘기를 하기 전에 한 가지만 묻고 싶다. 지금 월급의 10%를 저축하고 있는가? 혹시라도 그렇지 않고 있다면 3년치 월급도 절대 의미 없는 숫자가 아니니 일단 시작하라고 말하고 싶다. 그런데 실제로 기대할 수 있는 결과는 그 이상이다. 아니, 굉장히 의미 있는 결과가 기대된다. 위 계산에는 이자가 전혀 고려되지 않았다. 때문에 합리적인 예측을 위해 몇 가지 가정만 추가해 보도록 하겠다. 이 가정들에 대해서는 5장에서 자세히 살펴보도록 하겠다.

이제 30년간 연평균 이자율이 9%로 기대되고, 당신의 월급은 매년 3%씩 올라갈 가능성이 있다고 보자. 그리고 당신이 30년간 여전히 월급의 10%만 저축한다고 했을 때, 당신은 몇 년치 월급을 모을 수 있을까? 20년. 이 정도면, 이제 좀 해볼만 하다고 생각되는가?

지출 순서 정하기

이제 부담스러운 저축 계획은 없다. 오직 즐거운 지출 계획만 있을 뿐이다. 하지만 돈이 모자라면 쓰고 싶어도 쓸 수 없을 것이다. 무엇보다도 꼭 필요한 데 쓰려고 할 때 돈이 부족한 것을 알게 된다면 정말로 난감해질 것이다. 아마도 살면서 이런 상황을 한번쯤은 겪어보지 않았을까 한다.

별로 유쾌하지 않은 일을 한 번 상상해 보도록 하겠다. 당신은 오늘 친구들에게 저녁을 사겠다고 했다. 기분 좋게 저녁을 먹고 결제를 하려고 하는데, 무슨 일인지 계속 결제를 실패한다. 전혀 예상치 못했던 일이다. 이유를 확인해 보니 통장 잔고가 부족하다고 한다. 아무리 정신없이 산다고 해도 그렇지, 어떻게 이런 일이 있을 수 있는지 그저 어이가 없어서 머리를 쥐어박아 본다.

그래도 이런 일은 민망하긴 해도 단순 해프닝으로 넘어갈 만한 일이다. 매달 이런 상황이 반복될 것을 걱정할 필요는 없다는 것이다. 그런데 살다 보면 근본적으로 문제가 생기는 경우들이 생긴다. 만약 회사 경영 상태가 좋지 않아서 전체적으로 임금 삭감을 결정한다면 어떻게 할 것인가. 장기적으로 보면 임금이 동결되는 것도 문제는 비슷하다. 사업을 한다면 불경기는 피할 수 없는 불청객이다. 이런 상황이 되어도 돈이 나갈 곳은 크게 변하지 않는다. 걱정이 될 만한 상황인가?

이렇게 구조적인, 즉 우리가 통제할 수 없는 요인들만 문제가 되는 것은 아니다. 승진을 위해서는 자격증이 도움이 될 것 같아서 학원에 다니기로 마음먹었다면? 오래 탄 차가 아직은 굴러가고는 있지만 안전과 편의를 위해서 새 차를 구입하기로 결정했다면?

사람들마다 생각하는 기준이 다르기 때문에 이런 데 돈을 쓰는 것이 필요한지 아닌지에 대해서는 정답이 있을 수 없다. 그런데 이런 당신의 개인적인 의견에 늘 간섭하는 존재가 있다. 바로 돈이다. 어떻게든 돈이 있어야 가능한 일들 아니겠는가. 하지만 당신이 그저 몽상가가 아니라면, 돈에 대한 대책도 없이 이런 일들을 고민하지는 않을 것이다.

수입이 줄거나 전체 지출이 늘어날 때, 우리가 할 수 있는 최선은 무엇일까? 돈을 아껴 쓰는 것이다. 너무 당연한 얘기다. 어린 아이들에게 물어봐도 이런 대답이 나올 만큼 상식적인 해결책이다. 혹시 돈을 빌린다고 대답을 했는가? 그것도 직장을 잃는 상황 같은 어려운 위기를 극복하는 데 유용한 방법이 될 수도 있다. 하지만 장기적인 관점의 해결책이라고 보기는 어렵다. 더군다나 일시적인 즐거움이나 편의를 위한 일에 돈을 빌리는 습관을 들이는 것은 좋지 않다. 이 문제에 대해서는 4장에서 더 살펴볼 것이다.

여하튼 돈이 부족해지면, 우리는 돈을 아껴야 한다고 생각을 한다. 이것은 곧, 어느 한 부분의 희생을 의미할 것이다. 그것이 뭐가 되었든 쓰던 것을 안 쓰거나 덜 써야 한다는 것이기 때문이다. 이것은 사람마다 다를 것이다. 중요한 것은, 어딘가는 조절이 가능한 부분이 있다는 것이다. 그렇다면 꼭 돈을 아껴 써야 할 상황이 생기지 않더라도, 이 부분은 여전히 조절이 가능하다고 볼 수 있을 것이다.

우리가 돈을 쓰는 데에는 분명히 우선순위가 있다. 이 돈의 우선순위를 제대로 알기 위해서는 반드시 써야 할 곳과 쓰지 않아도 당장 사는 데는 지장 없는 곳을 구별할 수 있어야 한다. 이때 반드시 써야 할 곳이 더 가치 있는 곳을 의미하는 것은 아니다. 우리는 이미 앞에서 누가 우리 돈을 가장 먼저 가져가는지를 살펴보았다. 편의상 우리는 이런 돈을 고정비, 조절이 가능한 돈을 변동비로 하여 구별하곤 한다.

대체로 고정비는 기본적인 생활을 유지하기 위해 필요한 비용이다. 따라서 현재 수입으로 고정비를 해결할 수 없으면 당장 문제가 생긴다. 만약 이런 상황에 처하게 된다면 해결 방안은 크게 두 가지다. 첫째, 돈을 더 벌어야 한다. 그리고 둘째는, 구조조정을 통해 지출을 강제로 줄여야 한다. 예를 들면, 작은 집으로 옮기거나 차를 한 대로 줄이는 것 같은 조정이 필요할 수 있다. 이런 구조조정 없이 식비나 문화비 등부터 줄이는 경우가 많은데, 이것은 힘만 들고 진짜 문제를 해결하기는커녕 더 문제를 키우는 결과를 낳을 수도 있다.

실제로 평범한 가정에서 돈 문제가 생기는 부분은 고정비가 아닌 변동비 때문인 경우가 훨씬 많다. 문제가 생기는 근본 원인은 고정비와 변동비의 우선순위가 바뀌는 일이 생기기 때문이다.

자, 이제 다시 한번 우리 돈을 가장 먼저 가져가는 자들이 진짜로 누구인지 생각해보자. 그렇게 우리가 가장 먼저 지불하는 돈이 모두 고정비에 관련된 것들인가? 언뜻 보면 그렇게 보일 수도 있다. 그 돈이 모두 빠져나가기 전까지는 당신은 당신 돈에 대해 자유롭지 않기 때문이다. 그런데 이것은 착각이다. 당신 돈을 가장 먼저 가져가는 자들 중에는 신용카드 회사도 있다. 이들이 가져가는 돈이 모두 고정비인가? 그 대답은 당신이 더 잘 알 것이다.

만약 헷갈린다면 지금까지 이 문제를 심각하게 생각해보지 않은 탓도 있다. 그런데 이제는 절대로 간과할 수 없다. 당신에게는 이제 돈을 써야 할 곳이 한군데 더 생겼기 때문이다. 이 지출 역시 고정비이다. 왜냐하면 이것은 미래의 고정비에 대한 지출이기 때문이다. 그래서 이것이 고정비 중에서도 지출 1순위가 되어야 하는 이유를 함께 살펴보았다. 이 문제가 당신에게 중요한 문제라면, 현재의 변동비를 통제할 수 있어야 한다. 그리하여 그 돈의 우선순위를 바로잡아야 한다.

100% = 0%, 90% = 236,320%

자, 한 번 생각해보자. 지금 소득의 90%만 갖고도 살아갈 수 있는가? 말하자면, 월 소득이 200만 원일 때 180만 원만 갖고도 살 수 있겠냐는 말이다. 당장은 힘들 것 같다는 생각이 들 수도 있다. 충분히 이해한다. 하지만 당신은 지금보다 돈을 더 벌지 못할 때도 큰 문제없이 살던 시절이 있었을지도 모른다. 지금은 그 시절에 비하면 정말 용 됐다는 생각이 들 수도 있다. 돈 10% 정도 없이 살아도 그때보다는 나을지도 모른다.

만약 10%가 절대 타협이 안 되는 돈이라면, 앞으로 더 벌게 될 10%는 어떻겠는가? 지금보다 돈을 더 벌게 된다면, 그만큼은 없어도 되는 여윳돈으로 생각할 수 있지 않을까? 조금 아쉬운 생각이 들지도 모르지만, 그 정도는 당신이 마음먹기에 따라서 사실 별로 힘들지 않게 할 수 있는 일이라고 생각된다.

지금 이 얘기를 하는 이유는, 당신이 이 10%가 가져다 줄 수 있는 의미를 절대 잊지 않기를 바라기 때문이다. 물론 나는 당신이 이 10% 때문에 잠도 설치면서 엄청난 각오를 해야 할 사람이라고 생각하고 싶지는 않다. 그 정도를 못하는데도 부자를 꿈꾸고 있다면, 그것은 말 그대로 꿈에서만 기대해볼 수 있는 것이기 때문이다. 오히려 나는 당신이 이 10%가 너무 미약하다고 생각해서, 더 강력한 무엇인가를 계속 찾아 헤메고는 있지 않을까 하는 걱정을 하고 있다. 이런 생각은 당신을 잘못된 방향으로 이끌고 갈 수도 있지만, 아무 것도 하지 않게 만들 수도 있다. 별로 의미 없는 일에 에너지를 쏟고 싶지 않을 수도 있기 때문이다. 그 대신 돈을 더 많이 벌 때까지 기다려야겠다는 생각을 할 수도 있다.

만약 그렇다면, 나는 그런 생각에 도전하고자 한다. 10%는 당신이 생각하는 것보다 아주 강력한 힘이 있다. 이 내용은 앞으로 5장부터 매우 자세하게 다뤄질 것이니 기대해도 좋다. 하지만 나는 여기에서 조금이나마 힌트를 주고자 한다.

이제부터 200만 원의 90%인 180만 원만 가지고 살기로 결심했다고 하자. 그러면 이제 매달 20만 원씩 남게 될 것이다. 이것으로 무엇을 할까? 정말 이것으로 뭔가 의미 있는 일을 할 수는 있기나 한 걸까? 나는 이 20만 원으로 30년 후의 은퇴자금을 만드는 데 도전해보려고 한다. 그동안 월급은 매년 조금씩 올랐기 때문에 앞으로도 물가만큼은 오를 것으로 기대해본다. 물가가 매년 3% 정도 오르고 있으니, 저축액도 매년 3%씩은 늘어갈 수 있지 않을까 한다. 나는 이 돈을 주식시장에 투자할 것이다. 장기적으로 평균 수익률이 가장 높았기 때문이다. 실제로 지난 100년간 주식시장의 평균 수익률은 10%가 넘었다.

나는 조금 보수적으로 봐서 앞으로 30년과 은퇴 후 30년간의 평균 수익률을 9%로 가정해보려고 한다. 사실 그것보다는 20만 원이라는 저축액이 너무 초라해 보이는 게 더 신경이 쓰인다. 실컷 노력만 하고 결과가 좋지 않으면, 노후가 너무도 우울해지지 않을까 하는 것이다. 하지만 일단 나는 20만 원조차도 처음 시도해보는 것이다. 없어도 살 수 있을 만한 돈으로 시도해보는 것이니 사실 그리 큰 기대도 없다.

그런데 막상 결과를 보니 눈이 의심스럽다. 이건 노력에 대한 격려로 생각하기에는 너무도 근사한 결과다. 30년 후 내 손에 쥐어질 돈이 무려 4억 7천만 원이나 되었다. 그리고 무엇보다도 더욱 믿기지 않았던 것은, 은퇴 후 30년간 매달 350만 원씩을 찾아 쓸 수 있다는 것이었다.

만약 지금 버는 돈을 모두 쓰면서 산다면, 30년 후에 저축액은 전혀 없을 것이다. 하지만 지금 버는 돈의 90%만 갖고 살아간다면, 30년 후에 당신은 이 10% 금액인 20만 원의 2,363배나 되는 4억 7천만 원을 선물로 받을 수 있다. 없다고 생각했던 돈이 무려 236,320%나 성장해서 돌아온 것이다. 이런 선물은 전적으로 당신의 선택이다. 생각할 필요도 없는 선택이라고 여겨지지만, 무슨 일인지 이런 선택을 하는 사람은 그리 많지 않다. 나는 당신이 지금 그 선택을 하기를 바란다.

돈이 없으면
돈을
쓰지 마라

위험요소 #2
빚을 남용하는 위험

돈이 수중에 들어오기 전까지는 절대로 쓰지 마라

– 토마스 제퍼슨

빚을 어떻게 봐야 하는가

'빚'이라는 단어가 정답게 느껴지는 사람은 별로 없을 것 같다. 뉴스를 보더라도 '빚'과 관련된 것들은 대부분 어두운 내용이다. 그런데 똑같은 의미라도 단어를 바꾸면 조금 느낌이 달라진다. 대출, 융자, 융통 등은 금융기관에서 '빚' 대신에 쓰는 말들이다. 본질적으로 '빚'과 전혀 다를 것이 없지만 어감은 한결 밝은 느낌이다. 빚지는 건 안 될 것 같은데, 대출받는 건 괜찮을 것 같다. 이는 아마도 대출을 받는 사람들의 마음가짐 때문이 아닌가 한다. 집을 사거나 차를 사는 상황에서 얻는 대출은 마치 행복의 메신저같이 느껴지지 않겠는가.

그런데 여기 '빚'의 정체성마저 바꿔놓은 듯한 아름다운 말이 하나 있다. 그것은 바로 '신용'이라는 말이다. 누가 나를 믿어준다는 것은 참 고마운 일이다. 나는 분명 남의 돈을 쓰고 있는데, 빚을 진다는 느낌은 별로 들지 않는다. 금융기관들은 오히려 자기들 돈을 써줘서 고맙다고

들 한다. 커피도 싸게 마실 수 있게 해주고, 가족과의 외식비를 도와주기도 한다. 그런데 어쩌다가 내가 좀 어려워져서 제때에 돈을 돌려주지 못하면, '신용'이라는 말은 갑자기 사라져버린다. 그리고 '빚'이 그 자리를 대신하게 된다.

빚은 친구가 아니다

나 역시 '빚'이라는 단어를 그리 좋아하지 않는다. 하지만 사실 나는 살면서 빚의 도움을 정말 많이 받았다. 빚은 여러 차례 나를 위기로부터 구해주었고, 결정적인 기회를 잡게도 해주었다. 15년 전 아내와 미국 유학길에 오를 때 나는 회사를 그만둬야만 했다. 몇 년간 최선을 다해 돈을 모으기는 했지만 그 돈으로는 학비 내기에도 버거울 것 같았다. 그렇다고 미국에 가자마자 내가 취직을 한다는 보장도 없었다. 이때 내게 1년 정도를 버틸 수 있게 해준 것은 은행 대출이었다. 실제로 나는 1년이 지난 후에야 첫 직장을 잡을 수 있었기 때문이다.

이렇게 대출의 도움으로 조금씩 자리를 잡게 된 후 은행은 내게 월세 탈출의 기회를 주기도 했다. 미국의 월세는 내가 계산하지 못한 복병이었다. 10평 남짓한 아파트에 월 100만 원이 들어가니 통장잔고 보기가 무서울 정도였다. 돈이 너무 아까웠다. 그때 은행은 다시 나에게 손을 내밀었다. 결과적으로 은행 대출 덕분에 2배 이상 큰 집을 살 수 있게 되었다. 그런데 놀랍게도 모기지 상환금은 아파트 월세보다도 더 적은 금액이었다.

그 후에도 나에게는 계속 '빚'의 도움을 받을 일이 생겼다. 자동차가 망가졌는데 현금이 부족해서 고민하던 나에게 새 차를 살 수 있도록 도움을 주었고, 다니던 회사 사정이 안 좋아져서 하루하루 살아가는 것조차 걱정해야 하는 때는 신용카드를 쓰면서 버텨 나갈 수 있었다.

빚은 내게 시간을 벌 수 있게 해준 것이다. 잠시 버틸 수 있도록 도와준 덕분에 다시 일어설 수 있는 시간을 가질 수 있었다. 이것은 단순히 하루하루 먹고 사는 것을 돕는 것이 아니었다. 나는 지푸라기라도 잡아야 했고, 빚은 그런 나에게 희망의 지푸라기였다. 그리고 최소한의 자존심을 지킬 수 있게도 해주었다. 적어도 다른 사람에게 돈을 빌려달라는 말을 하지는 않을 수 있었기 때문이다.

사실 우리 부모님은 그렇지 못하셨다. 정말로 극복하기 힘든 삶의 벽에 부딪쳤을 때, 부모님은 자존심을 포기해야만 하셨다. 나는 그런 심정이 어떤 것이었을지를 어릴 때는 다 알지 못했던 것 같다. 사실 어떤 희망도 기댈 곳도 없다는 느낌을 얼마나 많은 사람들이 알 수 있겠는가. 나 역시 미국에 오지 않았다면 알기 힘들었을 것이다. 만약 부모님께서 그때 빚을 얻지 못하셨다면… 생각할수록 아찔하기까지 하다.

빚은 분명 나에게 큰 도움을 주었다. 당신에게도 알게 모르게 많은 도움을 주고 있을 것이다. 하지만 아무리 고맙다 하더라도 빚과는 깊은 우정을 나눠서는 안 된다. 만나기 전부터 헤어질 때를 준비해야만 한다. 반드시 이것을 명심해야 한다.

부자들도 빚을 이용한다

마케팅에는 부자 마케팅이라는 것이 있다. 말 그대로 부자들을 타겟으로 하는 마케팅이다. 금융기관들은 부자들의 친구가 되기 위해 정말 많은 노력을 한다. 저절로 잠이 올 것 같은 편안한 응접실에서 시크릿하게 모시고, 수수료도 깎아주고 다른 고객들보다 0.1%라도 이자를 더 준다. 그런데 이런 특별대우 중에는 대출에 관련된 것도 있다. 사실은 그냥 그런 것도 있다 정도가 아니라, 매우 민감하고 중요한 부분이다. 이미 짐작이 되리라 생각되는데, 바로 대출 이자를 더 저렴하게 해주는 것이다. 돈 많은 부자들에게도 대출상품이 돈이 된다는 의미가 아니고 무엇인가. 평범한 우리들처럼 부자들도 은행 빚을 쓴다는 사실에 위안을 받으라고 하는 얘기가 아니다. 우리가 알아야 하는 것은, 그들에게 빚이 필요한 진짜 이유이다.

레버리지

이제 '빚'의 또 다른 이름을 소개하겠다. 이번에는 영어 이름이다. 그 자체만으로도 괜히 뭔가 있어 보이는 그런 이름이다. 그 이름은 바로 '레버리지(Leverage)'이다.

레버리지는 부자들이 부를 축적하는 데 적용되는 가장 중요한 개념 중 하나이다. 레버리지라는 말의 사전적인 의미는 '지렛대의 힘', 또는 '영향력'이다. 하지만 이 말이 신문 경제면에서 사용될 때는 주로 '자금

조달', '융자' 등을 의미한다. 이 외의 많은 상황 속에서 적은 노력, 적은 돈, 적은 시간으로 더 많은 것을 이룰 수 있게 해줄 수 있는 것을 우리는 레버리지라고 부를 수 있을 것이다.

누구나 시간과 돈, 능력의 한계를 갖고 있다. 같은 조건에서 출발했을 때 누가 성공할 수 있는가는, 누가 이 한계를 효율적으로 극복하며 성장해 나가느냐에 달려 있다고 생각한다. 고대 피라미드의 비밀은 그 거대한 돌을 움직이게 했던 지렛대에 있다. 부자들은 어떤 기회를 만났을 때 여러 가지 지렛대를 이용하여 부를 건축해 나가는데, '빚'은 그중 매우 중요한 지렛대 중 하나이다.

부자를 만드는 빚 vs 가난을 만드는 빚

레버리지가 부자들만의 전유물은 아니다. 평범한 사람들도 집을 살 때 담보대출을 얻을 수 있다. 수많은 사람들이 대출 덕분에 내 집 마련의 꿈을 이룰 수 있었으니, 꿈을 이루는 데 레버리지를 사용했다고 할 수도 있을 것이다. 그런데 이것은 실제로 부자들이 굳이 빚을 얻어서까지 레버리지 효과를 보려고 하는 것과는 그 의미가 사뭇 다르다.

부자들에게 레버리지는 투자 기회를 잡아 원하는 성과를 만들어내기 위해 사용되는 도구이다. 그렇기 때문에 빚을 레버리지로 사용하기 위해서는, 그 원하는 성과를 위해 빚이 필요하다는 것을 설득시킬 수 있어야 한다.

예를 들어, 지금 생각하고 있는 투자를 하기 위해 이미 현금을 충분히 갖고 있다고 하자. 그렇다면 현금으로도 투자가 가능할 텐데, 현금을 쓰지 않고 굳이 대출을 받아야 하는 이유를 생각해보자는 것이다. 이것이 설득력이 있으려면, 그 현금을 다른 데 써서 대출 이자를 내는 것보다도 더 좋은 결과를 얻을 수 있어야 할 것이다.

이런 이유로 빚을 이용하는 것이 아니라면, 부자들이 빚을 질 이유는 없어야 정상이다. 내가 돈이 있는데, 굳이 남의 돈을 써야 할 이유가 있겠냐는 것이다. 물론 사람마다 차이가 있기 때문에 이것을 일반화시키기에는 무리가 있을 수 있겠지만, 분명히 부자들이 빚을 지는 이유는 우리와 같지 않다.

> **부자들은 돈을 버는 데 빚을 이용하고,**
> **보통 사람들은 돈을 쓰는 데 빚을 이용한다.**

앞의 부자들의 경우처럼 돈을 버는 데 이용되는 빚을 '투자성 빚', 돈을 쓰는 데 이용되는 빚을 '소비성 빚'이라고 정의해보겠다. 참고로 이 정의는 투자성 빚의 건전성을 포함하는 것은 아니다. 이에 대한 내용은 차후에 '투자'와 '투기' 문제를 얘기할 때 생각해볼 문제이다. 여하튼 투자성 빚은 자산 또는 사업 등 미래에 가치가 높아질 것으로 예상되는 대상에 이용되는 레버리지이다.

반면에, 소비성 빚은 그 이외의 지출을 위해 얻는 빚이다. 쉽게 말하자면 돈을 좀 쓰고 싶은데 돈이 충분히 없어서 잠시 돈을 빌려서 쓴다는 것이다. 자, 어떤 느낌이 드는가. 뭐 그렇게까지 해서 돈을 써야 할까 하는 생각이 드는가. 물론 내가 미국에 와서 돈 문제로 위기에 빠졌을 때처럼, 생활비 같은 지출을 위해서도 빚이 필요할 때가 있다. 지금 여기에서 얘기하는 소비성 빚에 이런 상황까지 포함시킬 수는 없을 것이다. 하지만 다음 상황은 조금 다를 수도 있다.

당신은 오늘 친구들과 저녁 약속이 있다. 새로운 출발을 한 기념으로 한턱 내기로 했다. 처음으로 미래의 나를 위해서 돈을 쓰기 시작한 것이다. 이번 달에 내야 할 다른 비용들도 예정대로 은행에서 다 빠져나갔다. 이제 나머지 돈을 쓰는 데는 더 이상 눈치를 보지 않아도 된다. 돈을 쓰면서 평생 처음 느껴보는 자유로움이다. 맛있게 밥을 먹고 나니 이제 숨도 쉬기 힘들만큼 배가 부르다. 그런데 갑자기 어디선가 너무도 향긋한 커피 냄새가 코를 자극한다. 이럴 때는 언제나 머리보다 손이 빠르다. 어느새 지갑을 꺼내 들고 있다. '아, 이런… 현금을 다 써버렸네.' 그런 상황을 알 턱이 없는 커피향은 갈수록 나를 힘들게 한다.

우리는 이런 위기를 어떻게 극복해낼 수 있을까? 정상적이라면 돈이 없으니 커피는 포기해야 할 것이다. 하지만 우리는 그렇게 옛날 사람처럼 살지 않는다. 우리에게는 신용카드가 있기 때문이다. 사실 위와 같은 상황은 애초에 생길 가능성이 별로 없다. 요즘은 지갑도 필요 없는 세상이다. 휴대폰만 있으면 커피 결제쯤은 일도 아니다. 당신은 현금이 있는지 없는지를 생각도 하지 않을 것이다. 그리고 방금 빚이 늘어났다는 사실을 느끼지도 못할 것이다.

돈이 없으면 쓰지 마라

커피 한 잔 가지고 뭐라 하려는 것이 아니다. 다시 말하지만, 이제 당신 통장에 남아 있는 돈은 현재의 당신을 위해서 자유로이 쓸 수 있는 돈이다. 다만, 돈이 없는데도 불구하고 아무 문제없이 돈을 쓸 수 있는 우리 현실을 제대로 보자는 것이다.

이제 우리는 이런 질문을 던져볼 수 있다. 당신에게 신용카드는 어떤 레버리지인가? 당신은 이 질문에 대한 답을 내려야 한다. 그것이 이 챕터가 존재하는 이유이기 때문이다. 나는 무조건 '신용카드는 모두 잘라버려야 한다'가 반드시 정답이라고 생각하지는 않는다. 집에 TV를 없앤다고 애들이 갑자기 부모 의도대로 종일 공부만 할까? 집에 책상만 남겨두고 모든 가구를 없애 버려도 책상이 침대가 될 가능성은 여전히 높다. 그리고 우린 아직 신용카드에 대해 그렇게 나쁜 감정도 없다. 하지만 그렇게 강하게 외치는 목소리가 있는 이유는 생각해볼 필요가 있다.

한 번 생각해보면 좋을 것 같다. 우리가 신용카드를 쓰는 이유가 무엇일까? 편리함 때문이라는 얘기는 별로 설득력이 없다. 요즘은 신용카드가 되는 곳에서는 거의 체크카드(미국의 데빗카드)를 쓸 수 있기 때문이다. 통장에 잔고가 얼마 있는지를 알고 있다면 어디서든 체크카드로 결제를 하면 되지 않는가? 혹시 포인트 때문인가? 물론 포인트로 사마시는 커피는 주머니에서 우연히 발견한 만 원짜리처럼 깜짝 선물 같은 즐거움이 될 수도 있을 것이다. 하지만 신용카드가 아니라도 포인트를 쌓는 방법은 많다. 진짜 이유는 이런 것이 아닐 것이다.

신용카드를 처음 갖게 된 사람에게는 위와 같은 혜택들이 중요할 수도 있다. 그리고 이런 신용카드의 혜택만 노리고 가입과 탈퇴를 반복하는 사람들도 꽤 있는 것으로 안다. 그 정보 수집의 노력이나 알뜰하게 살아보자는 열정에는 박수를 쳐줄 만하다. 하지만 어떤 계기로 신용카드를 쓰게 되었든, 계속해서 신용카드를 쓰다 보면 점차 그 매력에 빠져들게 된다. 신용카드가 매력적인 이유는, 결제를 할 때 우리를 좀 더 자신감 있게 만들어주기 때문이다.

통장에 잔고가 있는데도 불구하고 신용카드를 쓰는 심리 속에는 일종의 불안감이 한 자리를 차지하고 있다. 돈을 쓸수록 잔고가 점점 줄어드는 것에 대한 불안감이다. 이 말은 곧 잔고가 부족해서 돈을 더 쓸 수 없는 그런 상황은 보고 싶지 않은 것이다. 돈을 쓰다 보면 그런 일이 충분히 생길 수도 있지 않겠는가. 이해할 만한 이유다.

하지만 이것은 결국 돈을 버는 것보다도 더 쓰는 상황을 유연하게 넘어가려는 것일 뿐이다. 신용카드가 없었다면 그렇게 살지 않을 사람에게 그런 가능성을 열어주는 것이다. 분명히 좋은 습관이 아니다. 그리고 이런 좋지 않은 습관은 대체로 중독성이 있다. 말하자면, 처음이 어렵지 갈수록 무감각해진다는 것이다.

소비는 분명 통제가 필요한 대상이다. 웬만한 사람들은 스스로 절제하는 게 쉽지 않다. 오죽하면 '지름신'이라는 말까지 생겨났겠는가. 하지만 돈이 없다면 절제를 할 필요조차 없다. 물론 주변 사람들에게 돈을 빌릴 수도 있겠지만, 말처럼 그리 쉽지는 않을 것이다. 그런데 신용카드는 이 절제에 대한 장벽을 가볍게 허물어줄 수 있는 마법 같은 존재다.

당신이 3장을 통해 얻은 결과와 그것을 얻기 위한 노력이 무엇이었는지를 잊어서는 안 된다. 미래의 당신을 위해 소득의 10%를 지불한다는 것이 처음에는 쉬운 일이 아니었을 것이다. 평소에 생각 없이 마음껏 먹던 것을 이제는 몇 번 생각한 후에 먹어야만 했을 수도 있고, 열심히 사는 나에게 주는 선물이라며 1년에 몇 번씩 가던 여행을 덜 가야만 했을 수도 있다.

그런데 신용카드를 쓰다 보면 문득 이런 생각이 들 수도 있다. '그냥 하던 대로 할까? 까짓 것, 하자면 할 수 있잖아. 어차피 언젠가는 사려고 했던 건데, 좀 미리 쓰면 어때!' 실제로 신용카드는 그것을 가능하게 해줄 수 있다. 그러다 보면 어느 순간, 신용카드 한도액이 또 하나의 통장처럼 여겨지기 시작한다. 그만큼 여윳돈이 더 있다는 착각이 시작되는 것이다. 그렇기 때문에 항상 명심해야 한다. 언제든지 잘못될 수 있다는 경각심을 갖고 있어야 한다. 다시 말하지만, 신용카드 자체는 문제될 것이 없다. 다만 신용카드를 계속 사용하기로 한다면, 현재 통장 잔고 이상 쓰는 일은 없어야 할 것이다. 즉, 버는 것보다 더 쓰게 되는 위험을 늘 조심해야 한다.

빚더미 세상, 정신 똑바로 차리자

2018년도 2분기 현재 미국의 총 가계부채가 13.3조 달러로 보고되었다. 이것을 한국 돈으로 환산하면 약 1경 4,923조 원이다. 어릴 적 숫자 배울 때 이후로 '경'이라는 숫자를 얘기해본 적이나 있었는지 모르겠다. 2018년도 미국 총 예산이 4조 달러(4,480조 원) 정도였으니 미국의 가계부채 규모가 얼마나 큰 것인지 실감이 난다.

한국의 2018년도 2분기 가계부채는 1,493조 원으로 집계되었다. 한국 역시 이 부채액은 2018년도 대한민국 총 예산액이었던 429조 원보다 3배 이상이나 된다. 빚더미라는 말이 이런 때를 두고 하는 말이 아닌가 싶다.

이 통계치를 근거로 계산하면 한 가구당 부채는 약 7,500만 원 정도로 계산된다. 물론 이 숫자는 평균치이기 때문에 큰 의미는 없다. 그리고 당신이 지금 평균 이상의 빚이 있다고 해서 무조건 심각한 문제라고 생각할 필요도 없다. 중요한 것은 그것이 어떤 종류의 빚이냐는 것이다.

"지금 여윳돈이 좀 생겼는데, 어디 투자하는 게 좋을까요 아니면 빚을 갚는 것이 좋을까요?"

평소 고객들에게 많이 받는 질문 중 하나이다. 만약 당신이라면 어떻게 할 것 같은가? 이 질문은 매우 단순한 질문 같지만 생각할 것이 많은 질문이다.

첫째, 질문자는 이미 부자이거나 부자가 될 가능성이 많은 사람이다. 보통 사람들 같으면 나에게 여윳돈을 어디에 쓸까 같은 질문을 하지도 않을 것이다. 그들 손에 들어온 여윳돈의 생명은 매우 짧다. 여윳돈이 생기면 우선 그동안 갖고 싶었던 것들이 먼저 떠오르기 마련이다. 어떻게 생긴 돈인데 그 기회를 놓치겠는가. 이런 대표적인 사례가 바로 세금환급금이다. 세금 보고나 연말정산 시즌이 되기만 하면 쇼핑몰마다 대박 세일행사를 하는 것은 절대로 우연이 아니다. 심지어 세금 환급금은 대부분 미리 낸 세금을 돌려받는 것임에도 불구하고 보너스로 착각을 하곤 한다. 남들은 모두 이렇게 하고 있는 상황에서 여윳돈을 투자를 하거나 빚을 갚는 데 써야겠다고 생각하는 것은 대단한 것이다.

둘째, 이 질문의 핵심은 더 좋은 투자가 무엇인지를 묻는 것이다. 나는 이런 질문을 하는 고객에게 본인은 어떻게 하고 싶은지를 먼저 물어본다. 그러면 보통은 빚을 갚는 것이 좋을 것 같다고 말한다. 왜 그러냐고 물으면, 대부분 이자를 내는 것이 너무 아깝다고 한다. 그래서 빨리 원금을 갚아 이자를 줄이는 것이 좋지 않겠냐는 것이다. 그런데 만약 은행에서 그 대출이자보다 더 높은 이자를 주는 신상품이 나오면 어떻게 할 것인가. 그래도 과연 빚을 갚는 쪽을 택하려고 할까? 문제는 은행에서는 절대로 그런 상품이 나올 수 없다는 것이다. 그렇기 때문에 이 질문은, 대출이자보다 더 높은 수익을 낼 수 있는 투자처가 있는지를 묻고 있는 것이다.

셋째, 빚의 종류에 따라 방향이 달라질 수 있다. 경험상 이런 질문을 하는 사람들은 소비성 빚이 거의 없다. 신용카드를 쓰더라도 항상 바로바로 갚는다. 즉, 이들이 갖고 있는 빚은 부동산 담보대출과 같은 투자성 빚인 경우가 대부분이다. 이렇게 투자성 빚인 경우에는 여윳돈으로 빚을 갚기보다는 다른 투자 기회를 찾아보는 것이 합리적이다. 그 이유는, 이 투자성 빚은 본질적으로 생산적인 투자처에 이용되기 때문이다. 예를 들어, 부동산 투자를 위해 대출의 힘을 빌렸다고 하자. 이런 투자에서 이익을 내려면 전체 수익이 대출이자 비용보다 높아야만 할 것이다. 그런 계산이 나오지 않으면 애초에 투자는 이루어질 수 없다. 즉, 이 부동산 투자는 스스로 투자성 빚을 해결해낼 능력이 있는 것이다. 그렇다면 여윳돈이 생겼을 때 이 빚보다 더 생산성이 높은 또 다른 투자처를 찾아보는 것이 당연히 합리적이지 않겠는가.

　그런데 이 빚이 소비성 빚이라면 어떨까? 소비성 빚은 생산성이 없다. 그저 이자만 불어나게 할 뿐이다. 무엇보다 빚이 생긴 근본적인 이유가 바람직하지 않다. 이제 새로운 마음으로 시작하려고 하는데 계속 빚이 따라다닌다면 갈수록 성취감이 저하되기 쉽다. 따라서 계산상으로는 여윳돈을 더 수익률이 높은 곳에 투자하는 것이 좋다고 하더라도, 강력한 동기부여 차원에서는 가능한 한 빨리 이 빚을 다 갚는 것이 훨씬 효과적일 수 있다. 이것은 여윳돈이 있거나 없거나 관계 없이 이루어내야 할 과제다. 다행히도 이 책에서 그 방법을 알려줄 것이다. 지금보다 더 많은 돈을 들이지 않고도 빚을 최대한 빨리 갚을 수 있는 방법을 말이다.

　넷째, 개인 자산 구조에 따라 판단을 해야 한다. 우리 집에 내 것보다 남의 물건이 더 많다면 썩 기분 좋은 일은 아닐 것이다. 그런데 집도 내 집이 아니고 집 안에 있는 것들이 대부분 남의 것인 상황을 상상할 수 있을까? 지금 있는 빚이 소비성 빚이라면 충분히 그럴 수 있다. 소비성 빚으로 구매한 것들은 보통 구매와 동시에 가치가 크게 하락하거나 사라진다. 즉, 자산으로서의 가치가 매우 적거나 없다는 것이다. 그렇게 구매한 이후에도 한동안 빚을 갚지 못하고 있는 상황이라면, 그 것들은 실제로는 아직도 카드회사나 은행 소유라고 보는 것이 맞을 것이다. 문제는 혹시라도 빚을 갚지 못하는 상황이 되었을 때, 그 구매한 것들을 다시 돌려준다 해도 그 빚을 갚기에는 부족할 것이라는 것이다. 이렇게 자산보다 부채가 많은 상황이라는 것을 깨닫게 되면, 긴장할 필요가 있다. 만약 다니던 직장이나 사업에 조금이라도 문제가 생기면 즉시 위기가 생길 가능성이 상당히 높기 때문이다. 때문에 지금 본인의 상황을 정확히 돌아보고 혹시라도 자산 구조가 비정상적인 것을 알게 되면 최대한 빨리 그 빚을 갚아야 할 것이다.

그렇다면 투자성 빚은 아무리 많아도 문제가 없을까? 당연히 투자성 빚도 위험할 수 있다. 투자 대상의 미래 가치를 정확히 예측하는 것은 절대로 쉬운 일이 아니다. 따라서 혹시라도 예측이 잘못되면 부채가 자산가치보다 더 많아지는 위험이 생길 수 있다. 그리고 예측에는 문제가 없어도 전체적인 경제 상황 때문에 갑자기 위기 상황이 찾아올 수도 있다. 2008년도 서브프라임 모기지 사태가 터져서 경제 위기가 왔을 때, 수없이 많은 부동산들이 은행으로 넘어갔다. 부동산 가치가 폭락하는 바람에 부동산을 팔아도 은행 대출을 갚을 수 없었기 때문이다. 이런 상황이 되면 부동산을 팔지도 못하고 가치가 회복할 때까지 버텨야 하는데, 불황으로 인해 소득마저도 영향을 받게 되면 당장 대출금을 갚기 어려워지는 문제가 생길 수 있다.

다섯째, 빚을 갚는 대신 투자를 하려고 한다면 투자 수익에 대한 확신이 있어야 할 것이다. 아마도 이 문제가 돈을 모으고자 하는 사람들에게는 가장 궁금한 문제가 아닐까 한다. 이에 대한 내용은 5장에서부터 시원하게 다루도록 할 것이다.

빚을 빨리 갚는 방법

3장에서 돈을 모으기 위해 예산을 짜는 것이 성공하기 힘든 이유를 살펴봤다. 우리는 늘 내일부터는 다이어트나 운동을 할 수 있을 것이라고 믿는다. 오늘은 피치 못할 이유가 있었을 뿐이다. 무슨 근거인지는 모르지만 내일의 나는 반드시 해낼 수 있을 것이라고 기대한다. 하지만 내일이 되어도 그 사람은 똑같이 오늘의 나이다.

어떤 일을 해내기 위해서는 동기부여만 가지고는 부족한 경우가 많다. 보통 그 노력으로 인한 변화가 당장에는 별로 눈에 띄지 않는 경우에 그렇다. 그래서 이런 장기적인 목표를 이루기 위해서는, 본인이 꿈꾸는 이상적인 미래를 위한 동기부여 이상의 어떤 당위성이 필요하다. 그랬으면 좋겠는 게 아니라 반드시 그래야만 하는 것이다.

빚을 빨리 갚기 위해서는 단단히 마음을 먹어야 한다. 이 말은 모든 것을 포기하고 빚 갚기에만 총력을 기울일 각오를 하라는 것이 아니다. 이제부터 빚을 빨리 갚을 수 있는 방법을 살펴볼 것인데, 적어도 그 스케줄은 철저히 지켜나가리라는 약속을 하자는 것이다. 이것은 일종의 예산이다. 하지만 우리가 수없이 실패만 했던 내 돈을 쓰는 예산이 아닌, 남의 돈을 돌려주는 것에 대한 예산이다.

허리띠를 있는 힘껏 졸라매고 돈이 생기기만 하면 빚을 갚는다면 빨리 갚을 수 있을 것이다. 물론 실현 가능성이 의문스럽기는 하지만, 그렇게 할 수 있다 하더라도 무조건 빚 갚은 데에만 돈을 쓰는 것은 좋지 않다. 소비성 빚이 아무리 바람직하지 않더라도 어느 정도의 레버리지 역할은 있기 때문이다. 즉, 이 빚보다 더 투자성이 높은 투자처를 포기하는 우를 범해서는 안 되는 것이다. 따라서 우리의 목표는 가장 최소한의 예산으로 가장 빨리 빚을 갚는 것이 되어야 한다.

현재 상황 파악하기

빚을 빨리 갚기 위해서는 두 가지 조건이 필요하다. 첫째는 어떤 빚들이 있는지를 정확히 파악하는 것이고, 둘째는 빚을 갚은 동안에는 추가로 소비성 빚을 지지 않는 것이다.

아마도 본인이 무슨 빚이 있는지조차 모를 정도로 무신경한 사람은 그리 많지 않을 것으로 믿는다. 하지만 그 빚의 이자율이나 상환기간 등 상세한 조건들에 대해서는 정확히 모를 수도 있다. 정말로 빚을 빨리 갚고 싶다면 이제 그 내용들을 잘 알아야만 한다.

추가로 소비성 빚을 지지 않는 가장 좋은 방법은 이미 앞서 살펴본 것처럼 신용카드를 쓰지 않는 것이다. 돈이 없어서 돈을 쓸 수 없는 환경이 되면 불필요한 빚이 계속해서 늘어나는 것은 효과적으로 방지할 수 있을 것이다. 만약 반드시 신용카드를 써야만 하는 상황이라면, 항상 일시불로만 결제를 하고 매달 쓴 돈을 즉시 갚아 나가면 될 것이다.

자, 준비가 되었다면 이제 빚을 갚아 나가는 일만 남았다. 사실 더 이상 빚을 지지 않을 수만 있다면 어떤 방식으로 빚을 갚아 나가든지 해서 빚은 줄어들기 시작할 것이다. 일단 이것만으로도 큰 성과라 할 수 있다. 빚을 통제할 수 없다면 아무리 좋은 전략을 알고 있다 한들 무슨 소용일까? 그러니 이제는 이전과는 완전히 상황이 달라진 것이다. 하지만 이것에 만족하고 있어서는 안 된다. 빚을 갚는 것은 과거를 청산하는 것이지 미래를 준비하는 것이 아니기 때문이다. 사람들은 빚에 대해 얘기할 때 이자비용에만 집중하는 경향이 있다. 물론 이자를 줄이는 것은 중요하다. 가능하다면 더 저렴한 이자를 내도 되는 빚으로 갈아타서 이자를 줄여 나가야 한다.

하지만 사실 이것보다도 더 중요한 문제가 있다. 빚을 갚는 시간이 길어질수록 우리는 더 풍요로운 미래를 누릴 수 있는 기회를 포기해야 할 수도 있다. 즉, 빚을 갚는 시간을 줄이는 것은 선택의 문제가 아니다. 따라서 가능한 한 빨리 빚을 갚아야 한다. 이렇게 빚을 빨리 갚을 수만 있다면, 총 이자비용은 자연스럽게 줄어들게 된다.

이때 한 가지 기억해야 할 것이 있다. 무리한 계획을 세워서는 안 된다는 것이다. 앞서 예산이 성공하기 힘든 이유에서 살펴봤듯이, 너무 무리한 계획을 세우면 중도에 포기하기 십상이다. 좋은 소식은, 지금 소개할 두 가지 방법은 현재의 대출 상환액 수준을 유지하면서 빚을 빨리 갚는 것을 목표로 한다는 것이다.

아무 전략 없이 열심히 갚아만 나간다면?

사람마다 갖고 있는 빚의 종류는 매우 다양할 것이다. 그리고 나이, 소득 수준, 결혼 등에 따라서 본인이 갖게 될 빚의 종류들은 계속 변할 수 있다. 소득이 늘어나면 빚은 자연스럽게 줄어들게 될까? 꼭 그런 것만은 아니다. 소득이 늘어나면 은행에서 대출받기가 더 쉬워지고, 그렇게 되면 이전에는 생각하지 못했던 주택담보대출이나 중형 자동차 대출 등이 가능해질 수 있기 때문이다. 다음 표는 일반인들이 갖고 살아갈 수 있는 다양한 대출들을 고려한 것이다. 우리가 이 사례를 통해 알아야 할 것은 어떻게 하면 이 모든 빚들을 빨리 갚아서 미래를 위한 시간을 벌고, 아까운 이자비용도 줄일 수 있는지에 대한 것이다. 그럼 사례를 한 번 살펴보도록 하자.

현재 빚 잔액은 총 1억 3,600만 원이고 매달 상환액은 185만 원이

목록	빚 잔액	월 상환액	추가 상환액	이자율	잔여 상환 기간 (개월)	예상 이자비용
학자금 대출	1,100	20	0	4.0%	60	116
신용카드 1	300	27	0	15.0%	12	25
신용카드 2	50	10	0	0.0%	5	0
자동차 론 1	1,700	39	0	5.0%	48	179
자동차 론 2	350	24	0	4.0%	15	9
신용대출	100	6	0	8.0%	17	6
주택담보대출	10,000	58	0	3.5%	240	3,920
Total	13,600	185				4,255

사례 분석 – 대출 현황

다. 앞서 얘기한 조건대로 더 이상 불필요한 빚을 지지 않는다고 가정하면, 언젠가는 결국 빚이 청산되는 날이 올 것이다. 그런데 그 '언젠가는'이 언제가 될까? 당연히 상환기간이 가장 긴 주택담보대출을 모두 갚는 날이 될 것이다. 즉, 빚을 완전히 청산하기까지는 20년이 걸릴 것으로 예상된다. 그리고 그동안 지불하게 될 총 이자비용은 4,255만 원임을 확인할 수 있다. 이는 현재 빚 총액의 31%에 달하는 금액이다. 특히 주택담보대출만 봤을 때는 총 이자비용이 원금의 40% 정도나 되는 것을 볼 수 있다. 아무리 오랜 시간 동안 발생한 비용이라고 하더라도 그저 무시하기에는 적지 않은 금액인 것 같다.

빚을 빨리 갚기 위한 가장 간단한 방법은 매달 원래 상환액보다 조금씩이라도 더 갚아 나가는 것이다. 하지만 이 방법을 몰라서 그렇게 하지 않는 사람은 많지 않을 것이라고 생각한다. 지금도 매달 나가는 상환액이 부담스러운 상황이라면, 추가 상환은 생각처럼 쉽게 일어나지 않을 것이다. 그리고 무엇보다도 이 방법은 본인이 자발적으로 해야 하는 것이므로 강제성이 부족해서 실행이 어려울 수 있다. 설령 마음을 굳게 먹고 실제로 실행을 한다 하더라도, 갑자기 돈 쓸 데가 늘어나게 되면 바로 중단될 가능성이 높다. 따라서 현실적으로 꾸준히 실행이 가능하려면 빚을 갚는 데 예산을 늘리는 것은 크게 효과적이지 않다. 다음의 두 가지 방법은 현재 예산 안에서 빚을 빨리 갚는 것을 목표로 한다. 즉, 상환액은 항상 월 185만 원으로 동일할 것이다. 두 방법의 차이점은 어떤 빚을 먼저 갚아 나가기 시작하는가에 있다.

눈덩이(Snowball) 전략

앞의 사례에서 가장 먼저 갚아야 할 빚은 어떤 것일까? 갑자기 생각하려니 잘 판단이 안 설 수도 있지만, 논리적으로 볼 때 대답은 간단하다. 이자율이 높은 것부터 빨리 갚아 나가야 이자를 한 푼이라도 줄일 수 있을 것이다. 이것은 계산으로도 증명이 된다. 즉, 수학적으로 더 나은 방법이다.

하지만 우리는 감정적인 존재다. 아무리 계산이 완벽하고 컴퓨터가 정답을 보여주고 있더라도, 우리는 충분히 다르게 행동할 수 있다. 그리고 그 감정을 무시해서는 안 된다. 그 감정에는 컴퓨터가 계산할 수 없는 특별한 힘이 있기 때문이다. 빚을 갚는 것 역시 매우 감정적인 행동이다. 대체로 빚은 우리를 힘들게 한다. 같은 액수라도 사람마다 느끼는 무게감이 다를 수 있다. 그렇기 때문에 빚을 갚는 내내 지치지 않도록 조심해야 한다. 어떻게 하면 신나게 빚을 갚아 나갈 수 있을까? 가장 좋은 방법은, 빚을 다 갚는 짜릿함을 느껴보는 것이다. 그 느낌을 자주 경험할 수 있으면 더 좋다. 눈덩이 전략은 이런 성취감을 통해 우리가 중도에 포기하지 않고 결국 목표를 이룰 수 있도록 도와주는 매우 훌륭한 전략이다.

눈덩이 전략은 말 그대로 빚을 갚는 액수를 눈덩이처럼 늘려가는 전략이다. 이를 위해서 우리는 앞의 사례의 빚들을 갚아 나갈 순서대로 재정렬해야 한다. 다음 표를 보면 그 순서는 금액이 작은 것부터 큰 것의 순서대로 정렬되어 있다. 그리고 앞의 사례에 없던 숫자들이 더 보이는데, 그것은 추가 상환액이다.

눈덩이 전략은 이 추가 상환액을 눈덩이처럼 늘려가는 전략이다. 이미 언급했듯이 빚을 빨리 갚는 가장 쉽고 확실한 방법은 지금보다 조금씩이라도 더 많이 갚아 나가는 것이다. 눈덩이 전략에서 추가 상환액을 만드는 방법은 이렇다. 우선 잔액이 가장 적은 빚을 다 갚으면, 그 빚의 월 상환액을 그 다음으로 잔액이 많은 빚의 추가 상환액으로 이용한다. 즉, 다음 표에서 '신용카드 2'의 빚을 모두 갚고 나면 그 빚의 월 상환액 10만 원을 다음으로 금액이 큰 '신용대출'의 추가 상환액으로 이용하는 것이다. 그렇게 하면, 6개월째부터 '신용대출'의 월 상환액은 원래 상환액 6만원에 추가 상환액 10만 원이 더해져서 16만 원이 될 것이다. 이때 월 상환액 총액은 여전히 185만 원으로 동일하다.

목록	빚 잔액	월 상환액	추가 상환액	이자율	잔여 상환 기간 (개월)	예상 이자비용
신용카드 2	50	10	0	0.0%	5	0
신용대출	100	6	10	8.0%	9.5	4
신용카드 1	300	27	16	15.0%	11.1	25
자동차 론 2	350	24	43	4.0%	12.5	9
학자금 대출	1,100	20	67	4.0%	22.8	59
자동차 론 2	1,700	39	88	5.0%	30.3	144
주택담보대출	10,000	58	127	3.5%	83.5	1,582
Total	13,600	185				1,822

눈덩이(Snowball) 전략

이렇게 빚을 하나씩 갚아 나갈 때마다 추가 상환액이 더욱 커지기 때문에, 아직 남아 있는 빚들의 상환 속도가 현저하게 빨라지기 시작 하는 것을 볼 수 있을 것이다. 자, 앞의 사례와 결과가 어떻게 달라졌 는지 보이는가? 일단 총 이자비용이 1,822만 원으로 대폭 줄어들었다. 앞의 사례보다 2,433만 원이 절약된 결과다. 물론 이것만으로도 훌륭 한 성과라고 볼 수 있을 것이다.

하지만 눈덩이 전략의 진정한 의미는 그 절감된 비용 자체가 아니 다. 위 표를 보면 주택담보대출이 완전히 상환되는 시점이 앞으로 83.5

개월 후라고 되어 있다. 즉, 앞으로 7년 후에는 가장 액수가 많고 상환기간도 길었던 빚까지 완전히 청산되는 것이다. 원래 주택담보대출의 상환기간이 얼마였는지 기억나는가? 20년이었다. 이것이 무려 13년이나 단축된 것이다. 시간은 그 무엇으로도 살 수 없다. 전혀 빚 없이 살아가게 될 그 13년의 기분은 어떨까? 그리고 그 시간 동안 만들어갈 미래는 또 얼마나 근사해질 수 있을까? 이것이 바로 눈덩이 전략의 진짜 힘이다.

눈사태(Avalanche) 전략

눈덩이 전략을 소개하면서 계산적으로는 이자율이 가장 높은 것부터 갚아 나가는 것이 가장 이자를 적게 내는 방법이라고 했다. 눈사태 전략은 바로 가장 높은 이자율을 가진 빚부터 갚아 나가는 방법이다. 그 외의 다른 내용은 눈덩이 전략과 동일하다. 즉, 먼저 갚은 빚의 월 상환액을 그 다음 빚의 상환액에 더해 나가는 것이다. 그럼 어떤 결과가 나오게 되는지 확인해 보도록 하자.

결과적으로 눈사태 전략은 눈덩이 전략보다 8만 원 적은 1,814만 원의 이자비용이 발생함으로써 비용 측면에서만 보면 눈덩이 전략보다 우세하다고 보여진다. 그리고 주택담보대출의 상환일 역시 83.5개월, 즉 7년으로 단축시켜주었다. 말하자면, 결과로만 보면 이 전략을 쓰지 않을 이유는 없는 것 같다. 사실 어떤 전략을 사용하느냐는 개인의 선택사항으로 봐도 큰 무리가 없을 것이라고 생각한다. 두 전략 모두 빚을 빨리 갚고 이자비용을 절감하는 데 매우 탁월함을 보여주고 있다. 하지만 실무적으로 보면 눈사태 전략은 추가 상환액을 계산하는 것이

목록	빚 잔액	월 상환액	추가 상환액	이자율	잔여 상환 기간 (개월)	예상 이자비용
신용카드 1	300	27	10	15.0%	10.1	23
신용대출	100	6	37	8.0%	11	5
자동차 론 1	1,700	39	41	5.0%	24.9	115
학자금 대출	1,100	20	106	4.0%	30.3	82
자동차 론 2	350	24	0	4.0%	15	9
주택담보대출	10,000	58	127	3.5%	83.5	1,581
신용카드 2	50	10	0	0.0%	5	0
Total	13,600	185				1,814

눈사태(Avalanche) 전략

눈덩이 전략보다 단순하지 않아서 일반인들이 쓰기에 어려움이 있을 수 있다. 그리고 무엇보다도 이자율에만 집중하다 보니 빚을 빨리빨리 갚아 나가는 성취감을 느끼는 것이 더딜 수 있다. 20년에 비하면 7년은 상대적으로 엄청나게 짧은 시간이다. 하지만 7년만 따로 놓고 생각한다면 절대로 짧은 시간은 아니다. 이 시간 동안 우리는 충분히 포기할 수도 있다. 그렇기 때문에 장기적인 전략을 선택할 때는, 그 실제 효과보다도 완주 가능성을 판단하는 데 더욱 신중해야 할 것이다.

반드시
투자를 하라.
단, 절대
잃지 마라 1

위험요소 #3-1
투자를 하지 않는 위험

투자란 철저한 분석을 바탕으로 투자 원금의 안정성과

적당한 수익성을 기대하는 행위다.

이러한 조건이 충족되지 않는 모든 행위는 투기다.

— 벤저민 그레이엄, 《현명한 투자자》

하버드 대학으로의 특별한 여행

지난 여름에 처음으로 보스톤 여행을 했다. 필라델피아에서 보스톤까지 가는 데 14년이 걸린 셈이다. 운전해서 5시간밖에 안 되는 비교적 가까운 거리인데 왜 그리 오래 걸렸는지. 미국에서 살아남기 위해 그리 정신없이 살았나 하는 생각이 들었다.

사실 여행 떠나는 날까지도 그저 실컷 운전을 하겠구나 하는 생각 외에 큰 감흥은 없었다. 솔직히 그날은 한국과 독일의 월드컵 경기가 있는 날이었기 때문에 머리는 온통 축구 생각으로 가득했다. 운전하는 내내 아내는 옆자리에서 인터넷으로 축구 경기를 보며 내게 중계를 해 주고 나는 머리로 축구장을 그려가며 나름 긴장감 있게 집중하다 보니 5시간이 그렇게 길게 느껴지지는 않았다. 그러다 보니 어느새 보스톤 표지판이 보이기 시작했다. 그제서야 조금씩 실감이 났다. 아, 이제 곧 하버드에 가 볼 수 있겠구나.

하버드 대학은 명실공히 세계 최고의 대학교다. 공부 좀 한다 하는 애들도 그 이름 앞에서는 겸손해지곤 한다. 나에게도 역시 하버드라는 이름은 동경의 대상이었다. 어릴 때는 내가 지금처럼 미국에 살게 될 것이라는 것은 상상도 하지 못했기 때문에, 하버드는 마치 소설 속의 이야기처럼 현실감은 없었던 것 같다. 그런데 그 학교를 이제 직접 보게 된 것이다. 한편으로는 이런 생각이 든다. 어쩌면 가장 적절한 때에 하버드를 방문한 것이 아닐까? 하버드 방문은 이번 장을 준비하며 고민하던 마지막 2%를 채우는 데 결정적인 영감을 주었다. 정말 의도하지 않았고 기대하지도 않았던 일이기에 어떤 행운처럼 느껴지기도 한다. 물론 가족과의 소중한 추억도 못지 않게 값진 것이었지만 말이다.

작년에 지역 한인들을 대상으로 '대학 학자금 전략'이라는 주제로 세미나를 했었다. 그때에도 하버드 대학과 관련된 내용이 잠시 다뤄졌었는데, 그것은 하버드 대학의 비싼 학비와 그 학비를 도와주는 학교의 놀라운 장학금 정책에 관한 것이었다.

혹시 하버드 대학의 일년 학비가 얼마인지 아는가? 2018년도 입학생 기준으로 보니 일년 학부 학비가 50,420달러였다. 여기에 기숙사 및 식비를 고려하면 67,580달러라고 한다. 대략 원화로 환산해보면 7,600만 원 정도나 되는 엄청난 돈이다. 4년이면 3억 원이라는 말이다. 이건 뭐 돈 없으면 오지 말라는 소리하고 뭐가 다른지 모를 정도다. 그런데 더욱 더 놀라운 일이 있다. 주변에서 하버드에 다니는 아이들을 보면 전액 장학금을 받는 경우가 꽤 흔하다는 것이다. 역시 대한민국 두뇌는 세계 최강이었던 것인가?

한때는 나도 그렇게 생각을 했었다. 하버드 입학도 대단한데 전액 장학금이라니. 보통 우리가 학교 다닐 때 전액 장학금은 과수석 정도가 받는 그런 것이었다. 그런데 학자금 세미나를 준비하면서 조금은 충격적인 사실을 알게 되었다. 하버드 대학에는 성적 장학금이 없다는 것이었다.

하버드 대학을 비롯한 미 동부의 아이비리그(Ivy League) 대학들에는 성적 장학금이 없다. 이 학교들에서 받는 장학금은 모두 'Need-based'로 불리는 재정보조금이다. 즉, 가정 형편에 따라 학비를 내기 힘든 학생들에게만 학비 보조금을 주는 것이다. 그런데 문제는 엄청나게 많은 학생들이 그 혜택을 보고 있다는 것이다.

하버드 대학의 경우는 학부생의 55%가량이 재정보조를 받고 있다고 한다. 정말 믿기 힘든 것은 전교생의 20%가량이 소위 전액 장학금을 받고 있다는 것이다. 어떻게 이럴 수 있을까? 재정보조는 가정 형편에 따라 달리 지급된다고 했다. 그런데 하버드 대학의 경우는 소득이 65,000달러(약 7,300만 원) 미만인 가정의 경우 100% 학비를 보조해준다. 쉽게 말하자면, 학생 부모 소득이 65,000달러가 안 되는 가정이 하버드 학생의 20% 정도 된다는 것이다.

그런데 이것이 끝이 아니다. 더욱 놀라운 것은 연 소득이 65,000달러부터 150,000달러까지의 가정은 학비의 10% 이하만 내고 학교를 다닐 수 있다는 것이었다. 물론 150,000달러 이상을 버는 가정도 어느 정도 보조를 받을 수 있는 가능성이 여전히 있다. 즉, 돈이 없어서 학교를 다니지 못하는 일은 절대 없다는 말이다.

나는 세미나를 하고 나서 이 문제를 다시 생각해볼 기회는 없었다. 세미나 참석 고객들에게는 유용한 정보, 내 개인적으로는 흥미로운 발견

정도였다고나 할까? 그리고는 한참을 잊고 지냈는데, 이번에 하버드 대학 교정을 거닐던 중 갑자기 그 내용이 다시 떠올랐다. 도대체 얼마나 돈이 많길래 이 많은 학생들에게 재정보조를 할 수 있을까? 그리고 그 생각이 꼬리를 물고 갑자기 이런 궁금증들이 밀려오기 시작했다.

설마 그 많은 돈이 그냥 은행에 있을까? 그럴 수도 있을 법하다. 이런 대학 기금을 절대로 무리하게 투자하면 안 될 것이다. 잃으면 안 되지 않겠는가. 그런데 아무리 돈이 많아도 전교생 55%를 보조해 준다는 것은 만만한 일이 아닐 텐데. 결국 어떤 형식으로든 투자를 해서 돈을 불려야 하지 않을까? 그렇다면 과연 누가, 어떻게 이 큰 돈을 관리하고 있는 걸까? 자칫 잘못 관리해서 손해라도 보면 당장 재정보조에도 영향이 올 수 있을 텐데 말이다. 만약 투자를 하고 있다면, 2008년 같은 금융 위기에는 괜찮았을까? 정말 궁금했다. 도대체 어떻게 기금을 운영하고 있는 것일까?

여행에서 돌아온 후 아이비리그 및 명문대들의 기금 현황들을 조사하기 시작했다. 그 결과, 모든 대학교는 아주 적극적으로 기금을 운용하고 있다는 사실을 확인하였다. 즉, 적극적인 투자를 하고 있었다는 것이다. 그리고 예상 외로 채권 등의 안전자산에만 치중하지 않고 다양한 투자처에 투자를 하고 있었다. 그들이 어떻게 하고 있는지를 알아보는 것이 매우 중요한 일이라는 것을 직감할 수 있었다. 그들은 그들 자신 개인의 부를 위해서 기금을 운용하는 것이 아니었다. 또한 은행이나 증권회사처럼 자산운용사의 이익에 편향된 의사결정을 할 이유도 없었다. 오직 학교와 학생들을 위해 최선을 다하고 있는 자들이 어떻게 투자하는지를 아는 것은 모두에게 매우 중요한 의미가 있을 것이라고 생각했다. 적어도, 그들이 투자를 하고 있다는 사실에 주목할 필요가 있다고 생각했다.

투자를 하지 않는 것이 더 위험하다

모든 투자는 위험을 동반한다. 고객들과 상담을 할 때 나는 의도적으로 이 위험에 대해 자세히 살펴본다. 마치 '이래도 투자를 할 건가요?'라는 결론을 내려는 사람처럼 샅샅이 위험들을 파헤친다. 내가 이러는 이유는, 나 자신이 위험을 싫어하기 때문이다. 그렇다고 이것이 내가 무조건적으로 위험을 회피한다는 의미는 아니다. 고객들에게 위험하지 않은 투자를 해야 한다고 설득하기 위한 것도 아니다. 내가 위험에 대해 살펴보는 근본적인 이유는 불필요한 위험을 사전에 제거하기 위해서다.

이 말은 두 가지 중요한 의미가 있다. 첫째는 위험하지 않은 투자는 없다는 것이고, 둘째는 우리는 자신도 모르게 불필요한 위험을 감수하며 살 수도 있고, 때로는 그 불필요한 위험들 때문에 치명적인 위기에 빠질 수도 있다는 것이다. 나는 그런 불필요한 위험을 감수하면서 살고 싶지는 않다. 그리고 나의 고객들도 같은 생각일 것이라고 믿는다.

혹시 이런 생각을 하고 있는지 모르겠다. 투자를 하지 않고 그냥 돈을 갖고 있거나, 은행에 입금해두면 전혀 위험하지 않을 것 아닌가? 불필요한 위험이 있다면, 그 말은 필요한 위험이 있다는 말인가? 아무튼 간에 투자를 하지 않으면 무슨 위험이든 없앨 수 있는 것 아닌가?

그렇게 생각할 수도 있다. 똑같은 의미는 아니지만 '가만히 있는 게 도와주는 거다'라는 말을 해보거나 들어본 적이 있다면 때로는 가만히 있는 게 전략이 될 수도 있는 것 같다. 그렇다면 정말 그런지 한 번 살펴보자.

김 과장은 은퇴하신 부모님과 직장 상사들을 보면서 은퇴 준비에 대한 필요성을 절실히 느끼기 시작했다. 지금까지 특별히 해놓은 것이 없기에 마음을 단단히 먹고 월급의 절반을 은퇴 목적으로 남겨두겠다

가정: 은행 이자 2%, 급여 인상률 연 3%　　　　　　　　　　단위: 만 원

나이	저축액	인출액	투자수익	잔액
35	2,400	0	48	2,448
36	2,472	0	98	5,018
37	2,546	0	151	7,716
38	2,623	0	207	10,545
39	2,701	0	265	13,511
40	2,782	0	326	16,619
45	3,225	0	676	34,482
50	3,739	0	1,113	56,774
55	4,335	0	1,654	84,365
60	5,025	0	2,319	118,281
64	5,656	0	2,956	150,773
65	0	7,346	2,869	146,295
70	0	7,346	2,402	122,526
75	0	7,346	1,888	96,283
80	0	7,346	1,320	67,309
85	0	7,346	693	35,319
86	0	7,346	559	28,532
87	0	7,346	424	21,609
88	0	7,346	285	14,548
89	0	7,346	144	7,346
90	0	7,346	(0)	(0)
Total	114,181	191,005	76,824	

은퇴 준비 – 월급 50% 저축 전략

는 계획을 세웠다. 현재 나이 35세. 빨리 은퇴할 수 있다면 좋겠지만, 아무래도 65세까지는 돈을 벌어야 하지 않을까 생각된다. 사실 월급 400만 원 중 200만 원을 저축하겠다는 것 자체가 불가능에 가까워 보이지만 미래를 위해서는 선택의 여지가 없는 것 같다. 만약 김 과장이 30년간 이 어려운 일을 기적적으로 해낸다면, 과연 얼마를 모을 수 있을까? 그리고 더 궁금한 것, 그렇게 모은 돈으로 은퇴 후 충분히 살아갈 수 있을까?

결과를 보니 기대한 것보다 꽤 괜찮아 보인다. 30년 후의 저축액은 15억 가까이나 되고 은퇴 후에도 월 612만 원씩(연 7,346만 원) 26년간 월급처럼 쓸 수 있다니. 계획대로 저축만 할 수 있다면 매우 이상적인 계획이 될 것 같다. 그런데 이 계산에는 한 가지 중요한 내용이 빠져있다. 물가가 고려되지 않은 것이다.

물가에 대한 고려는 두 가지로 나뉠 수 있다. 우선 30년간 모은 저축액과 은퇴 후 받게 될 소득액을 현재 가치로 환산해봐야 한다. 지금 30대나 40대 정도만 되더라도 30년 전에 과자나 시내버스 요금이 얼마였는지 어렴풋이 기억이 날 것이다. 나도 정확히 얼마였었는지 궁금해서 찾아보니 88올림픽 시절 서울 시내버스 요금은 140원이었다고 한다. 그런데 현재 요금은 1,300원이니 약 9배 정도나 오른 것이었다. 서비스나 물건에 따라 차이는 있겠지만, 물가는 절대로 간과할 수 없는 중요한 요소임을 느낄 수 있을 것이다. 지금 은퇴하는 사람이 30년 전 저축을 시작하면서 버스 요금 예산을 140원으로 설정해 놓았었다면, 그는 지금부터 서울 시내를 자전거만 타고 돌아다녀야 할 수도 있다.

그 다음으로는, 은퇴 후 매년 상승하는 물가 역시 고려하여 은퇴소

단위: 만 원

품목	1988년	2018년
시내버스	140	1,300
라면	100	950
지하철	200	1,350
자장면	759	5,000
영화관람료	1,847	11,000
택시 기본요금	600	3,000
휘발유 1L	402	1,627
초코파이	100	400
항공료 (서울-부산)	25,900	70,000
4년제 대학 등록금	1,690,000	6,710,000

30년간 품목별 가격 변화

득을 계획해야 한다. 물가 상승률을 3%로 가정하면, 현재의 100만 원은 30년 후에는 지금 돈으로 41만 원 정도의 가치밖에 되지 않는다. 물가가 더욱 높아질수록 가치하락은 더욱 심각해질 것이다. 따라서 은퇴 후 지속적으로 생활 수준을 비슷하게라도 유지하려면, 은퇴소득액도 매년 물가 상승률만큼은 증가해야 한다는 얘기가 된다.

이 두 가지 내용을 고려해보면 김 과장의 은퇴저축액과 은퇴소득은 이렇게 해석될 수 있다. 앞의 가정과 똑같이 물가가 매년 3%씩 올라간다고 보면, 30년 후의 저축액 15억은 지금 돈으로 약 6억 2천만 원 정도의 가치가 있을 것으로 볼 수 있다. 그리고 은퇴 후 받게 될 612만 원은 지금의 252만 원 정도 가치가 될 것이다. 물론 은퇴 후에는 지금보다 돈 쓸 곳이 줄어들 수도 있으므로 그 정도면 충분하다고 생각할 수도 있다. 그런데 30년 후에도 여전히 물가는 매년 상승할 가능성이 있다. 그렇다면 매년 똑같은 돈을 받아서는 제대로 생활하기 어려운 순간

부자들의 비밀노트

이 올 수 있을지도 모른다. 즉, 갈수록 가난해질 수도 있다는 것이다.

잊지 않기를 바란다. 지금 이 계산 결과들은 월급의 반을 저축한다는 가정 하에 나온 것들이다. 만약 그 정도를 저축할 수 있는 상황이 아니라면, 예상되는 결과는 더 좋지 않을 수도 있다. 나는 이런 미래를 맞이하고 싶지는 않다. 이런 미래를 가져다 줄지도 모르는 저축이라는 것이, 더 이상 안전하게 느껴지지는 않는다. 나만 그렇게 느끼고 있는 것인가?

투자로 위험을 해결하자

투자를 하는 것이 위험을 극복하는 방법이 된다는 것은 역설적인 말처럼 들린다. 투자 자체에도 위험이 존재하기 때문이다. 하지만 투자를 하지 않는 것은 더 위험하다.

김 과장은 은퇴한 후에 월 612만 원이 나올 수 있다는 플랜에 매우 만족했다. 현재 받고 있는 월급 400만 원보다도 더 많은 액수였기 때문이었다. 그런데 물가를 고려해야 한다는 것을 깨닫게 되고는 적잖이 실망스러웠다. 은퇴 후 지금 돈으로 252만 원 정도로 살아가려면 본인이 생각했던 풍요로운 노후는 기대하기 어려울 것 같았기 때문이다. 아무래도 돈을 모으는 것만으로는 고된 노력에 대한 보상을 제대로 받는 것이 어려울 것 같다는 생각을 하게 되었다. 갈수록 투자를 하면 어떨까 하는 생각이 들었다. 만약 월급의 50%를 은행이 아닌 주식시장에 투자했다면 어떤 결과가 나올 수 있을까?

나이	저축액	인출액	투자수익	잔액
35	2,400	0	216	2,616
36	2,472	0	458	5,546
37	2,546	0	728	8,820
38	2,623	0	1,030	12,473
39	2,701	0	1,366	16,540
40	2,782	0	1,739	21,061
45	3,225	0	4,306	52,154
50	3,739	0	8,516	103,140
55	4,335	0	15,295	185,235
60	5,025	0	26,073	315,776
64	5,656	0	39,025	472,642
65	0	43,672	38,607	467,578
70	0	43,672	35,879	434,540
75	0	43,672	31,682	383,707
80	0	43,672	25,224	305,495
85	0	43,672	15,288	185,156
86	0	43,672	12,734	154,218
87	0	43,672	9,949	120,495
88	0	43,672	6,914	83,737
89	0	43,672	3,606	43,672
90	0	43,672	(0)	(0)
Total	114,181	1,135,468	1,021,287	

은퇴 준비 – 월급 50% 투자 전략

　결과가 꽤나 충격적이다. 30년 후 총 저축액은 47억 원이나 되었다. 은퇴 소득은 매달 3,639만 원(연 4억 3,672만 원)이나 될 것으로 기대가 된다. 이제 돈을 어디에 써야 하나 하는 것이 고민일지도 모르겠다. 이 결과를 물가 상승률 3%를 감안해서 해석해보면, 총 저축액은 지금 돈으로 19억 5천만 원, 은퇴 소득은 지금의 1,799만 원과 같다고 할 수 있다. 이 결과는 은행에 저축했을 때보다 총 저축액은 약 3배, 은퇴 소득액은 6배나 많은 액수다. 어떻게 은행 이자율 2%보다 겨우 7% 더 많은 수익률이 이렇게나 큰 차이를 만들어낼 수 있을까? 7% 이자율은 100만 원 원금에 대해서 7만 원 이자를 주는 정도의 수익률이다. 원금이 1억 원이라고 하더라도 이자는 700만 원밖에 되지 않는다. 이런 정도의 수익률 차이가 30년 사이에 만들어낸 결과의 차이는 32억 원이 넘는다. 더욱 엄청난 차이는 은퇴 소득액에서 생긴다. 은퇴 후 26년간 받을 총 은퇴 소득액의 차이는 무려 94억 4천만 원이나 된다.

만약 은퇴 소득으로 612만 원이면 충분하다고 생각한다면 처음 본 사례처럼 15억 원 정도만 저축을 해도 충분할 것이다. 위 결과를 보고 어느 정도 예상이 가능하지만 9% 수익률로 투자를 할 수 있다면 15억 원을 모으기 위해서는 은퇴 직전인 64세까지 저축하지 않아도 된다. 그럼 얼마나 저축하면 충분할까? 나는 이 결과를 보고 처음에는 계산이 잘못되었나 생각했다. 앞으로 32개월, 즉 2년 반만 저축하면 된다.

이제 좀 더 현실적으로 접근해 보겠다. 김 과장이 갑자기 소득의 50%를 저축한다는 것은 매우 어려운 일이다. 불가능할 수도 있다. 아니면 어느 정도 하다가 포기할 수도 있다. 사실 바로 앞선 계산에 의하면 32개월만 버티면 된다. 하지만 50%라는 숫자에 질려서 시작도 못 할 수 있으니, 우리가 처음에 최소한의 저축액으로 생각했던 10%만 저축하는 것으로 다시 생각을 해보겠다. 그러면 몇 년간 저축을 해야 할까? 저축액이 1/5로 줄었으니 저축 기간이 5배로 늘면 되는 것일까? 즉, 2.6년의 5배인 13년을 저축하면 될 것으로 생각할 수도 있다. 하지만 결과는 예상과 조금 다르다. 21년간 저축을 해야 한다. 물론 이것도 매우 훌륭한 결과다. 은행에 저축할 때의 1/5 저축액으로 저축 기간을 9년 줄일 수 있다는 것이다.

마지막으로 살펴볼 것은 은퇴 시기에 대한 것이다. 갈수록 평생 직장 개념이 사라지고 직장에서의 미래가 불안정해짐에 따라 벌 수 있을 때 최선을 다해 벌고 조기 은퇴를 준비하는 사람들이 늘어가고 있다. 물론 여기에서의 은퇴란 경제적 개념에서의 은퇴를 의미하는 것이다. 돈에서 자유로워지면 노년에도 본인이 정말로 원하는 일을 하며 살아갈 수도 있을 것이다.

여전히 월 612만 원의 소득이 충분하다고 생각한다면, 투자를 할 경우 은퇴 시기를 얼마나 앞당길 수 있을까? 만약 소득의 50%를 투자한다면 15년 후(50세)에, 소득의 25%를 투자한다면 21년 후(56세)에, 그리고 소득의 15%를 투자한다면 25년 후(60세)에 은퇴를 할 수 있다.

만약 조기 은퇴에 관심이 없고 별 일 없으면 65세까지는 꾸준히 일하겠다고 생각한다면, 여전히 30년간 꾸준히 저축하면서 살아갈 수도 있다. 그런데 앞에서 투자의 힘을 봤으니, 오랜 기간을 투자하는 만큼 투자하는 돈이 적어도 될 것이라고 생각할 수 있을 것 같다. 사실 이 생각은 매우 상식적인 것이다.

그런데 그 결과는 그리 상식적으로 보이지 않는다. 월 612만 원의 은퇴 소득을 준비하기 위해서는, 이제 소득의 8.5%만 저축해도 충분하다. 즉, 이 정도 적은 투자로도 은행에 월급의 반을 저축할 때와 은퇴 후 삶의 모습이 같을 수 있다는 것이다. 바꿔 말하면, 현재의 삶이 더욱 여유롭고 윤택해질 수 있다는 것이다. 현재의 삶도 중요하다. 투자를 제대로 알아야 하는 이유는, 미래뿐만 아니라 현재도 지켜내기 위해서다. 적어도 내게는 이것이 매우 중요한 문제였다.

세 가지 해결 과제

앞의 내용을 보고 나서 15년 내에 은퇴할 수도 있다는 희망을 갖게 되었는지도 모르겠다. 혹 비슷한 희망을 갖게 되었다면 이제부터 하는 얘기에 더욱 주의를 집중하기 바란다. 사실 투자에 대한 상담을 받은 적이 있다면 위의 내용과 유사한 설명을 들은 적이 있을 수도 있다. 절대로 이 책에서만 발견할 수 있는 그런 내용이 아니라는 것이다. 그런데 그것이 내가 이 새롭지 않은 내용을 다시 이 책에 써야만 했던 이유가 되었다. 현실은 그리 단순하지가 않다. 계산상으로는 어떻게 보일지 몰라도 당신이 살아가는 현실을 이렇게 단순화시킬 수는 없다는 얘기다. 말하자면, 이 계산 결과만을 근거로 투자 의사 결정을 해서는 안 된다는 말이다.

거짓을 말하지 않는다고 진실된 것은 아니다. 말해야 하는 것을 말하지 않는다면, 그것은 속이는 것과 다를 바 없다. 어쩌면 이것이 거짓말을 하는 것보다도 더 나쁘다고 생각한다. 거짓말은 듣는 사람이 거짓인지 아닌지 판단할 수 있는 기회라도 주지만, 말하지 않는 경우에는 그런 기회조차 없기 때문이다. 듣지도 못한 얘기를 무슨 수로 판단할 수 있겠는가. 그래서 나는 그 듣지도 못했을 얘기들을 해주려 한다.

혹 얘기를 듣고나서 어디선가 들어봤던 것 같다고 생각할 수 있다. 하지만 경험상 그것은 그저 느낌에 불과할 가능성이 아주 많다. 어쩌면 이미 환상적인 결과에 눈과 귀가 막혀서 이 얘기들이 전혀 들리지 않을 수도 있다. 그러니 부디 마음을 열고 지금부터 하는 얘기들에 귀를 기울여주기 바란다.

투자에 대한 결과는 그 누구도 장담할 수 없다. 이미 여러 번 언급했지만 워런 버핏도 예외는 아니다. 그렇기 때문에 우리가 할 수 있는 최선은, 예측하기 힘든 부분들을 최대한 제거시켜 나가는 것이다. 이에 대한 자세한 내용은 6장에서 다룰 것이다. 지금 언급하는 세 가지 중요한 해결 과제 역시 6장과 7장에 걸쳐서 다뤄질 내용이다. 그러므로 지금은 일단 그것들이 무엇인지만 기억하도록 하자. 해결되어야 할 세 가지 과제들은 다음과 같다.

- 9% 수익률의 현실성
- MDD(Maximum Drawdown) 최소화
- 투자에 따르는 부대비용들

부자들이 절대로 하지 않는 투자

평범한 사람이 투자를 하지 않고 부자가 될 수 있는 가능성은 매우 적다. 하지만 이 말이 투자를 하면 부자가 될 수 있다는 것을 의미하는 것은 아니다. 부자가 되기 위해서는 그들처럼 투자해야 한다. 이것은 그들이 어디에 투자하는지를 알아내서 그대로 따라해야 한다는 말이 아니다. 물론 그들이 투자하는 곳을 알면 분명 도움되는 부분이 있겠지만, 그것을 아는 것이 부자들과 똑같은 결과를 가져다 주는 것은 아니다. 언뜻 들으면 무슨 말장난처럼 들릴 수도 있다. 하지만 이것은 말장난이 아니다. 설령 같은 곳에 투자한다 하더라도, 부자들은 분명히 평범한 사람들과 다르게 투자한다.

부자들은 절대로 자신들이 이해하지 못하는 곳에는 투자하지 않는다. 이런 것을 투자 비밀이라고 말할 수는 없을 것이다. 너무도 상식적인 것이다. 하지만 놀랍게도 일반 사람들은 잘 이해하지 못하면서도 투자를 하는 일이 많다. 이것이 같은 곳에 투자해도 결과가 달라질 수 있는 이유이다.

내가 지금 어디에 투자하고 있는지를 이해한다는 것은, 우선 내가 이 투자의 결과로써 얻을 수 있는 것, 즉 이익이 무엇인지를 정확히 알고 있다는 것을 의미한다. 그리고 그 결과를 얻기 위해 희생해야 하는 것이 무엇인지도 알고 있다는 것을 의미한다. 이 '희생해야 하는 것'이 바로 '위험'이다.

부자가 아니더라도 원하는 결과를 얻기 위해서는 어떤 형태로든 위험을 감수해야 한다는 것은 알 수 있을 것이다. 하지만 많은 사람들은 자신이 어느 정도까지 희생할 각오가 되어 있는지는 잘 모른다. 그리고 나름대로 각오가 서 있더라도, 실제로 위험이 닥쳐왔을 때 어느 정도의 희생까지 본인이 감당해낼 수 있는지를 명확히 알지 못하는 경우가 많다. 이 상태로 투자를 하게 되면, 앞으로 겪게 될 수많은 위험들을 극복해내지 못할 가능성이 매우 높아진다. 이런 상황은 누구에게나 벌어질 수 있다. 부자들도 예외는 아니다. 본인이 잘 이해하지 못하는 곳에 투자한 후에 위험이 찾아왔을 때 어디까지 감당해야 하는지를 모른다면, 부자든 아니든 관계없이 그 투자는 성공하기 어렵다. 그렇기 때문에 성공한 사람들은 자신들이 이해하지 못하는 곳에는 절대로 투자하지 않는다.

현명한 투자자

사실 우리 인생은 끊임없는 투자의 연속이다. 당신도 이미 부자들만큼이나 투자를 하는 방법에 익숙하다는 말이다. 좋은 대학을 가기 위해 공부하는 것, 좋은 직장에 가기 위해 자격증을 따는 것, 돈을 벌기 위해 사업을 하는 것, 돈을 불리기 위해 좋은 투자처를 찾는 것 등. 우리가 인지하지 못하는 사이에도 시간 혹은 돈을 투자하며 살아가고 있다. 이 모든 투자들의 목적은 매우 유사하다. 현재보다 더 나은 상황을 만들거나, 현재 갖고 있는 것을 더 효과적으로 성장시키기 위함이다. 그러면 우리는 어떤 것이 좋은 투자인지 어떻게 판단할까?

우리가 어떤 대학이 좋은지 어떤 직업 또는 회사가 좋은지를 얘기할 때는, 일반적으로 졸업 후 좋은 회사에 취직을 잘 할 수 있는 대학, 연봉을 많이 주고 복지가 좋은 회사들이 거론될 것이다. 그리고 그런 대학이나 회사에 대해서는 과거의 통계나 현 시점의 뉴스 등을 통해 어렵지 않게 판단할 수 있다. 이렇듯 우리 모두는 나름대로 각자 좋은 투자를 고르는 방법과 판단 기준을 갖고 있고, 그것을 삶에서 적용해 나가고 있다. 그럼에도 불구하고 대학이나 직장을 선택하는 문제가 아닌 사업이나 투자 대상에 대해 이야기를 할 때는, 많은 사람들이 마치 투자에 대해 잘 모르는 것처럼 말하곤 한다. 도대체 왜 그런 것일까?

투자의 관점으로 본다면, 교육은 투자 위험에 대해서 가장 관대한 대우를 받는 투자 중 하나이다. 사실 소위 명문대로 알려진 대학들은 한정되어 있기 때문에, 학생들이 아무리 열심히 공부를 한다 해도 모두가 명문대에 들어갈 수는 없다. 공부를 잘 하는 학생 역시 예외가 아니다. 절대 합격을 장담할 수는 없다는 얘기다. 더욱이 설령 합격한다 하더라도 자신에게 가장 적합한 전공을 선택할 수 있는지도 사실은 미지수인 경우가 많다. 하지만 이런 모든 불확실성에도 불구하고 입시 수험생들의 투자 비용은 크게 차이가 나지 않는다.

경제학 개론의 가장 기본적인 내용 중에는 '최소 비용, 최대 효과'라는 원칙이 있다. 이것을 투자에 적용시킨다면, 투자 비용 대비 가장 큰 수익을 가져다 주는 것이 좋은 투자라는 것이다. 이런 투자 원칙에 근거하여 판단한다면 교육에 대한 투자는 효율 면에서는 아주 형편없다고 볼 수 있다. 성과에 상관 없이 투자는 비슷하기 때문이다. 어떻게 이것이 가능한 것일까? 그 이유는 교육은 투자 위험에 대한 허용수준(Risk Tolerance)이 매우 높기 때문이다. 쉽게 말하자면, 투자금을 크게 잃을 수 있더라도, 어떤 투자 결과가 나올지 매우 불확실하더라도, 여전히 투자할 용의가 있다는 것이다.

이것은 사람들이 교육이라는 투자에 대해 아주 잘 이해하고 있다는 것을 의미한다. 우리 모두 자녀들과 똑같은 길을 걸어왔다. 그리고 교육 이후의 삶을 몸소 경험하며 살아가고 있다. 그래서 교육에 관해서는 투자(시간, 노력, 돈)와 결과(대학 졸업 후의 삶)의 상관 관계를 아주 잘 이해하고 있다.

물론 이 투자에 위험요소가 있다는 것도 잘 알고 있다. 원하는 대학에 가지 못할 확률이 더 클 수 있고, 최악의 경우에는 아예 대학에 가지 못할 수도 있다. 그리고 원하는 대학을 졸업한다 하더라도 그 후의 삶이 생각과는 많이 다를 수도 있다. 하지만 이런 위험이 두려워서 처음부터 교육을 하지 않겠다고 생각하는 사람이 얼마나 있을까? 우리는 경험적으로 교육을 하지 않아서 감당해야 할 위험보다는, 차라리 교육을 하고도 원하는 성공을 이루지 못할 수 있는 위험을 선택하는 것이 감당할 만하다는 것을 안다. 그렇기 때문에 교육에 대해서는 상당히 큰 투자 위험도 허용이 가능한 것이다.

그런데 일반적으로 사업이나 주식, 부동산 등에 투자를 하려고 할 때는 자신이 어느 정도의 위험까지 감당해낼 수 있는지를 잘 모르는 경우가 많다. 이것이 바로 본인이 투자에 대해 잘 모르는 것처럼 느끼는 결정적인 이유이다. 그런데 이런 투자들은 교육 문제와 같은 삶의 크고 작은 투자들보다 자신들의 위험 허용수준을 판단하는 것이 쉽지 않다.

일단 경험이 부족할 수 있다. 내가 경험이 부족하다고 생각하면 보통 다른 사람들의 말을 의지하게 되는데, 사실 모든 재앙은 여기에서 비롯된다고 해도 과언이 아니다. 그들이 감당해낸 위험을 당신도 당연히 감당할 수 있다고 생각하는 것은 전혀 근거가 없다. 물론 투자 전문가들은 당신도 할 수 있다고 엄청난 격려를 아끼지 않을 것이다. 그리고 경험이 없는 당신은 그런 위험 극복기를 무협 소설을 읽는 것처럼 흥미진진하게 느낄 수도 있다. 하지만 그것은 그저 환상일 뿐이다.

수영을 못하는 아이는 발이 닿는 수영장에서도 위험할 수 있다. 물장구에 눈이 안 보이고 허우적거리다 물까지 먹으면, 그 순간은 인생 최대의 위기가 될 수도 있다. 똑바로 서기만 하면 되는데도 말이다. 내가 감당할 수 있는 정도가 무엇인지를 모르면, 머리로 아는 것은 아무 소용이 없을 수도 있다.

하지만 설령 본인이 공부도 하고 어느 정도 직간접 경험들이 있어서 투자 대상과 그에 수반되는 위험들을 꽤 잘 이해하고 있다고 생각하는 경우에도, 실제로 위험이 닥치면 이 위험에 대한 허용수준이 본인이 생각하는 것보다도 더 낮아지는 경우가 많다. 이게 무슨 말이냐면, 원래 주식 시장은 불안정해서 30~40% 정도까지도 폭락할 수 있다는 것을 잘 알고 있지만, 본인은 그 정도 폭락은 경험하고 싶지 않아서 과거에 최대 20% 정도까지 떨어졌던 뮤추얼 펀드(Mutual Fund)를 샀는데, 갑자기 며칠간 이 펀드가 폭락하기 시작해서 10% 정도 떨어지니까 불안해서 정신을 차릴 수가 없고 잠도 안 오게 되는, 그런 상태가 될 수도 있다는 것이다.

이에는 여러 가지 이유가 있겠지만 그 중 가장 현실적인 이유는, 대부분의 사람들이 완전히 다 잃어도 상관없는 돈으로 투자하는 것이 아니기 때문이 아닐까 한다. 이런 상황에서는 투자 위험에 대한 허용수준이 매우 낮아질 수밖에 없다. 더 이상 투자 고유의 위험을 이해하는 것만으로는 충분하지 않다. 심장이 견뎌내지 못하기 때문이다. 가격이 오르락내리락하는 것이 해가 뜨고 달이 뜨는 것처럼 자연스러운 현상인 것을 알면서도, 내가 투자한 것이 그렇게 되는 것은 차마 볼 수가 없는 것이다.

사람은 어쩔 수 없이 감정적이다. 감정은 우리를 움직이게 만드는 원동력이 되기도 하지만, 투자에 있어서는 가장 큰 적 중의 하나이다. 이 문제를 해결하는 것은 절대로 간단한 일이 아니다. 그렇기 때문에 문제 해결의 시작은 자신의 위험 허용수준을 아는 것에서 출발해야 한다. 이에 대한 자세한 내용은 6장에서 다시 다루도록 하겠다.

투자를 하지 않는 것은 절대로 안전한 전략이 아니다. 우리는 안전한 미래를 만들어가기 위해 투자를 해야 한다. 이제 다음 장에서는 성공적인 투자를 하기 위해 반드시 극복해야 할 위험들과 투자 전략에 대해 자세히 살펴볼 것이다. 그 전에 지금까지 읽은 내용들을 다시 되새겨보기를 바란다. 준비가 되었다면, 이제 시작해보도록 하겠다.

반드시
투자를 하라.
단, 절대
잃지 마라 2

위험요소 #3-2
투자를 할 때의 위험

첫째, 절대로 돈을 잃지 마라

둘째, 첫 번째 원칙을 절대로 잊지 마라

– 워런 버핏

그때가 정말 좋은 기회였는데…

집집마다 믿거나 말거나 한 스토리들이 하나씩 있다. 그 중에 가장 흔하게 들을 수 있는 이야기는 이런 종류가 아닐까 한다.

> "이번에 아파트 들어선 저 땅이 옛날에는 원래 우리 땅이었다고 하는데…
> 그때 할아버지의 할아버지가 팔아버리지만 않았어도…"

이 외에도 친한 친구에게 사기를 당했거나, 거의 사려고 하다가 사지 않았다거나, 팔지 않고 버티다가 몇 년 전에 팔아버렸다거나… 아무튼 나도 모르게 탄식이 터져나올 만큼 아까운 순간들이 가득하다. 가끔씩 돈 모으는 게 만만치 않다고 느낄 때마다 한 번씩 또 생각난다. 그 땅만 있었어도 이렇게 살지는 않아도 됐을 텐데….

하지만 사실 그리 아쉬워하지 않아도 된다. 설령 당신이 100년 후처럼 까마득히 먼 미래가 아닌 단 10년 후에 값이 크게 오를 땅을 지금 갖고 있다고 해도, 그리고 사기를 당하는 억울한 경우가 생기지 않는다고 해도… 그 땅이 10년 후에도 여전히 당신 땅일 것이라는 보장은 없다.

만약 지금부터 땅값이 계속 떨어지기 시작한다면? 몇 년간 떨어지기만 하더니 결국 반값으로 떨어져버렸다면? 그런데 갑자기 누군가가 나타나서 그 땅을 두 배에 사겠다고 한다면? 예상치 못하게 실직해서 당장 돈이 필요해졌다면? 주변에서 이제 땅으로 돈 버는 시대는 끝났다는 말을 듣는다면? 뉴스에서 최근에 인기가 많은 투자에 대해 듣게 되었다면? 은퇴를 하게 되었다면?

이유를 대자면 끝도 없을 것이다. 10년 후에 세상이 어떻게 변할지 절대로 알 수 없는 당신이, 과연 이 모든 상황을 극복하면서까지 땅을 갖고 있어야 할 이유를 찾을 수 있을까? 우리들의 할아버지의 할아버지도 똑같은 심정이었을 것이다. 누구를 탓할 필요도 없고, 지난 일들을 아쉬워할 필요도 없다. 지금부터 잘 하면 된다.

알면서도 지는 게임

지금 이 순간에도 우리는 수많은 기회들을 놓치고 있을 것이다. 그 중에는 일생일대의 기회였을 만한 것들도 분명 있을 것이다. 하지만 사실 그런 기회들이 스쳐 지나갈 때도 모르는 경우가 대부분이니 그리 아쉬울 이유도 없는 듯하다. 그나마 아예 모르는 사이에 기회를 놓치는 것은 양호한 편이다. 믿기 어렵겠지만, 실제로 대부분의 사람들은 결정적인 기회를 얻어 확실히 이길 수 있는 게임에서조차 지고 있다.

1977년도부터 1990년도까지 미국의 대표적인 주가 지수인 S&P 500의 평균 연간 수익률은 13.28%였다. 이것은 만약 이 시기에 1억 원을 투자했다면 가만히 있어도 이 돈이 5.7배, 즉 5억 7천만 원으로 성장할 수 있는 대단한 수익률이었다. 그런데 같은 시기에 이 수익률 보다 2배 이상이나 높은 수익률을 기록한 펀드가 있었는데, 이것이 바로 전설적인 펀드매니저였던 피터 린치가 운영한 피델리티 투자회사의 마젤란 펀드였다. 이 펀드가 같은 시기에 기록한 평균 연간 수익률은 무려 29.2%였다. 더욱 놀라운 것은 피터 린치가 운영하는 동안 이 마젤란 펀드는 매년 단 한 번도 손실을 보지 않았다는 것이다. 그런데 지금 우리가 주목하려는 것은 사실 이것이 아니다. 우리에게 정말로 의미가 있는 것은, 그 기간 동안 실제로 펀드 투자자들이 얼마나 돈을 벌었는가이다.

아마도 조금 의아하게 생각할 수도 있을 것이다. 마젤란 펀드 평균 수익률이 무려 29.2%였다고 방금 말해 놓고, 투자자들은 과연 얼마를 벌었는지 살펴보자는 것은 또 무슨 말인지 이상하게 여겨지는 것이 당연하다. 펀드 수익률이 현실감 없을 만큼 너무 높았기 때문에 당시에 마젤란 펀드는 단시간에 가장 큰 펀드로 성장했다. 당신 같아도 이런 펀드를 사고 싶지 않겠는가? 이런 투자 수익률을 보고도, 그리고 그것 이 세계 최대 투자회사 중 하나인 피델리티에서 운영하는 펀드임에도 불구하고 다른 펀드를 찾아서 헤메는 것은 시간 낭비를 넘어서 어리석은 행동일 가능성이 높다.

여하튼, 다시 앞서 문제 제기한 내용으로 돌아가도록 하겠다. 이런 수익률을 누린 투자자들은 분명 큰 돈을 벌었을 것이 자명해 보인다. 이 기간 동안 1억을 투자하여 매년 29.2% 수익을 냈다면, 이 돈은 무려 35배로 불어날 수 있었다. 즉, 35억 원이 될 수 있었다는 것이다. 그런데 마젤란 펀드 투자자들이 실제로 얻은 평균 수익률은 원래 펀드 수익률의 반도 채 되지 않았다고 한다. 평균이 이렇다면, 이 와중에 돈을 잃은 투자자가 있을 수도 있다는 말이 될 것이다.

어떻게 이런 결과가 가능할 수 있을까? 평균 29.2%나 수익을 낸 펀드에 투자하고도 돈을 잃을 수 있다는 것은 분명 말이 안 돼 보인다. 그런데 이런 현상은 마젤란 펀드에서만 일어나는 일이 아니다. 미국의 투자 분야 리서치 회사인 DALBAR는 일반 투자자들의 투자 성과에 대한 연구를 통해 그 명성을 얻어왔다. DALBAR는 미국 주가지수인 S&P 500의 수익률과 일반 투자자들의 투자 수익률을 비교 분석하여 매년 보고서로 출간하고 있다.

그들의 2017년도 보고서에 따르면 1987년도부터 2016년까지 30년 동안 S&P 500의 평균 수익률은 10.16%였던 반면에, 주식 펀드에 투자했던 투자자들의 평균 수익률은 3.98% 밖에 되지 않았다고 한다. 그 차이는 무려 6.18%나 되었다. 앞서 마젤란 펀드만큼의 격차는 아니지만 6.18%의 차이는 30년이라는 시간 속에서 엄청난 차이를 가져다 줄 수 있다. 만약 1987년에 1억 원을 S&P 500에 투자했다면 이 돈은 2016년에 18억 원으로 성장할 수 있었을 것이다. 하지만 일반 투자자들이 같은 기간 동안 1억 원을 투자했다면, 2016년에 그들 계좌에 남아 있을 돈은 3억 원밖에 되지 않았을 것이다. 무려 15억 원이나 차이가 날 수 있었다는 말이다.

1923년에 처음 주가의 가격 변동을 기록하기 시작한 S&P 500 주가지수는 처음에는 소수 회사들의 주가만 기록하다가 1926년부터 90개의 회사를 기록하기 시작했다. 그리고 1957년부터는 미국 내 500개의 초우량 기업들을 편입시키면서 현재까지 다우 지수와 함께 가장 공신력 있는 주가지수로 자리매김을 하게 되었다. 따라서 이 S&P 500의 평균 수익률에는 미국의 경제 성장 역사가 녹아들어가 있다고 해도 과언이 아닐 것이다. 무엇보다도 100여 년의 긴 역사를 가진 덕분에 주식시장의 흥망성쇠를 모두 볼 수가 있고, 그 혼란스러운 역사를 헤쳐나오면서 투자자들은 이 주식시장에서 어떻게 부를 쌓을 수 있었는지를 확인할 수 있다.

그렇다면 이 긴 시간 동안 S&P 500은 어떤 성과를 보여줬을까? 1928년 24.35로 시작한 S&P 500 지수는 2017년 말 2,673.61로 마감을 했다. 이것은 90년간의 평균 수익률이 9.65%였다는 것을 의미한다. 그러면 지난 50년간의 성과는 어땠을까? 1968년부터 2017년간의 수익률은 10.05%였다. 그렇다면 지난 10년간은 어땠을까? 2008년은 36.55%라는 역사적인 손실을 기록한 해이다. 이 2008년을 포함하고 있는 지난 10년간의 S&P 500 평균 수익률은, 8.42%였다.

이 숫자들을 보면 앞서 DALBAR의 보고서에서 확인한 일반 투자자들의 저조한 수익률이 납득이 되지 않는다. S&P 500은 주가지수이다. 특별한 전략을 필요로 하지도 않는 주식의 평균치라는 것이다. 우리가 별다른 노력 없이 그저 그 평균치에 투자하기만 했어도 30년간 원금을 18배로 늘릴 수 있었다. 물론 앞으로 30년은 어떻게 될지 아무도 모른다. 하지만 알 수 없는 것은 다른 투자들도 모두 똑같다. 다만,

100여 년의 역사는 분명 미래를 엿볼 수 있는 좋은 거울이 될 수 있을 것이다. 우리가 눈 여겨 봐야 할 것은, 가만히 있기만 했어도 크게 이길 수 있었던 상황에서도 일반 투자자들은 그 기회를 잡는 것에 매우 형편없었다는 것이다. 이전에도 그랬고 지금도 그렇다면, 앞으로도 그럴 수 있는 가능성이 높다고 봐야 할 것 같다. 정말로 답답한 상황이 아닐 수 없다.

DALBAR는 이처럼 이해가 가지 않는 투자자들의 저조한 성과에 대해 이렇게 분석하고 있다. 일반 투자자들은 처음에 주식 펀드를 구매한 후 계속해서 펀드에 들락거리기를 반복하곤 한다. 말하자면 펀드 가격이 떨어지면 팔고 나갔다가 오르면 다시 사서 들어오는 것을 계속 반복한다는 것이다. 듣고 보면 그럴 수도 있다고 생각할 수 있지만, 여전히 이해하기 어려운 부분이 있다. 다른 펀드는 그럴 수 있다고 해도 마젤란 펀드같은 경우는 가만히 있었으면 연평균 29.2%나 벌 수 있었을 텐데, 과연 들락거린 투자자들은 피터 린치보다도 더 잘 할 수 있으리라는 믿음이 있었다는 말인가? 물론 그렇게 자신만만한 투자자들이 있을 수도 있다. 하지만 대부분은 그런 자신감에서 팔고 사는 것을 반복하는 것이 아니다. 진짜 이유는 바로 두려움 때문이다.

이미 5장에서도 언급한 바 있듯이, 사람마다 또는 경험에 따라 위험을 감당할 수 있는 정도가 다르다. 만약 그 감당할 수 있는 수준 이상의 위험을 마주치게 되면, 사람이 처음 느끼는 감정은 두려움이다. 일단 무슨 이유에서든 두려움이 생기기 시작하면, 사람들은 그 자리에 멈춰서거나 도망가려고 한다. 사실 자기 방어를 위해서는 어느 정도 필요한 행동이기도 하다. 하지만 돌아가는 그 길이 얼마나 안전한 길인지는 어떻게 확신할 수 있을까?

S&P 500은 100년의 역사를 통해 걸어온 길을 투명하게 보여주고 있다. 워런 버핏이나 피터 린치같은 전설들은 말할 필요 없는 결과로써 명품임을 증명해 왔다. 그런데 지금 수많은 사람들이 걷고 있는 이 길은 도대체 어떤 길이란 말인가? 왜 끊임없이 또 새로운 길을 찾아 헤매고 있는 것일까? 같이 걸어가기만 해도 웬만해서는 지지 않을 수 있는 길을 알고 있는데, 그리고 심지어 그 길을 함께 걸어가 보기도 했었는데. 그럼에도 불구하고 사람들은 그 길 위에 오래 머무를 수가 없다. 그 길에도 가끔씩 예기치 못한 변수들이 찾아오기 때문이다. 그리고 그 순간은 어김없이 두려움에 휩싸이곤 한다. 투자를 제대로 하기 위해 극복해야 할 첫 번째 위험은 이 두려움이다.

많은 투자의 전설들이나 이 시대의 전문가들 역시 이 두려움이 투자에 가장 위험한 적이라고 말하고 있다. 좋은 결실을 맺기 위해서는 시련과 풍파를 이겨내야 한다는 것을 강조한다. 그런데 사람들이 이것을 몰라서 못하는 것일까? 그렇지 않다. 대부분은 이 사실을 잘 알고 있다. 알면서도 못하는 것뿐이다. 나는 5장에서 투자 위험을 피하려고 투자를 하지 않는 것이 더 위험하다고 했다. 많은 전문가들은 두려움에 대해서도 같은 자세를 가져야 한다고 말하곤 한다. 즉, 두려움은 극복해내야 할 대상이니 좋은 투자라는 확신이 있으면 견뎌내라는 것이다. 당신도 알고 있다. 그런데 한 가지 문제가 있다. 당신은 아직 수영이 두려운 아이의 심정이라는 것이다. 물을 마시면 그 뒤는 어떻게 될지 아무도 모른다. 꼭 죽음의 공포를 체험해야만 수영을 잘 하게 되는 것은 아니다. 좋지 않은 트라우마는 물을 떠나게 할 수도 있다. 그래서 나는 이렇게 생각한다. 당신이 감당해야 할 그 위험을, 감당할 수 있게 만드는 것이 필요하다.

절대로 지지 않는 게임: 0%의 힘

이런 상상을 한 번 해보자. 지금부터 당신은 주식 시장에 투자할 때 절대로 잃지 않을 수 있다. 즉, 2008년과 같은 대폭락이 찾아올 때도 손실은 없을 것이라는 말이다. 하지만 그런 혜택을 누리는 대신에, 수익이 날 때는 그 수익의 절반만 가져갈 수 있다. 이런 조건이라면, 당신은 투자를 하겠는가?

2000년도부터 2009년까지는 투자자들에게 역사상 가장 가혹한 10년 중 하나로 기억될 것이다. 만약 이 시기에 주식이나 펀드에 투자하고 있었다면, 폭락 직전인 1999년이나 2007년에 모두 처분해버리지 않은 것이 몹시 후회스러웠을 것이다.

사실 이것은 폭락뿐만 아니라 조금이라도 가격이 떨어질 때마다 매번 드는 생각일 것이다. 이런 경험을 몇차례 하다 보면, 이 후회는 두려움으로 변할 수 있다. 투자를 하지 않고 뉴스로 폭락의 고통을 본 사람들도 두려움이 생기는데 당사자들은 어떻겠는가. 이 잠재된 두려움은 투자에 대한 의사 결정의 대주주가 되곤 한다. 그래서 조금만 가격이 떨어져도 즉시 팔아버리자는 의견에 몰표를 던지게 되는 것이다. 그럼 그 다음에는 어떻게 되는 것일까? 언제 다시 사야 할지를 결정해야 하는데, 두려움은 계속해서 아직도 위험할 수 있다는 경고를 한다. 언제 또 떨어질지 걱정이 되기 때문이다. 그러다가 가격이 꽤나 오랫동안 지속적으로 올라가고 다른 투자자들도 별로 걱정을 하지 않는 것 같은 분위기라고 생각되면, 이제 다시 투자를 하기 시작한다. 이것은 동서 고금을 막론하고 아주 일관적인 사람들의 모습이다.

그런데 이것은 결국 무엇을 하고 있는 것인가? 바로 비싸게 사서 싸게 파는 것을 반복하는 것이다. 우리가 깨닫지도 못하는 사이에 말이다. 그리고 이것이 바로 일반적인 투자자들의 투자 수익률이 주가지수 수익률보다도 현저하게 떨어지는 이유가 된다.

그런데 만약 잃을 염려가 없어진다면 어떻게 될까? 이제는 투자를 하지 않아야 할 이유를 찾는 것이 더 어려울 수도 있다. 물론 이제 마음에 안심이 생기니까 수익의 절반만 가져갈 수 있다는 나머지 조건이 조금 아쉽게 보일 수도 있다. 사람 마음이란 것이 그런 것이다. 조금 전까지만 해도 잃지 않는다는 것은 불가능한 미션처럼 보이지 않았는가. 일단 이것이 가능한 것이든 아니든, 이 조건에서 투자를 했다고 할 때 우리가 어떤 결과를 얻을 수 있었는지를 살펴보도록 하겠다.

아래 표는 지난 30년 동안 실제 S&P 500의 평균 수익률과 위의 두 조건에 따라 계산한 수익률, 그리고 DALBAR에서 분석한 일반 투자

기간	S&P 500 수익률	나의 수익률	DALBAR 수익률
1987 ~ 2016년	11.51%	7.13%	3.98%
1997 ~ 2016년	9.28%	6.62%	4.79%
2007 ~ 2016년	8.65%	6.15%	3.64%

절대로 지지 않는 게임의 수익률 비교

자들이 얻은 실제 수익률을 비교한 것이다.

자, 결과를 보니 어떤 생각이 드는가? 최근 30년의 기록이기 때문에 일반화시킬 수 있을 만큼 데이터가 충분한 것 같지는 않지만, 꽤나 의미 있는 내용들을 발견할 수 있는 결과이다.

첫째, S&P 500 수익의 절반만을 가져갔는데도 '나의 수익률'은 모두 S&P 500 수익률의 절반 이상이었다. 이유는 아주 간단하다. 잃지 않았기 때문이다. 위 계산에 사용된 10년, 20년, 30년의 기간 중에는 손실을 본 해가 여러 번 있었다. 그 중에는 1987년의 블랙 먼데이, 2000년대 초반의 인터넷 버블, 2008년 금융 위기 등의 대폭락도 포함되어 있다. 이렇게 한 번씩 시장이 폭락하면 다시 회복되기까지 시간이 걸린다. 그런데 이 기간은 우리가 생각하는 것보다 더 오래 걸릴 수 있다.

만약 주식시장이 10% 떨어지면, 원금을 회복하기 위해서는 다음 해에 얼만큼 올라야 할까? 질문을 하고 생각할 시간 없이 3초 안에 정답을 말해보라고 한다면, 대부분의 사람들은 10%라고 말하곤 한다. 직관적으로 보면 그럴 듯하다. 10% 떨어지고 10% 오르면 본전? 하지만 조금 더 시간을 갖고 계산을 해보면 그렇지 않다는 것을 알게 된다. 10%보다는 더 벌어야 하는 것이다.

예를 들어, 100원을 투자해서 10%가 떨어지면 90원이 된다. 그런데 이렇게 손실을 본 후 다시 본전을 회복하려면 이제 90원에서 10원이 더 올라야 할 것이다. 자, 그럼 몇 %가 오른 것일까? 아직도 10% 오르면 본전일 것 같은가? 90원의 10%는 9원밖에 되지 않는다. 10원을 벌려면 11.111%가 필요하다.

가격 하락 후 원금 회복을 위해 필요한 수익률은 다음과 같다.

손실	원금 회복을 위해 필요한 수익률
10%	11%
20%	25%
30%	43%
40%	67%
50%	100%

손실 발생 시 원금 회복을 위해 필요한 수익률

2007년 10월 10일부터 2009년 3월 9일까지 17개월간 S&P 500의 56.7%가 폭락을 했다. 실로 엄청난 공포가 아닐 수 없다. 이때 원금 회복을 위해 필요한 수익률은 얼마일까? 129%이다.

'나의 수익률'은 잃지 않는다는 보장이 있었으므로, 이렇게 회복하는 데 에너지를 낭비할 필요가 없었다. 그렇기 때문에 수익의 50%만 취하고도 그보다 훨씬 준수한 결과를 얻을 수 있었던 것이다. 이것이 바로 잃지 않는 것의 힘이다. 0% 수익률을 무시해서는 안 된다. 0% 수익률은, 2008년에 투자자들이 가장 갈망했던 수익률이었을 것이다. 잃지 않기만 해도 이길 수 있다.

둘째, '나의 수익률'은 항상 'DALBAR 수익률'보다 높았다. 'DALBAR 수익률'은 당신을 포함한 보통 투자자들뿐만 아니라 그들이 고용한 투자 전문가들의 노력의 결과이다. 손실을 피해 가기 위해 노력하고 더 큰 이익을 얻기 위해 노력했을 것이다. 하지만 그 결과는 아무 것도 하지 않은 S&P 500의 결과에 비해 정말로 형편없었다. 물론 현실은 그렇게 단순하지 않기 때문에 아무 것도 하지 않아서는 안 된다. 평균 수익률이 괜찮다고 해서 반드시 돈을 번다는 것은 아니기 때문이다. 이 내용은 후에 자세히 살펴보도록 하겠다. 여하튼 이 결과를 통해 잃지 않는 전략만으로도 대부분의 투자자들보다 더 잘 할 수 있다는 것을 확인할 수 있다.

셋째, '나의 수익률'은 S&P 500에 비해 기간에 따른 수익률 편차가 적다. 이 말은 어떤 상황에서라도 안정적인 수익을 기대할 수 있고, 앞으로 예상치 못한 당황스러운 상황을 마주칠 가능성이 매우 적다는 것을 의미한다. 이것이 왜 중요한지 알아보겠다.

2000년부터 2009년 사이의 10년은 소위 '잃어버린 10년'으로 불리고 있다. 투자자들에게는 역사상 최악의 10년 중 하나였던 기간이다. 이 기간의 S&P 500 평균 수익률은 1.16%였다. 그렇다면 '나의 수익률'은 이 험한 기간을 어떻게 버텨내고 있었을까?

'나의 수익률'은 이 극한의 순간에도 평온함을 유지하는 저력을 보여줬다. 최악의 상황에서도 4.55%라는 준수한 결과를 보여준 것이다.

연도	S&P 500 수익률	나의 수익률
2000	-9.03%	0.00%
2001	-11.85%	0.00%
2002	-21.97%	0.00%
2003	28.36%	14.18%
2004	10.74%	5.37%
2005	4.83%	2.42%
2006	15.61%	7.81%
2007	5.48%	2.74%
2008	-36.55%	0.00%
2009	25.94%	12.97%
평균 수익률	1.16%	4.55%

최악의 10년간 절대로 지지 않는 게임의 수익률

그렇다면 이 수익률은 앞으로 우리가 예상할 수 있는 '나의 수익률' 중 최악의 수익률이라고 볼 수도 있을 것이다. 그런데 실제로 우리가 얻는 결과는 이 평균 수익률이 보여주는 것보다도 더 크다. 이 시기에 천만 원을 투자하고 있었다고 하면 그 결과는 다음과 같을 것이다.

단위: 만 원

연도	S&P 500 수익률	잔액	나의 수익률	잔액
2000	-9.03%	910	0.00%	1,000
2001	-11.85%	802	0.00%	1,000
2002	-21.97%	626	0.00%	1,000
2003	28.36%	803	14.18%	1,142
2004	10.74%	889	5.37%	1,203
2005	4.83%	932	2.42%	1,232
2006	15.61%	1,078	7.81%	1,328
2007	5.48%	1,137	2.74%	1,365
2008	-36.55%	721	0.00%	1,365
2009	25.94%	909	12.97%	1,542
평균 수익률	**1.16%**		4.55%	

손실 발생이 실제 결과에 미치는 영향 분석

앞에서 손실을 본 후 회복하기 위해서는 더 큰 수익률이 필요함을 확인했다. 이런 내용은 평균 수익률만 봐서는 알 수가 없다. 위 표에서 보면 평균 수익률은 3.39% 차이가 나지만 실제 잔액 차이는 633만 원으로 10년간 연평균 6.33% 더 높은 수익을 낸 것을 알 수 있다. 잃지 않는 것의 힘은 우리가 생각하는 것보다 훨씬 강력할 수 있다.

넷째, 장기 투자를 할수록 S&P 500의 수익률은 상당히 안정적이고 예측 가능성이 높아진다. 앞에서 살펴봤듯이 단기적으로는 매우 절망적인 상황들이 찾아올 수도 있다. 하지만 장기적으로 보면 주식시장은 늘 놀라운 회복력을 보여줬다. 최악의 10년, 그리고 그 후 9년의 시간, 즉 2000년부터 2017년까지의 평균 수익률을 계산해보니 6.94%가 되었다. 역사상 최악의 대공황으로 기억되는 1929년부터 1932년까지 미국 주식시장은 무려 85.9%나 폭락했다. 그야말로 극한의 공포가 만연한 시기였을 것이다.

하지만 시장은 다시 회복하기 시작했고, 그 후 20년간의 평균 수익률은 5.63%, 30년간의 평균 수익률은 10.94%를 기록했다. 지난 90년간 누구라도 미국 주식시장에 투자를 하고 20년 이상 보유하고 있었다면 절대로 손실을 보지 않았을 것이다. 대공황 시대 최악의 20년의 평균 수익률도 5%를 넘었고, 최고의 20년이었던 1980년부터 1999년까지의 평균 수익률은 무려 18.38%였다. 이쯤 되면 돈을 벌지 못하는 것이 이상하게 보일 정도이다. 그렇기 때문에 수많은 투자의 전설들이 장기 투자를 부르짖는 것이다.

그러면 더 이상 잃지 않기 위해서 노력을 하지 않아도 되는 것일까? 그렇지 않다. 계속 반복되는 얘기지만, 현실은 컴퓨터 화면에서 보는 계산 결과처럼 간단하지 않다. 여전히 많은 변수들이 우리의 투자 결과를 엉망으로 만들 수 있다. 이것은 실제로 환상적인 투자 수익률을 보여줬던 기간 동안 투자를 했다고 해도 예외는 아니다. 그렇기 때문에 우리는 여전히 잃지 않기 위해 최선을 다해야 한다. 이제 계산과 현실이 다를 수 있는 이유들에 대하여 더 자세히 살펴보도록 하겠다.

수익률이 이렇게 좋은데… 왜 돈이 없지?

고객: "제가 이제 곧 은퇴를 하는데요. 어디에 투자를 해야 좋을까요?"

팀장: "고객님, 정말 잘 오셨어요. 제가 그쪽 전문이거든요. 모아두신 자금은 얼마나 되시나요?"

고객: "대략 5억 원쯤 되는 것 같아요."

팀장: "너무 좋네요. 실례지만 주식이나 펀드에 투자해본 적 있으신가요?

고객: "그냥 증권회사에서 하도 권유해서 조금 한 적이 있기는 한데… 사실 그쪽에서 다 관리해줘서 저는 잘 몰라요. 그리고 솔직히 주식으로 망한 사람들이 많다고 해서 좀 겁이 나더라고요."

팀장: "저도 이해합니다. 하지만 주식을 단기간에 사고 팔면 돈을 벌기가 쉽지 않아요. 무슨 일이 일어날지 사실 아무도 장담할 수 없거든요. 그런데 뚜렷한 목표를 갖고 장기간 투자를 하면 확실히 돈을 벌 수 있어요. 만약 투자를 하지 않는다면, 아마도 시간이 흐른 뒤에 엄청난 후회를 하게 되실 거예요. 혹시 지난 25년간 주식시장 수익률이 어느 정도였는지 아시나요?"

고객: "아뇨, 잘 몰라요. 2000년 초반하고 2008년쯤에 엄청나게 폭락했었다는건 알고 있어요."

팀장: "그랬죠. 원래 주식시장은 그렇게 변동이 많아요. 그래서 단기적으로 투자를 하면 돈을 잃을 위험이 큰 것이죠. 하지만 장기간 투자를 하면 정말로 놀라운 결과를 볼 수 있어요. 지난 25년, 그러니까 1998년부터 2017년까지 이런 폭락이 여러 번 있었어요. 하지만 그 정도는 아무 문제가 되지 않아요. 놀라지 마세요. 그 25년간의 S&P 500 평균 수익률은 무려 11.13%였어요."

고객: "그래요? 저는 손해나지 않으면 다행일 거라고 생각했는데요 그럼 만약 25

년 전에 5억 원을 투자했으면 일년에 이자가 5천만 원 정도니까, 25년이면 이자만 10억 원이 넘는다는 말인가요? 앞으로도 이렇게만 될 수 있다면 정말 좋겠네요."

팀장: "네, 단순히 계산하면 그렇게도 계산이 될 수 있는데 실제로는 그보다 훨씬 많이 벌 수 있어요. 결과를 알게 되시면 정말로 깜짝 놀라실 거예요."

고객: "얼마나 되는데요?"

팀장: "잠시만요. 5억을 11.13% 수익률로 25년간 투자했으니까. 아, 70억 원 정도가 되네요. 제가 계산한 결과를 보여드릴게요."

단위: 만 원

연수	수익률	잔액
1	11.13%	55,567
2	11.13%	61,753
3	11.13%	68,628
4	11.13%	76,269
5	11.13%	84,760
10	11.13%	143,686
15	11.13%	243,578
20	11.13%	412,915
25	11.13%	699,975

25년간(1998~2017년) 투자 운용 결과

고객: "이게 정말인가요? 아니 어떻게 그렇게 될 수 있죠? 대단하네요. 그런데 이건 어디까지나 지난 25년간 결과로 계산한 거잖아요. 그럼 앞으로는 어떻게 될지 모른다는 거고. 그리고 결과가 이렇게나 좋은데 왜 사람들은 다 이런 식으로 투자를 하지 않는 거죠? 안 할 이유가 없잖아요."

팀장: "진짜 예리하시네요, 고객님. 사람들이 고객님처럼 생각을 하지 않으시니까

속거나 자꾸 무리한 투자를 하는 거예요. 아무튼 결론적으로 말씀드리자면, 분명 미래는 아무도 알 수 없지만 과거 통계를 통해서 합리적으로 예측해볼 수는 있어요. 미국 주가지수 S&P 500은 역사가 90년이나 돼요. 이 표를 보시면 1928년부터 25년씩 끊어 놓았어요. 1928~1953년, 1929~1954년, 이런 식으로요. 그런 후 각각 25년의 평균 수익률을 계산해본 것인데, 이 결과가 참 흥미로워요. 미국 경제 대공황이 있었던 1929년부터 25년간이 평균 8.09%로 최저 수익률을 보여줬고, 1977년부터 1999년까지의 25년은 평균이 무려 17.86%나 됐어요. 그리고 나머지 25년의 수익률은 그 사이에 있었는데, 모든 25년간의 수익률 평균을 내보니 12.61%나 되더라구요. 지난 90년간 말이에요."

시작년도	마감년도	25년간 평균 수익률
1928	1952	9.89%
1929	1953	8.09%
1930	1954	10.53%
1940	1964	14.52%
1950	1974	11.67%
1960	1984	9.49%
1970	1994	12.03%
1975	1999	17.86%
1980	2004	14.56%
1990	2014	11.13%
1993	2017	11.13%

각 25년 기간의 평균 수익률 분석

팀장: "미국 대공황이 있었던 1929년부터 1932년 사이에는 단 3년간 주식시장이 85.9%나 폭락을 했었어요. 물론 정말로 앞날은 모르는 것이지만, 역사상

최악의 순간을 겪고도 이 정도의 결과가 나온 것을 보면 25년이라는 시간은 회복하기에 충분했던 것이라고 볼 수 있죠. 90년 전을 생각할 것도 없이 불과 10년 전에도 50% 가까이 폭락한 적이 있었잖아요. 하지만 보세요. 1993년부터 2017년까지의 수익률 평균이 11.13%잖아요. 어떻게 보면 앞으로 이 정도 수익률이 나오지 않게 되면 경제 전체의 심각한 문제가 있는 것으로도 볼 수 있을 것 같아요. 그렇다면 다른 어디에 돈을 맡겨도 안심할 수는 없겠죠. 여하튼, 사람들은 주식시장에 대해서 이 정도까지 생각해본 적은 거의 없을 것 같아요. 대신에 아까 제게 말씀하셨듯이 주식 때문에 망한 사람들 얘기만 자꾸 듣다 보니까 주식시장에 대해 부정적인 생각만 갖게 되었겠죠."

고객: "자세한 설명 감사드려요. 이제 좀 안심이 되는 것 같아요. 지금 은퇴를 해서 앞으로 25년을 산다고 하면 주식 시장에 투자를 하는 게 좋을 것 같네요. 그럼 제가 은퇴 기간 동안 돈을 얼마씩 쓰면 될까요?"

팀장: "네, 제가 지금 말씀드리려던 내용이에요. 이에 대한 답변을 위해서는 두 가지를 생각해봐야 합니다. 우선 첫 번째는 매년 실제로 필요한 돈이 어느 정도일지 생각해봐야겠죠. 당연한 얘기지만 쓰고 싶은 대로 쓰다가는 25년은커녕 10년도 안 돼서 돈이 다 떨어질 수 있습니다. 그렇다고 해서 무턱대고 안 쓸 수는 없는 일이겠죠. 여하튼 더 돈을 모을 시간은 없으므로, 일단 25년 동안 돈이 부족해지는 일이 없도록 하는 데 목표를 두는 것이 좋을 듯합니다. 따라서 좀 더 보수적으로 계획을 세우는 것이 필요할 것 같아요. 예를 들어 25년간의 평균 수익률을 좀 전에 확인한 역사적 수익률보다 낮은 8~9%로 가정하는 것입니다. 만약 수익을 내는 만큼만 돈을 쓴다면 원금을 보존할 수도 있을 것입니다. 이것은 계산도 필요 없을 것이죠. 그런데 만약 이보다 돈을 더 쓰려고 한다면 조금 더 신중히 살펴봐야 할 것입니다. 원금을 쓰면 쓸수록 다음 해에 벌게 될 수익도 줄어

들 것이기 때문입니다. 가령 연 수익률이 9%인데 원금의 10%씩을 인출한다면,

20년만에 원금까지 바닥이 날 수 있습니다.

단위: 만 원

연수	수익률	인출액 (10%)	잔액
1	9.00%	5,000	49,050
5	9.00%	5,000	44,315
10	9.00%	5,000	35,567
15	9.00%	5,000	22,107
20	9.00%	5,000	1,398
21	9.00%	1,398	0
25	9.00%	0	0

매년 원금의 10%씩 인출하는 경우

하지만 인출액을 8%로 조금 낮추면 원금이 보존될 뿐만 아니라 매년 조금씩 불

어나는 것도 기대할 수 있을 것입니다."

고객: "5억 원에서 4천만 원씩 쓸 수 있다면 정말 감사한 일이죠. 사실 그 정도는

단위: 만 원

연수	수익률	인출액 (8%)	잔액
1	9.00%	4,000	50,140
5	9.00%	4,000	50,838
10	9.00%	4,000	52,127
15	9.00%	4,000	54,111
20	9.00%	4,000	57,162
25	9.00%	4,000	61,858

매년 원금의 8%씩 인출하는 경우

생각도 안 하고 있었어요. 정말 이대로만 될 수 있다면 좋겠네요."

팀장: "수익률 자체를 보수적으로 잡았으니 충분히 가능할 것으로 생각됩니다. 그런데 아까 두 가지 고려사항이 있다고 말씀드렸는데요, 사실 지금 말씀드릴 내용은 정말 중요한 내용임에도 불구하고 많은 전문가들조차 간과하는 일이 많습니다. 두 번째 고려사항은 바로 물가입니다. 누구든 물가를 고려해야 한다고 말은 하고 있습니다. 하지만 실제로 사례 분석을 할 때는 반영되지 않는 경우가 많아요. 앞서 보여드린 사례에 물가를 고려하면 어떻게 달라지는지 한 번 보도록 하겠습니다. 물가는 연 3%로 가정했고, 물가 상승에 따라 매년 인출액을 늘려가는 것으로 계산을 해봤습니다.

단위: 만 원

연수	수익률	인출액 (8%)	잔액
1	9.00%	4,000	50,140
5	9.00%	4,502	49,365
10	9.00%	5,219	43,998
15	9.00%	6,050	30,649
20	9.00%	7,014	4,211
21	9.00%	4,211	0
25	9.00%	0	0

매년 물가상승률을 고려하여 인출액을 늘려가는 경우

자, 문제가 생겼죠? 최초 인출액을 수익률보다 낮게 했는데도 20년이 되니 돈이 다 떨어져버렸습니다. 물가를 고려하지 않았을 때는 25년이 지나고도 6억 원이 남았는데 말이에요. 3%밖에 안 되는 물가가 미약해 보이더라도 절대로 무시해서는 안 될 것 같습니다. 그럼 인출액을 조금 더 낮춰 보도록 하겠습니다.

연수	수익률	인출액 (7%)	잔액
1	9.00%	3,500	50,685
5	9.00%	3,939	52,811
10	9.00%	4,567	53,294
15	9.00%	5,294	49,584
20	9.00%	6,137	38,712
25	9.00%	7,115	15,999

물가를 고려하면서 매년 원금의 7%씩 인출하는 경우

인출액을 7%로 1%를 낮추니 일단 25년까지는 돈이 모자라지 않을 것으로 보입니다. 하지만 잔액을 보니 2~3년도 버티기 힘들어 보이네요. 결국 조금 더 여유 있게 가려면 인출액은 7% 미만으로 하는 것이 안전할 것 같습니다."

고객: "잘 알겠습니다. 자세한 설명을 들으니 너무 마음이 편해졌어요. 정말 감사드려요."

팀장: "별말씀을요. 그럼 다음 미팅에서 어디에 투자를 할지 더 자세히 말씀 나누도록 하겠습니다."

지금 방금 상담을 받고 온 기분이 드는가? 사실 이렇게 상담 형식으로 글을 쓴 것은 다분히 의도적이었다. 실제로 투자 문제로 상담을 받게 된다면 이런 식으로 상담이 진행될 가능성이 높기 때문이다. 아니, 최소한 이 정도 내용들은 다뤄져야 한다는 것을 보여줘야 할 필요가 있다고 생각했다.

위 사례는 모든 상황을 매우 단순화시킨 사례이지만, 질적으로는 상당히 높은 수준의 상담이라고 판단할 수 있다. 투자와 관련된 여러 오해와 진실, 특히 위험 요소들을 빠짐없이 검토하기 위해 최선을 다 한 흔적이 보인다. 예측을 위해 사용할 수익률의 합리성을 확인하기 위해 방대한 데이터를 이용했다. 특히 은퇴 소득을 25년간 매년 똑같이 받는 것처럼 계산하는 오류를 범하지 않았다. 하지만 이런 긍정적인 평가와 상담자의 노력에도 불구하고, 고객은 이 상담 결과를 받아들여서 그대로 미래를 계획하면 안 된다. 이 모든 계산에서 중요한 사실 한 가지가 고려되고 있지 않기 때문이다. 그것은 바로 현실에서의 수익률은 늘 변동적이라는 사실이다.

역사적으로 보면 25년간 투자해서 9% 이상의 수익률을 얻을 수 있는 확률은 98.5%였다. 9%보다 수익률이 낮았던 적은 단 한 번밖에 없었다. 심지어 수익률이 10% 이상이 될 확률도 89.4%였다. 그렇다면 앞으로 25년간의 수익률이 9% 이상 될 가능성은 매우 높다고 생각하

투자액 1천만 원 가정   단위: 만 원

연수	수익률	잔액	연수	수익률	잔액
1	5.00%	1,050	1	15.00%	1,150
2	5.00%	1,103	2	-5.00%	1,093
3	5.00%	1,158	3	15.00%	1,256
4	5.00%	1,216	4	-5.00%	1,194
5	5.00%	1,276	5	15.00%	1,373
6	5.00%	1,340	6	-5.00%	1,304
7	5.00%	1,407	7	15.00%	1,500
8	5.00%	1,477	8	-5.00%	1,425
9	5.00%	1,551	9	15.00%	1,638
10	5.00%	1,629	10	-5.00%	1,556
평균 수익률	5.00%		평균 수익률	5.00%	

수익률 변동이 결과에 미치는 영향-1

는 것도 무리는 아닐 것이다. 하지만 문제는 이것이 아니다. 우리가 계산을 할 때는 보통 매년 수익률이 일정한 것으로 가정을 한다. 위에서도 매년 수익률이 9%로 일정하게 계산되었다. 그런데 문제는, 수익률 평균이 똑같더라도 매년 수익률이 변동함에 따라 결과가 달라질 수 있다는 것이다.

위 사례에서 보면 10년간의 수익률 평균은 5%로 같다. 하지만 10년 동안 매년 수익률이 어떻게 나오느냐에 따라 최종 결과가 달라지는 것을 볼 수 있다. 만약 이 변동이 심하거나 중간에 손실이 나는 경우가 많을수록 그 차이는 더욱 더 커질 수 있다. 이런 식으로 말이다.

투자액 1천만 원 가정 단위: 만 원

연수	수익률	잔액	연수	수익률	잔액
1	5.00%	1,050	1	50.00%	1,500
2	5.00%	1,103	2	-40.00%	900
3	5.00%	1,158	3	50.00%	1,350
4	5.00%	1,216	4	-40.00%	810
5	5.00%	1,276	5	50.00%	1,215
6	5.00%	1,340	6	-40.00%	729
7	5.00%	1,407	7	50.00%	1,094
8	5.00%	1,477	8	-40.00%	656
9	5.00%	1,551	9	50.00%	984
10	5.00%	1,629	10	-40.00%	590
평균 수익률	5.00%		**평균 수익률**	5.00%	

수익률 변동이 결과에 미치는 영향-2

그럼 이 문제가 진짜 현실에서는 어떻게 영향을 주었는지 알아보자.

앞에 고객과 팀장의 상담 중에 1993년부터 2017년까지 25년간의 평균 수익률이 11.13%였다고 했었다. 팀장은 만약 이 시기에 고객의 은퇴 자금 5억 원을 투자했다면, 25년 후 투자금은 70억 원 정도까지 불어날 수 있었을 것이라고 말했다. 그런데 정말 그럴 수 있었을까?

투자액 5억 원 가정   단위: 만 원

연수	수익률	잔액	연도	S&P 500 수익률	잔액
1	11.13%	55,565	1993	9.97%	54,984
2	11.13%	61,749	1994	1.33%	55,713
3	11.13%	68,622	1995	37.20%	76,435
4	11.13%	76,260	1996	22.68%	93,771
5	11.13%	84,747	1997	33.10%	124,813
6	11.13%	94,180	1998	28.34%	160,182
7	11.13%	104,662	1999	20.89%	193,637
8	11.13%	116,311	2000	-9.03%	176,148
9	11.13%	129,256	2001	-11.85%	155,275
10	11.13%	143,643	2002	-21.97%	121,167
11	11.13%	159,630	2003	28.36%	155,525
12	11.13%	177,397	2004	10.74%	172,233
13	11.13%	197,141	2005	4.83%	180,559
14	11.13%	219,083	2006	15.61%	208,749
15	11.13%	243,467	2007	5.48%	220,198
16	11.13%	270,565	2008	-36.55%	139,711
17	11.13%	300,678	2009	25.94%	175,945
18	11.13%	334,144	2010	14.82%	202,022
19	11.13%	371,334	2011	2.10%	206,261
20	11.13%	412,664	2012	15.89%	239,037
21	11.13%	458,593	2013	32.15%	315,876
22	11.13%	509,635	2014	13.52%	358,597
23	11.13%	566,357	2015	1.38%	363,541
24	11.13%	629,392	2016	11.77%	406,341
25	11.13%	699,444	2017	21.64%	494,278
평균 수익률	11.13%		평균 수익률	11.13%	

수익률이 매년 일정한 경우와 변동하는 경우 비교

실제 수익률은 25년간 매년 예측하기 어려울 정도로 다양하게 변동했다. 1995년부터 1999년까지는 기록적으로 높은 수익률을 연달아 내는 저력을 보여줬다면 2000년부터 2002년은 시장을 불황으로 몰아가기도 했다. 그렇게 달려온 25년간의 평균 수익률은 팀장의 설명과 같이 11.13%였다. 하지만 투자금 수익은 70억 원이 아닌 50억 원 정도에 그치고 말았다. 물론 50억 원도 큰 돈이기는 하지만, 문제는 미래를 설계할 때 50억 원이 아닌 70억 원에 근거하여 설계할 가능성이 높다는 것이다. 절대로 가볍게 생각할 문제가 아니다. 25년간 20억 원이나 차이가 날 수 있는 계획이기 때문이다. 그런데 이것 말고도 또 다른 중요한 문제가 하나 더 있다. 그것은 평균 수익률이 같더라도 매년 수익률의 순서가 달라지면 투자 결과가 크게 달라질 수도 있다는 것이다. 아마도 이게 무슨 말인지 잘 이해가 안 갈 수도 있으니 사례를 통해서 살펴보도록 하겠다.

원래 수익률의 순서는 전체 수익에 영향을 미치지 않는다. 예를 들어 1993년부터 2017년 사이의 수익률을 2017년부터 1993년으로 완전히 순서를 바꿔 놓고 투자수익을 계산한다 하더라도 결과는 똑같다는 것이다.

그런데 위 상담 사례의 고객처럼 은퇴를 해서 매년 돈을 찾아 써야하는 상황이라면, 아무리 25년간의 평균 수익률이 동일하다고 하더라도 수익률의 순서는 결과에 엄청난 영향을 줄 수 있다. 다음 사례 역시 1993~2017년 사이의 수익률을 사용했다. 지난 25년의 평균 수익률이 11.13%였으므로 매년 원금 5억 원의 8%까지 인출하더라도 계산상 3% 정도는 남을 것으로 생각되지만, 상담을 맡은 팀장은 좀 더 보수적

연도	S&P 500 수익률	잔액	연도	S&P 500 수익률	잔액
1993	9.97%	54,984	2017	21.64%	60,821
1994	1.33%	55,713	2016	11.77%	67,981
1995	37.20%	76,435	2015	1.38%	68,918
1996	22.68%	93,771	2014	13.52%	78,239
1997	33.10%	124,813	2013	32.15%	103,389
1998	28.34%	160,182	2012	15.89%	119,818
1999	20.89%	193,637	2011	2.10%	122,333
2000	-9.03%	176,148	2010	14.82%	140,464
2001	-11.85%	155,275	2009	25.94%	176,893
2002	-21.97%	121,167	2008	-36.55%	112,235
2003	28.36%	155,525	2007	5.48%	118,390
2004	10.74%	172,233	2006	15.61%	136,874
2005	4.83%	180,559	2005	4.83%	143,491
2006	15.61%	208,749	2004	10.74%	158,906
2007	5.48%	220,198	2003	28.36%	203,966
2008	-36.55%	139,711	2002	-21.97%	159,162
2009	25.94%	175,945	2001	-11.85%	140,302
2010	14.82%	202,022	2000	-9.03%	127,630
2011	2.10%	206,261	1999	20.89%	154,286
2012	15.89%	239,037	1998	28.34%	198,008
2013	32.15%	315,876	1997	33.10%	263,556
2014	13.52%	358,597	1996	22.68%	323,333
2015	1.38%	363,541	1995	37.20%	443,597
2016	11.77%	406,341	1994	1.33%	449,478
2017	21.64%	494,278	1993	9.97%	494,278
평균 수익률	11.13%		평균 수익률	11.13%	

수익률의 순서가 결과에 미치는 영향: 돈을 인출하지 않는 경우

인 관점에서 원금의 6%인 3천만 원씩을 인출하는 계획을 추천했다고
하자.

다음 표의 왼쪽의 결과를 보면 25년간 총 7억 5천만 원을 인출하고
도 잔액이 22억 원이 남는 것을 볼 수 있다. 오른쪽 결과는 다른 조건은

연도	수익률	인출액	잔액	연도	수익률	인출액	잔액
1993	9.97%	3,000	51,685	2000	-9.03%	3,000	42,755
1994	1.33%	3,000	49,330	2001	-11.85%	3,000	35,044
1995	37.20%	3,000	63,563	2002	-21.97%	3,000	25,005
1996	22.68%	3,000	74,299	2003	28.36%	3,000	28,245
1997	33.10%	3,000	94,901	2004	10.74%	3,000	27,957
1998	28.34%	3,000	117,944	2005	4.83%	3,000	26,164
1999	20.89%	3,000	138,951	2006	15.61%	3,000	26,780
2000	-9.03%	3,000	123,672	2007	5.48%	3,000	25,084
2001	-11.85%	3,000	106,373	2008	-36.55%	3,000	14,012
2002	-21.97%	3,000	80,666	2009	25.94%	3,000	13,868
2003	28.36%	3,000	99,688	2010	14.82%	3,000	12,479
2004	10.74%	3,000	107,075	2011	2.10%	3,000	9,678
2005	4.83%	3,000	109,107	2012	15.89%	3,000	7,739
2006	15.61%	3,000	122,673	2013	32.15%	3,000	6,262
2007	5.48%	3,000	126,237	2014	13.52%	3,000	3,703
2008	-36.55%	3,000	78,191	2015	1.38%	3,000	713
2009	25.94%	3,000	94,692	2016	11.77%	713	0
2010	14.82%	3,000	105,281	2017	21.64%	0	0
2011	2.10%	3,000	104,428	1993	9.97%	0	0
2012	15.89%	3,000	117,545	1994	1.33%	0	0
2013	32.15%	3,000	151,366	1995	37.20%	0	0
2014	13.52%	3,000	168,431	1996	22.68%	0	0
2015	1.38%	3,000	167,712	1997	33.10%	0	0
2016	11.77%	3,000	184,104	1998	28.34%	0	0
2017	21.64%	3,000	220,297	1999	20.89%	0	0
평균 수익률	11.13%			평균 수익률	11.13%		

수익률의 순서가 결과에 미치는 영향: 돈을 인출하는 경우

모두 같고 수익률의 순서만 바꿔놓은 것이다. 만약 고객이 은퇴한 해가 1993년이 아닌 2000년이었다면, 결과가 어떻게 바뀌게 될까?

결과는 상상했던 것보다 훨씬 충격적인 차이를 보여줬다. 은퇴 후 17년째가 되는 해에 잔고가 완전히 바닥나버린 것이다. 어떻게 이런 결과

가 나오게 된 것일까? 그 이유는 왼쪽의 경우는 은퇴 초반에 수년간 엄청난 수익을 본 반면, 오른쪽의 경우는 반대로 은퇴 초반에 몇 년간 손실을 봤기 때문이다. 우리가 어느 시기에 은퇴하게 될지는 전혀 알 수가 없다. 같은 수익률을 갖고도 이렇게 극명한 차이를 경험할 수 있다면, 이제 6% 인출액은 상당히 위험한 액수가 될 수도 있다. 더군다나 이것은 물가를 고려하지도 않은 결과이다. 만약 물가의 영향까지 고려한다면 적정 인출액을 판단하는 것이 훨씬 골치 아픈 일이 될 것이다.

자, 왜 이런 일이 생기게 되었을까? 잃었기 때문이다. 11.13%의 수익률은 대단히 높은 수익률이다. 그런데 이렇게 수익률이 좋은 상황에서도 '잃는 것'은 충분히 모든 상황을 엉망으로 만들 수 있을 만큼 강력하다. 따라서 우리는 그저 이렇게 좋은 수익률로 화려하게 수놓은 제안서만 보고 마냥 안심해서는 안 된다. 어떤 상황에서도 이 '잃는 것'의 위험이 존재할 수 있다는 것을 기억해야 한다.

정확히 어떤 위험을 이겨내야 하는가?

방금 눈으로 확인했듯이, 수익률이 좋다고 안전하다는 것은 아니다. 참 역설적인 말이 아닐 수 없다. 하지만 이것은 분명 현실이다. 돈을 모을 때나 돈을 쓸 때나 잃는 것은 치명적일 수 있다.

앞서 살펴본 '절대로 지지 않는 게임'의 조건을 기억하는가? 투자할 때 절대로 잃지 않는 대신에 수익의 절반만 취할 수 있다는 조건이었다. 만약 방금 살펴본 사례를 이 조건대로 투자했다면 어떤 결과가 나

연도	S&P 500 수익률	인출액	잔액	나의 수익률	인출액	잔액
2000	-9.03%	3,000	42,755	0.00%	3,000	47,000
2001	-11.85%	3,000	35,044	0.00%	3,000	44,000
2002	-21.97%	3,000	25,005	0.00%	3,000	41,000
2003	28.36%	3,000	28,245	14.18%	3,000	43,388
2004	10.74%	3,000	27,957	5.37%	3,000	42,557
2005	4.83%	3,000	26,164	2.42%	3,000	40,513
2006	15.61%	3,000	26,780	7.81%	3,000	40,442
2007	5.48%	3,000	25,084	2.74%	3,000	38,468
2008	-36.55%	3,000	14,012	0.00%	3,000	35,468
2009	25.94%	3,000	13,868	12.97%	3,000	36,679
2010	14.82%	3,000	12,479	7.41%	3,000	36,174
2011	2.10%	3,000	9,678	1.05%	3,000	33,523
2012	15.89%	3,000	7,739	7.95%	3,000	32,948
2013	32.15%	3,000	6,262	16.07%	3,000	34,761
2014	13.52%	3,000	3,703	6.76%	3,000	33,909
2015	1.38%	3,000	713	0.69%	3,000	31,122
2016	11.77%	713	0	5.89%	3,000	29,777
2017	21.64%	0	0	10.82%	3,000	29,675
1993	9.97%	0	0	4.98%	3,000	28,004
1994	1.33%	0	0	0.66%	3,000	25,170
1995	37.20%	0	0	18.60%	3,000	26,293
1996	22.68%	0	0	11.34%	3,000	25,934
1997	33.10%	0	0	16.55%	3,000	26,730
1998	28.34%	0	0	14.17%	3,000	27,093
1999	20.89%	0	0	10.44%	3,000	26,609
평균 수익률	11.13%			평균 수익률	7.15%	

투자액 5억 원, 인출액 연 3천만 원 가정   단위: 만 원

'절대로 지지 않는 게임'의 위험 극복 효과 분석

오게 될까?

영어 표현 중 이런 말이 있다. 'You got it!' 번역하면 그 느낌을 다 살릴 수 없기는 하지만, '바로 그거야!' 정도가 될 것 같다. 여하튼 지금 이 계산 결과를 봤을 때 가장 먼저 떠오른 표현은 'You got it.'이었다.

이 정도면 된 것 아닌가 하는 생각이 들었다. 평균 수익률은 7.15%로 떨어졌지만, 그 결과가 11.13%였을 때보다 훨씬 좋지 않은가. 사실 눈으로 보고 있어도 납득이 잘 안 가는 결과이다. 4%나 더 낮은 수익률로 25년간 꾸준히 은퇴 소득을 주고서도 2억 6천만 원 이상의 자산을 남긴 것이다. 물론 11.13%에 비교해서 그렇지 7.15%도 상당히 훌륭한 수익률이다. 하지만 이 결과는 무조건 높은 수익률이 최고라는 편견을 무색하게 한다.

그런데 잊지 말아야 한다. 우리들이 실제로 하고 있는 게임은 이 '절대로 지지 않는 게임'이 아니라 '알면서도 지는 게임'이라는 것이다. 앞서 살펴본 DALBAR 보고서의 결과를 생각해본다면, 보통 투자자들은 11.13%의 수익률을 다 가져갈 가능성이 매우 적다. 그렇다면 더욱 좋지 않은 결과가 예상될 것이다. 따라서 우리는 보통 사람들이 '알면서도 지는' 이 게임에서 이길 수 있는 방법을 찾아야 한다. 그러기 위해서는 당연히 도대체 왜 알면서도 지는지를 알아야 할 것이다. 우리를 쓰러지게 만드는 그 결정적인 원인이 무엇인지 알아야 한다는 것이다.

투자 상담을 받거나 스스로 좋은 펀드를 찾아 쇼핑할 때 가장 먼저 보는 것은 그 펀드의 과거 수익률일 것이다. 펀드 매니저나 투자 회사의 명성도 분명 중요하지만 과거 수익률이 형편없다면 투자 리스트에서 제외되기 십상이다. 물론 과거 실적이 미래 실적을 보장하는 것이 아니지만, 과거 실적을 분석하는 것은 분명 중요한 일이다. 그래서 생긴 지 오래돼서 자료가 풍부한 펀드일수록 투자할 때 좀 더 안심이 될 수 있다. 그런 의미에서 보면 그 어떤 펀드보다도 가장 오랜 실적을 갖고 있는 S&P 500이나 코스피와 같은 주가지수는 투자 분석을 위해 가장 좋은 자료가 될 수 있을 것이다.

하지만 과거 통계자료는 보통 그 결과들이 요약되어 있기 때문에 실제로 어떤 상황이었는지를 정확히 알기는 어렵다. 따라서 단순히 숫자들만 보고 그 결과가 좋은 것인지 아닌지를 섣불리 판단해서는 안 된다. 그 이유는, 그 요약된 결과 속에는 우리에게 치명적인 위험들이 희석되어 포함돼 있기 때문이다. 그 위험은 당장 오늘 우리에게 찾아올 수도 있다. 하지만 다음 해가 되어 돌아보면, 올해의 통계치 속에서는 그 위험이 보이지 않을 수도 있다.

만약 투자할 수 있는 옵션이 다음과 같다면, 어느 곳에 투자하는 것이 가장 좋을까?

투자 옵션 1: 평균 수익률 10%

투자 옵션 2: 평균 수익률 10%

투자 옵션 3: 평균 수익률 10%

혹시 오타가 난 게 아닌가 생각할 수도 있지만 그렇지 않다. 투자 옵션들의 평균 수익률이 모두 10%로 똑같은 상황인 것이다. 이런 일은 흔히 발생할 수 있는 상황이다. 그렇다면 투자자 입장에서는 어떤 것을 선택해도 아무 상관이 없는 것 아닌가? 앞서 언급했듯이, 현실적으로 보통 투자자들은 펀드를 쇼핑할 때 수익률에 근거하여 판단하게 된다. 사실 그렇게 하지 않을 이유가 없을 것이다. 그리고 대체로 이렇게 평균 수익률이 좋은 펀드는 평점을 좋게 받을 가능성이 높다. 이것은 단지 펀드에만 해당되는 것이 아니다. 우리는 세 개의 옵션들이 어떤 것인지 모른다. 주식, 채권, 부동산 등등 다양할 수 있지만, 투자 수익률이 같다면 그저 개인적인 선호에 따라서 선택하면 될 일로 보일 수 있다. 그런데 만약 똑같은 10% 수익률을 얻기 위해서 각각의 투자 옵션들이 감당하게 될 위험이 서로 다르다면 어떨까? 이를테면 다음과 같이 말이다.

투자 옵션 1: 최대 가격 하락률 (-5%)

투자 옵션 2: 최대 가격 하락률 (-12%)

투자 옵션 3: 최대 가격 하락률 (-25%)

자, 이제 어느 옵션에 투자를 하고 싶은가?

이 상황을 좀 더 쉽게 설명하자면, 옵션 1은 투자하고 있는 동안에 가격이 투자액의 5%까지는 떨어질 수도 있다는 말이다. 물론 투자의 성격상 떨어진 다음에 회복하리라는 보장은 없다. 하지만 과거 평균 수익률에 근거해서 보면 충분히 회복할 가능성이 있다고 판단된다는 것이다.

반면에 옵션 3은 투자하는 동안 최대 25%까지는 떨어질 수 있는 투자이다. 역시 과거에는 결국 회복을 해서 옵션 1과 같이 평균 수익률 10%를 이루어냈다. 그런데 이런 질문이 생기지 않을까? 비슷한 결과를 얻어내기 위해서, 5배나 높은 위험을 감수해야 할 이유가 있을까? 당신이라면 그러고 싶은가? 아마 대부분의 사람들은 왜 그래야 하는지 이유를 찾기 어려울 것이다. 그렇다면 사람들이 투자 의사결정을 할 때 이런 위험을 고려하면서 투자 대상을 선택하고 있을까? 불행히도 그런 경우는 매우 드물다. 그 이유는 앞에 이미 말한 바 있다.

우리가 좋은 투자를 찾고자 할 때 신중히 검토하는 것은 연 수익률과 일정 기간 동안의 평균 수익률이다. 하지만 모든 사람들이 1월 1일에 투자를 시작해서 12월 31일에 매각하는 것은 아니다. 오히려 그런 일이 드물 것이다. 따라서 연 수익률은 어떤 투자자가 투자한 특정 시점부터 어떤 일이 벌어지는지를 설명해 낼 수 없다. 이 상황을 이해하기 위해서는 정말 내게 일어날 수 있는 현실적인 위험에 대해서 더욱 명확한 설명이 가능한 특별한 분석이 필요하다. 지금부터 그 내용을 소개할 것인데, 대부분의 투자자들뿐만 아니라 그들의 투자 전문가들조차 이것이 무엇인지 전혀 모르거나 투자 옵션 선택 시 고려되지 않고 있는 실정이다.

Maximum Drawdown

투자 위험을 더 정확히 측정하기 위해 사용하는 지표 중에 Maximum Drawdown(MDD)이라는 것이 있다. 이것은 일정 기간 동안 투자대상의 가격이 최고 가격에서부터 최대로 얼마만큼 하락했는지를 측정하는 것이다. 쉽게 말하자면, 일정 기간 동안 얼마나 많이 잃을 수 있는지를 나타내는 지표이다. 앞의 사례에서 옵션들마다 달랐던 '최대 가격 하락률'이 바로 이 MDD를 의미하는 것이다.

다음 차트는 2000년부터 2009년까지의 S&P 500 변동을 보여준다. 이 기간 사이의 MDD는 2000년 3월 24일부터 2002년 10월 9일까지 기간 동안의 최대 하락폭인 -49.15%와 2007년 10월 10일부터 2009년 3월 9일 사이의 최대 하락폭인 -56.7%로 정의될 수 있다.

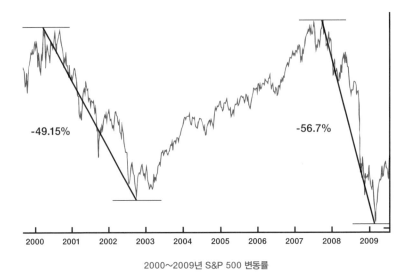

-49.15%

-56.7%

| 2000 | 2001 | 2002 | 2003 | 2004 | 2005 | 2006 | 2007 | 2008 | 2009 |

2000~2009년 S&P 500 변동률

MDD를 산정하는 기간은 단 며칠에서 1~2년의 기간까지 분석의
목적에 따라 달라질 수 있다. 예를 들어 이 차트의 MDD 기간들은 모
두 1년이 넘는다. 이 기간들의 경우 1년 이상의 장기간 동안 하락이
지속되었기 때문에, 같은 기간 내에 투자한 투자자들에게 이 하락이
어떤 영향을 주었는지를 파악하기 위해서는 그 모든 기간을 하나의
MDD에 포함시키는 것이 합리적일 것이다.

그러면 실제 현실에서 MDD가 어떻게 전체 투자에 영향을 줄 수 있
는지 더 자세히 살펴보도록 하겠다. 다음 표는 1998년부터 2016년까
지 연간 -10% 이상 되었던 MDD들을 분석한 것이다.

투자자들이 펀드에 투자하기 위해서 검토할 때 보게 되는 수익률은
왼쪽의 'S&P 500 수익률'이다. 만약 투자자들이 여러 펀드 중에 어디
에 투자해야 할지를 선택하는 중이라면, 그 비교 대상은 연간 수익률

연도	S&P 500 수익률	MDD 기간	최대 하락률 (MDD)
1998	28.34%	7/14~8/31	-17.94%
1999	20.89%	7/13~10/11	-12.08%
2001	-11.85%	1/23~9/17	-28.72%
2002	-21.97%	1/3~9/30	-31.74%
2003	28.36%	1/15~3/11	-14.05%
2007	5.48%	10/10~11/26	-10.09%
2008	-36.55%	1/2~11/20	-48.76%
2009	25.94%	1/7~3/9	-27.62%
2010	14.82%	4/24~7/2	-15.99%
2011	2.10%	5/2~10/3	-19.39%
2012	15.89%	4/3~6/1	-9.94%
2015	1.38%	7/21~8/25	-12.25%
2016	11.77%	1/2~2/11	-10.51%

수익률과 최대 가격 하락률(MDD)의 비교

및 수년간의 평균 수익률이 되곤 한다. 예를 들어, A펀드와 B펀드의 지난 10년간 매년 누가 더 많이 수익을 냈는지, 손실은 몇 번이나 봤는지, 그리고 10년의 평균 수익률은 어느 펀드가 높은지…와 같은 식으로 비교를 할 것이다. 매우 합리적으로 보인다. 적어도 주어진 자료만 갖고는 이것이 최선일 수도 있다.

그런데 표의 오른쪽 자료들을 한 번 살펴보자. 이 숫자들은 매해 1년 중 가장 큰 하락을 기록한 기간의 손실률이다. 이 숫자들은 과연 우리에게 무슨 의미가 있을까? 이 MDD들은 우리가 실제로 매일 체감하는 위험이다. 다시 말하지만, 늘 1월 1일에만 투자를 시작해서 12월 31일에 처분하기를 반복하는 사람은 극히 드물 것이다. 말 그대로 현실적이지 않다. 그 말은, 모든 투자자들은 각기 다른 시점에 투자를 하기 때문에 체감하는 위험 및 실제 수익률과 통계에서 나오는 수익률은 일치하지 않는다는 것이다. 이것을 좀 더 쉽게 풀어보도록 하겠다.

예를 들어 2009년부터 2012년 사이에 투자를 했다고 하자. 그 4년 간 주식시장은 단 한 번도 손실을 내지 않았다. 그리고 평균 수익률은 무려 14.69%나 됐다. 그렇다면 이 시기에 투자한 사람들은 연평균 14.69%의 복리로 수익을 냈다고 판단하는 것이 합리적일까? 적어도 2013년도에 투자를 하려고 한 사람은 이 통계로 인해 큰 안도감을 느낄지도 모른다. 만약 비교 대상이었던 다른 펀드가 같은 기간 동안 조금 수익률이 낮았거나 손실을 본 적이 있다면 이 펀드가 더 좋다고 판단할 가능성이 높을 것이다. 그런데 현실은 많이 다를 수 있다.

2009년의 수익률은 25.94%였다. 하지만 MDD는 그 수익률보다도 더 폭이 큰 -27.62%였다. 물론 몇 년간 동굴에서 살다가 세상에 나온 첫날에 뉴스도 안 보고 무작정 주식에 투자한 경우가 아니라면 2008년 말의 폭락을 보고도 2009년 초에 투자할 사람은 많지 않았을 것이다. 하지만 투자 격언에 충실히 따라 폭락할 때가 기회라는 마음으로 당차게 투자를 한 사람도 있을 수는 있다. 또는 2008년 폭락시에 시기를 놓쳐서 본의 아니게 속 썩어가면서 해를 넘겨 장기투자를 하게 된 사람도 있었을 것이다. 여하튼 중요한 것은 그것이 당신이었다면 -27.62%를 견뎌낼 수 있는가이다. 그것도 단 두 달 동안 일어난 그 폭락을 말이다. 누구도 그 하락이 언제 끝날지를 알 수가 없었다. 더군다나 그 사이에 돈이 필요하게 된다면 문제는 더 복잡해진다. 아무리 생각해도 끝을 알 수 없는 폭락을 다 견뎌내야 할 이유를 찾기 힘들 수도 있다. 떨어지기 시작했을 때 팔고 완전히 바닥을 쳤을 때 다시 사면 큰 이득이 있는 것 아닌가 하는 생각이 마음을 조급하게 한다.

어쩌다가 이 시기를 이겨냈다고 하자. 그리고 2010년을 맞았는데 다시 시장이 하락하기 시작한다. 2009년만큼은 아니지만 이번에도 2달 정도 되는 기간에 16%가량 하락했다. 또 고난의 시작이다. 뉴스에서는 연일 비관적인 소식뿐이다. 가족들이 투자에 대해 물어볼까 봐 겁이 난다.

그런데 수익률만 보면 이런 상황을 전혀 알 수가 없다. 2009년과 2010년은 각각 25.94%와 14.82%라는 매우 훌륭한 수익률을 달성했다. 하지만 이것이 당신의 수익률이 되리라는 보장은 어디에도 없다. DALBAR 보고서에서 이렇게 좋은 수익률 행진 속에서도 일반 투자자들이 매우 저조한 수익을 내고 있었던 결정적인 이유는 MDD 때문이다. 따라서 투자 옵션들을 비교할 때는 같은 조건이라면 MDD가 적은 투자처에 투자해야 할 것이다. 만약 방법이 있다면, 그 모든 위험을 감수해야 할 이유가 없지 않겠는가.

2011년은 MDD의 위험을 확인할 수 있는 매우 좋은 예라고 생각한다. 수익률 표를 보면 2011년에도 손실을 보지 않았다. 최종적으로 2.10% 수익이 기록된 것이다. 그런데 이 한 해 동안의 MDD는 무려 -19.39%였다. 겨우 2.10%의 수익을 위해 19.39%를 잃을 수 있는 위험을 감수한 것이다. 하지만 대부분의 투자자들은 이런 사실을 알 수가 없다. 수익률은 그동안 무슨 일이 있었는지를 절대 말해주지 않기 때문이다. 2011년을 더 주목해야 하는 이유는, 한 해 동안 엄청나게 변동이 많았기 때문이다. 2011년에는 무려 6번이나 7% 이상 가격이 하락하는 순간이 있었다. 이런 경우, 아무리 장기 투자자라 하더라도 신경을 쓰지 않기는 어려울 것이다. 그런데 그 와중에 19.39%가 하락하는 시간을 지나가게 된다면, 얼마나 많은 투자자들이 아무렇지도 않게 그 시간을 흘려 보낼 수 있을까?

우리가 장기적으로 투자에 성공하기 위해서는 투자하는 옵션들의 MDD를 알아야 한다. 그리고 원하는 수익률을 얻을 수 있는 옵션들 중에서 MDD가 가장 낮은, 즉 감당할 만한 MDD를 가진 옵션을 찾아내야 한다. 같은 조건이라면 당연히 MDD가 낮은 것을 선택해야 할 것이다. 그런데 만약 아무리 찾아도 감당할 만한 MDD를 가진 투자처를 찾을 수 없거나 정말 원하는 투자처가 있지만 MDD가 높아서 주저된다면, 이제 MDD를 낮출 수 있는 방법을 찾아내야 할 것이다.

하버드 대학은 어떻게 돈을 관리하는 것일까?

아마도 이 질문에 대한 대답을 오랫동안 기다렸는지도 모르겠다. 도대체 세계 최고의 대학교는 돈을 어떻게 관리하고 있을지 궁금하지 않을 수 없다.

투자 위험을 조절하여 강력한 수익을 추구하는 것
Focusing on Strong Risk-Adjusted Returns

이것은 하버드 대학 기금을 운용하고 있는 Harvard Management

Company(HMC)의 투자 철학이다. HMC의 투자 보고서와 하버드 대학의 연간 재무 보고서를 읽다 보면 'Risk'라는 단어가 수십 차례 계속 등장한다. HMC는 그들의 미션이 하버드 대학이 다음 세대들까지 계속해서 가르치고 배우고 연구할 수 있기 위한 재정적 자원을 지켜나가는 것이라고 했다. 그러기 위하여 그들은 투자 포트폴리오 전체의 위험을 정확히 알고 적절히 관리해 나가기 위해 총력을 다하고 있다고 한다. 쉽게 말하자면, 좋은 수익을 얻기 위해 위험을 감수하더라도 적극적으로 투자를 한다는 것이다. 다만 여기에 한 가지 조건이 있을 뿐이다. 그 위험 수준이 하버드 대학이 감당할 수준이어야 한다는 것이다.

어디서 많이 들어보던 얘기 아닌가? 그렇다. 이 얘기는 지금까지 이 책에서 반복된 얘기와 전혀 다른 것이 아니다. 누구나 좋은 수익을 원한다. 하지만 그 투자에 내재되어 있는 위험을 제대로 이해하지 못하거나, 설령 위험을 알고 있다고 해도 그 위험을 감당할 만한 수준으로 조절할 수가 없다면 그것은 바람직한 투자가 될 수 없다. 우리는 하버드 대학도 예외가 아니었다는 것을 확인한 것이다. 이제 한 가지만 더 알면 된다. 바로 그 위험을 조절하는 방법이다.

매년 6월 30일은 하버드 대학의 회계연도 마감일이다. 2018년 10월에 발표된 연간 재무 보고서에 따르면, 2018 회계연도 투자 수익률은 정확히 10%였다. 이는 같은 기간 동안의 S&P 500 주가지수 수익률이었던 12.17%보다 2.17% 낮은 결과였다. 하지만 이 보고서에는 S&P 500보다 2.17% 낮아서 아쉽다는 말이 없다. 오히려 하버드 대학의 목표 투자 수익률을 2% 초과 달성해서 매우 기쁘다는 말을 하고 있다. 즉, 하버드 대학의 목표 수익률은 8%였던 것이다.

세계 최고의 두뇌들이 모여 있는 하버드 대학의 목표가 8%라는 것이 조금 의외라고 생각될 수도 있다. 실제로 S&P 500의 지난 50년 복리 수익률이 10.05%였던 것을 감안하면 너무 보수적인 수익률이 아닌가 하는 생각도 든다. 하지만 하버드 대학은 이 목표 수익률을 달성해 내기 위해 말 그대로 총력을 다하고 있다. 세계 최고의 투자 전문가들과 함께 말이다.

하버드 대학에게는 꾸준한 수익이 필요하다. 매년 재학생 대부분에게 지급되는 장학금 규모만 해도 연간 7천억 원 규모나 되고, 총 학교 운영비는 6조 원에 육박한다. 이 모든 비용을 충당하기 위해서는 등록금이나 기부금 수입 이상의 돈이 필요한데, 그 부족분을 충당하는 재원이 바로 이 대학 기금이다. 그런데 하버드 대학의 기금 규모는 무슨 걱정이 필요할까 싶을 만큼 상상을 초월한다. 2018년 회계연도 말 기금 규모는 무려 392억 달러(약 44조 원)에 달했다. 2018년도 서울시 예산액이 32조 규모였던 것을 보면 얼마나 돈이 많은지 가늠이 될 수 있을 것 같다. 2018년도에 투자 수익률이 10%였으니 여기에서만 4조 원 이상을 벌어들인 것이다. 이 기금 중에서 2018년 대학교 운영 비용을 위해 충당된 금액은 18억 달러(약 2조 원)였다. 이는 대략 총 기금액의 5% 정도밖에 안 되는 규모다. 더군다나 지난 20년간의 평균 투자 수익률 역시 10%를 넘는 수준이었다. 이 정도면 아무 걱정을 하지 않아도 되는 것일까? 솔직히 이런 상황에서도 걱정하는 것은 유난을 떠는 것으로 보일 수도 있다.

하지만 앞서 살펴본 내용들을 기억한다면, 마음을 놓으면 안 된다는 것을 알고 있을 것이다. '잃는 것'은 언제나 치명적인 결과를 가져올 수 있기 때문이다. 특히나 이렇게 계속해서 일정액의 돈을 써야만 하는 상황이라면 말이다. 하버드 대학을 비롯한 미국 유수 대학들의 기금 운영자들은 이것을 잘 알고 있다. 그래서 그들은 모두 매우 유사한 전략을 통해 위험을 통제하면서 꾸준한 수익을 얻기 위해 노력한다. 그 전략은 바로 자산배분 전략(Asset Allocation)이다.

자산배분이란 무엇인가?

S&P 500이나 코스피와 같은 주가지수에 투자하듯이 운용되는 펀드를 인덱스 펀드(Index Fund)라고 부른다. 미국의 뱅가드(Vanguard)라는 투자 회사는 1970년대부터 인덱스 펀드의 대중화에 총력을 다하여 현재는 최대 규모의 인덱스 펀드를 운용하고 있다. 이와 같은 인덱스 펀드 덕분에 500개 기업의 주식을 하나씩 사고 파는 노력 없이도 손쉽게 S&P 500 주가지수에 투자를 할 수 있다.

이미 DALBAR 보고서의 결과나 마젤란 펀드의 사례를 통해 살펴봤듯이, 직접 투자를 하든 투자 전문가를 고용하든 일반 투자자들의 실적은 장기적으로뿐만 아니라 단기적으로도 S&P 500의 평균 수익률에 훨씬 못 미치게 될 가능성이 매우 높다. 아무리 노력을 해도 그보다 더 좋은 수익률을 얻기 힘들 수 있다는 말이다. 단기적으로는 혹시 몰라도 20~30년 이상의 기간 동안 꾸준히 10% 이상의 평균 수익률을 유지해 나간다는 것은 대단한 도전일 것이다.

이런 의미에서 보면, S&P 500의 수익률을 우리 인생의 목표 수익률로 삼고 본인의 투자 성과를 점검해 나가는 것은 매우 합리적이라고 생각된다. 그런데 이것은 어디까지나 수익률 측면에서만 본 목표이다. 지금까지 살펴본 내용은 왜 우리가 이렇게 장기적으로 꾸준한 성과를 내지 못하는지에 대한 것이었다. 심지어 S&P 500은 이미 투자할 대상 500개가 정해져 있어서 어디에 투자할지를 고민할 필요도 없는데 말이다. 이것이 바로 하버드 대학의 투자 철학이 '투자 위험을 조절하여 강력한 수익을 추구하는 것'인 이유이다. '수익 극대화'는 우리가 투자를 하는 궁극적인 목표가 될 것이다.

하지만 그저 그 목표 자체가 좋은 것은 아무런 의미가 없다. 결국 그 목표를 성공적으로 이뤄낼 수 있느냐가 중요한 것이다. 적어도 나는 그 성공을 그저 운에 맡기고 싶지 않다. 최대한 그 성공 가능성을 높이기를 원하는 것이다. 환경이 변해도, 시대가 변해도, 유행이 변해도 여전히 성공 가능성에 의심이 들지 않는, 그런 해답이 필요한 것이다. 그것이 바로, 그 원하는 수익을 얻기 위해 감수해야 할 '위험'을 최소화하는 것이다.

오래된 투자 격언 중에 '계란을 한 바구니 안에 담지 마라'는 말이 있다. 사실 이것은 생활의 지혜라고 봐도 될 것 같은 매우 간단한 조언이다. 어린 아이에게 계란을 사오라고 심부름을 시켰는데 계란 가게 주인이 모든 계란을 한 바구니에 담아서 줬다고 생각해보자. 그 아이는 어떤 심정일까? 집으로 오는 내내 불안한 마음이 이만저만이 아닐 것이다. 혹시라도 돌뿌리에 걸려서 넘어지기라도 하면 어쩌나, 힘들어서 손에 힘이 빠져 놓쳐버리면 어쩌나, 너무 빨리 걸어서 바구니가 너무 많이 흔들거리면 어쩌나, 이 어린 아이는 왜 이런 걱정을 하는 것일까? 만약 잘못되면 바구니 안의 계란 전체가 다 깨져버릴 수도 있기 때문이다. 한 바구니 안의 계란이 모두 동시에 같은 위험에 노출되어 있다는 것이다. 이것을 그 어린 아이도 아는 것이다.

그런데 계란을 두 개의 다른 바구니에 나눠 담았더라면 어땠을까? 아마도 그랬다면 걱정이 반으로 줄어들지 않았을까 생각된다. 바구니를 나누면 모두 깨져버릴 수 있는 위험이 각각의 바구니로 분산될 수 있기 때문이다. 이것은 투자에도 동일하게 적용될 수 있다. 여러 주식이나 펀드에 돈을 나눠서 투자하면 분명 위험을 분산시킬 수 있을 것이다.

이런 의미에서 보면 분산 투자의 대표적인 사례는 주가지수라고 볼 수 있다. S&P 500에 투자한다는 것은 미국의 500개 최고 기업들에 투자를 하는 것과 같기 때문이다. 이렇게 하면, 설령 500개 중에 50개 회사가 동시에 파산한다 하더라도 큰 걱정을 하지 않아도 될 것이다. 그렇다면 한 가지 의문이 든다. 왜 하버드 대학은 이렇게 심플하게 S&P 500을 통해 분산투자 효과를 누리지 않는 것일까?

130년의 역사를 자랑하는 코카콜라는 2017년 전 세계 브랜드 가치 순위에서 5위를 차지할 만큼 여전히 그 명성을 유지해오고 있다. 이런 코카콜라를 가치 투자자의 대부인 워런 버핏이 그냥 지나칠 리 만무할 것이다. 아니나 다를까 버핏은 1980년대 후반부터 코카콜라 주식을 사들이기 시작해서 코카콜라가 그의 전체 자산의 25%나 될 때까지 구매를 멈추지 않았었다. 2018년 현재 버핏은 코카콜라 주식을 무려 175억 달러(17조 5천억 원) 만큼이나 보유하고 있고, 이는 버핏 전체 자산의 8.7%를 차지한다. 이런 코카콜라는 2008년 금융 위기를 겪는 시기에도 무려 18.2%의 순이익률을 기록했고, 50여 년간 연속적으로 지급해온 주주 배당은 예년보다 더 높은 3.3%를 지급했다.

그런데 이런 코카콜라의 2008년 1월 11일부터 2009년 3월 5일 사이의 Maximum Drawdown(MDD)은 놀랍게도 -39.72%나 되었다. 이는 같은 기간 S&P 500의 MDD였던 -51.94%보다는 낮은 것이었지만, 코카콜라의 최상급 경영실적을 고려했을 때 절대로 이해가 되지 않는 결과다. 어떻게 그렇게 돈을 잘 버는 회사의 주가가 40% 가까이나 하락할 수 있다는 말인가. 그 이유는, 코카콜라의 주식도 주식시장에서 거래되는 주식 중 하나였기 때문이다. 즉, 투자자들은 코카콜라의 건강 상태보다는 시장 전체의 움직임에 훨씬 민감하게 반응한다는 것이다. 적어도 일반 투자자들은 말이다.

이것은 무엇을 의미할까? 제 아무리 500개, 혹은 5,000개 기업에 분산해서 투자를 한다 하더라도, 전체 위험을 조절하는 데는 매우 비효율적일 수 있다는 것이다. 그것은 같은 주식시장에서 거래되는 기업들의 주가는, 큰 위기가 왔을 때 서로 같은 방향으로 움직이는 상관관계(Correlation)를 보이기 때문이다. 그렇기 때문에 모두 같은 성격의 투자 옵션인 주식으로만 이루어진 S&P 500 같은 주가지수는 MDD를 최소화시킬 수 있는 전략이 되기에 매우 부족하다. 따라서 효과적으로 MDD를 낮추려면, 서로 가격에 영향을 주지 않는, 즉 가격 변동에 상관관계가 거의 없는 자산들에 분산하여 투자를 해야 할 것이다. 이것이 바로 하버드 대학이 위험 조절 전략으로 쓰고 있는 자산배분 전략이다.

간단히 정리하면, 자산배분 전략은 서로 상관관계가 낮은 자산들에 분산하여 투자하는 것이다. 예를 들어, 주식, 채권, 금, 부동산 등 투자의 본질이 다른 자산들로 포트폴리오를 구성한다는 것이다. 이들은 그 본질적인 성격이 다른 만큼 내재된 고유의 위험도 서로 많이 다르다. 이 말은 포트폴리오를 구성하는 자산 중 하나의 자산 가격이 떨어진다고 하더라도 그것이 다른 자산에 영향을 줄 가능성이 매우 낮다는 것을 의미한다.

반면에 S&P 500이나 뮤추얼 펀드(Mutual Fund)처럼 수많은 주식들에 동시에 투자하는 전략은 진정한 의미의 자산배분이라기보다는 다각화(Diversification)라고 할 수 있다. 이 다각화 전략을 통해서도 분명 투자에 실패할 위험을 줄일 수는 있다. 앞서 언급했듯이 500개나 되는 기업에 나눠서 투자하면, 적어도 전부 잃을 가능성은 매우 희박해지기 때문이다. 하지만 이 전략만으로는 투자 실패의 결정적인 요인이 되는 MDD를 조절하는 데 큰 한계가 있다. 아무리 500개에 나눠서 투자한다 하더라도 모두가 성격이 같기 때문에 가격이 떨어질 때는 대부분 동반 하락을 하기 때문이다.

사실 자산배분을 하지 않고 투자하더라도 실패 위험을 없앨 수 있는 방법이 없는 것은 아니다. 이미 여러 차례 사례 분석을 위해 이용되었던 '절대로 지지 않는 게임'이 바로 그 방법 중 하나이다. 아니, 이것이 그저 분석을 위한 가상의 투자 조건이 아니었다는 말인가? 그렇다. 실제로 그렇게 투자하는 것이 가능하다. 단, 미국을 제외한 다른 나라에서는 방법을 안다고 하더라도 실행이 만만치 않을 것이라고 생각된다. 이 방법은 단순히 주식이나 펀드만이 아닌 채권(Bond) 및 옵션(Option)과 같은 파생상품을 이용해야 하기 때문이다.

그런데 미국에서는 이 방법이 상품으로도 개발되어 있기 때문에 그런 고생을 하지 않아도 된다. 사실 이 상품을 처음 알게 되었을 때부터 느낀 것이지만, 개인적으로는 가장 혁신적인 상품 중 하나라고 생각한다. 부디 다른 나라에서도 속히 개발되어 많은 사람들에게 도움을 주었으면 하는 바람이다. 하지만 너무 안타까워하지 않아도 된다. 이 상품은 절대로 잃지 않는 보장을 주고 불황에도 꾸준한 수익을 기대할 수 있다는 혜택이 있기는 하지만, 평균 7~8% 이상의 수익을 내기에는 분명 한계가 있다. 반면에 자산배분 전략을 이용하면, 위험을 완전히 없애는 것은 어렵겠지만 자산을 어떻게 배분하느냐에 따라 위험을 현저하게 줄이면서도 주가지수 수익률에 매우 근접한 성과를 내는 것이 가능하다. 무엇보다도 자산배분 전략은 상품이 아니기 때문에 어느 누구나 이용할 수 있는 전략이다. 기대를 해도 좋다. 이제부터 가장 이상적인 성과를 위해 실제로 자산배분이 어떻게 이용되는지를 자세히 살펴보도록 하겠다.

나에게 가장 적합한 자산배분 모델

자, 이제 가장 중요한 일이 남았다. 어떤 자산들을 선택하여 투자할 것인지, 그리고 각 자산들에 얼마만큼 배분할 것인지를 결정해야 한다. 이것을 결정하는 것은 쉬운 일이 아니다. 그 이유는 정답이 없기 때문이다.

자산배분은 투자자가 감당할 만한 위험수준 하에서 수익을 극대화하기 위한 전략이라고 했다. 결국 자산배분의 목표는 투자 위험을 투자자가 감당할 만한 수준으로 조절해내는 것이라고 할 수 있다. 그런데 이 '감당할 만한 위험 수준'은 투자자마다 모두 다르다. 그리고 동일한 투자자라 할지라도 시간이 지나면서 궁극적인 투자 목표가 변하게 되면 자산배분 전략 자체도 수정이 필요할 수 있다. 따라서 누구에게나 적용할 수 있는 완벽한 자산배분 전략은 있을 수 없다.

또한 지금 본인에게 가장 적절하다고 생각되는 자산배분 전략 역시 영원하다고 생각하면 안 된다. 자산배분의 핵심은 서로 상관관계(Correlation)가 낮은 자산들에 투자함으로써 전체적인 위험을 조절하는 것이다. 그런데 자산간의 상관관계가 처음에 생각했던 것과 달라진다면 계속해서 그 자산배분을 유지하면 안 될 것이다. 당연히 처음에 기대했던 자산배분의 효과를 더 이상 기대하기 힘들 수 있기 때문이다.

이런 이유로 자산배분 전략은 지속적인 검토가 필요하다. 모든 조건과 상황은 달라질 수 있다. 시간이 지남에 따라 투자자 본인의 '감당할 만한 위험 수준'조차도 달라질 수 있다. 처음 투자를 하는 때와 투자 경력 10년 이상이 된 시점의 위험에 대한 자세는 다를 수 있다. 사실 아무 변화가 없다는 것이 더 이상할지도 모른다. 어쩌면 계속해서 이유식만 먹으면서 살고 있는지도 모르는 것이다.

정답이 없다고 하니 너무도 막막하게 느껴질지도 모르겠다. 하지만 그렇게 좌절할 일은 아니다. 투자의 대가들에게도 가장 적절한 자산배분 전략을 찾아내는 일은 매우 도전적인 것이기 때문이다. 그런데 우리는 그들보다 운이 좋은 편이다. 우리는 그들이 지금 어떻게 하고 있는지를 보거나, 그토록 고민하고 연구해서 만들어낸 자산배분 모델을 참고할 수 있기 때문이다. 그 중에서도 충분히 본인에게 적합한 모델을 찾아낼 수도 있다. 이때 어떤 모델이 적합한지를 판단하는 기준을 잊어서는 안 된다.

우리가 자산배분을 하려는 목적이 무엇이었는지 다시 생각해보자. 원하는 수익을 얻기 위해서 감수해야 할 위험을 최소화하기 위해서였다. 그렇다면 애초에 위험이 얼마나 크길래 자산배분을 통해 해결하려고 하는 것일까? 이미 살펴봤듯이 2008년과 같은 경제 위기 시에 S&P 500의 최대 가능 위험인 MDD는 -50%를 넘어가기도 했었다. 그리고 이런 MDD를 감수하면서 기대할 수 있는 수익은 장기적으로 대략 연평균 11% 정도였다. 따라서 자산배분으로 해결해야 할 최대 위험은 -50%의 MDD, 그리고 최대 목표 수익률은 연평균 11%로 하여 자산배분의 목표를 설정한다면 매우 합리적일 것으로 보인다.

물론 위험 수준은 여전히 다른 사람이 아닌 본인이 '감당할 수 있는 위험' 수준이 되어야 한다. 만약 본인은 -50%는 물론이고 -20%의 MDD조차도 감당해내기 어렵다고 생각된다면, 자산배분 모델의 예상 MDD 수준은 -20%보다 적은 수준으로 설정해야 할 것이다. 그러면 기대할 수 있는 연평균 수익률은 당연히 11%보다 적어질 것을 예상해야 한다. 이때, 만약 -20% 수준의 MDD로 9%대의 연평균 수익률이 기대가 되는 모델을 찾아냈다면 어떻겠는가? 이 정도면 매우 만족스러울 수 있지 않겠는가?

이제부터 소개될 자산배분 모델들은 하버드 대학을 비롯한 세계적인 전문가들이 실제로 이용하고 있거나 개발하여 공개한 포트폴리오들이다. 그럼 지금부터 하나씩 살펴보도록 하자.

하버드 대학 포트폴리오

하버드 대학은 정말로 축복받은 학교임이 분명하다. 2018년 회계연도에 받은 기부금 규모만 해도 무려 14억 달러(약 1조 6천억 원)나 되었다. 그런데 하버드 대학이 정말 대단하다고 생각되는 것은 이 기부금의 절반 가까이를 곧바로 학생들 학비 보조를 위해 사용한다는 것이다. 물론 하버드 대학은 워낙 돈이 많으니까 그 정도는 해야 하지 않겠냐고 생각할 수도 있다. 그렇게 해도 7억 달러나 남을 것이고, 무엇보다 기존에 있던 기금 규모가 무려 392억 달러나 되지 않았던가.

그런데 그렇게 단순하게 생각해서는 안 된다. 2018 회계연도 하버드 대학의 총 운영 비용은 50억 달러(약 5조 6천억 원)나 되었다. 이는 총 기금액의 12.8%나 되는 엄청난 금액이다.

하버드 대학은 전교생 50% 이상에게 장학금을 주고 있기 때문에 학비로 받는 소득이 절대로 충분할 수 없다. 2018년 기준으로는 학비로 받은 수익이 총 11억 달러(약 1조 2천억 원) 정도였는데, 그나마도 이 중 절반 가까이가 정규 대학 과정이 아닌 평생교육 또는 최고경영자과정 등에서 받은 것이었다.

만약 하버드 대학이 계속해서 지금처럼 학생들 교육을 돕기를 원한다면 이 부족분을 메꾸기 위한 대책이 필요한 것이다. 그리고 그 대책이라는 것이 다름 아닌 현재 운용하고 있는 총 기금이다. 2018년에 이 기금에서 대학 운영자금을 위해 조달한 금액은 18억 달러 정도였는데, 이것은 총 운영비용 지출액의 40%에 달하는 것이었다. 한 가지 더 주목해야 할 것은 이 비용이 전년 대비 3% 오른 것이라는 사실이다.

이런 상황을 생각해보면 392억 달러도 맘 놓고 아무 걱정 없이 살아도 될 만큼 충분한 것이 아닌 것 같다. 그렇기 때문에 하버드 대학에도 이 기금을 성공적으로 운용해 나가는 것은 매우 중요한 이슈가 되는 것이다. 그런데 마치 기막힌 우연처럼 이 상황은 우리의 은퇴 문제와 매우 비슷하다. 하버드 대학이 운영비용을 위해 매년 기금에서 쓰는 돈은 약 5% 내외 정도였다. 이는 우리가 은퇴 후 은퇴자금에서 돈을 쓰는 모양새와 거의 비슷하다. 더군다나 매년 총 비용이 3% 정도로 인상되고 있다는 것은 우리가 왜 인플레이션을 고려해야만 하는지를 현실적으로 확인시켜 주는 것이다. 따라서 대학교들이 기금을 어떻게 운용해 나가는지를 살펴보는 것은, 은퇴 후 자금운용에 대한 전략을 수립하는 데 큰 도움이 될 수 있다.

한 가지 확실히 해야 할 것이 있다. 그것은 우리가 하버드 대학의 자산 운용 전략을 그대로 따라하기는 어렵다는 것이다. 그것은 다음의 두 가지 이유 때문이다.

첫째, 하버드 대학과 같은 수퍼 기금이 선택할 수 있는 투자자산 중에는 일반인들이 이용하기 어려운 것들이 많다. 최근 미국 대학 기금들의 자산배분 내역을 보면 전통적 투자자산보다도 그 이름도 낯선 사모펀드(Private Equity)나 헤지펀드(Hedge Funds)와 같은 데에 투자하는 비중이 늘고 있음을 알고 있다.

물론 이와 같은 대체 투자(Alternative Investments)들이 더 수익률이 좋을 것이라고 장담할 수는 없겠지만, 전통적인 투자와는 상관관계(Correlation)가 매우 적은 다양한 투자처들을 통해 일반 개인 투자자들은 이용하기 어려운 전략들을 시도할 수도 있다. 이런 이유 때문에 우리가 대학 기금의 자산배분 전략을 그대로 따라하는 것은 쉽지 않다. 따라서 분석과 적용을 위해서는 이들의 자산배분 모델을 우리 현실에 맞게 수정하는 것이 필요하다.

둘째, 하버드 대학의 투자 기간은 우리와 다르다. 대학들은 사람처럼 수명이 있는 것이 아니기 때문에 운용 기간이 영속적이라고 봐도 무방하다. 이것이 중요한 이유는 기금의 유동성(Liquidity)에 대한 부담이 우리와 다르기 때문에 초장기 투자 옵션도 선택이 가능하고, 무엇보다 단기적인 시장변동에 덜 민감하게 반응할 수 있기 때문이다.

그럼 지금부터 하버드 대학의 자산배분 전략을 살펴보도록 하겠다.

자산 종류	배분 비율	수익률
일반주식	31%	14%
사모펀드	16%	21%
헤지펀드	21%	6%
부동산	13%	9%
천연자원	6%	-2%
채권	8%	1%
기타	2%	-1%
현금	3%	0%
합계	100%	10%

하버드 대학 2018 회계연도 자산배분

아마도 이 책에서 소개하지 않았다면 하버드 대학의 투자 포트폴리오를 참고해볼 생각을 평생 못해봤을 수도 있다. 또한 나름대로 자산배분 전략을 공부한다고 하더라도 이와 같은 포트폴리오 구성은 생각해내기 힘들 수도 있다. 그런데 방금 그 비밀 같은 자산배분 내용을 보게 됐다. 그 소감이 어떤지 궁금하다. 혹시, 역시나 나와는 상관없는 자산배분이라는 생각이 들었는가?

하버드 대학과 같은 대학 기금 투자의 자산배분에서 대체 투자(Alternative Investment)의 비중이 높은 이유는, 남들이 미처 보지 못한 투자 기회를 찾아내서 이익을 얻을 수 있는 가능성이 상대적으로 높기 때문이다.

주식이나 채권 같은 전통적 투자는 주식시장 등에서 거래가 되기 때문에 유동성이 매우 높고 거래가 빠르다. 따라서 가격을 변화시킬 만한 어떤 정보가 있을 때, 이것이 아주 빠르게 가격에 반영되기 때문에 좀처럼 고급 정보로 남들이 얻기 힘든 이익을 누리는 것이 쉽지 않다. 적어도 대다수의 일반 투자자들에게는 이것이 현실이다. 이런 상황을 경제학적으로는 '효율적'이라는 말로 표현한다. 물론 워런 버핏 같은 투자의 전설들은 이 말에 동의하지 않을 것이다. 실제로 버핏은 저평가된 기업을 발굴해내서 투자하는 방법으로 지금의 부를 이룰 수 있는 기초를 마련했기 때문이다.

하지만 이런 '비효율적'인 틈새를 통해 이익을 낼 수 있는 것이 가능한지 아닌지는 현실적으로 일반 투자자들에게는 큰 의미가 없다. 아니 오히려 섣불리 흉내를 내다가는 큰 낭패만 볼 수 있는 내용이다. 우리가 전업 투자자가 아니고 꾸준히 이런 방식으로 돈을 벌어 온 경험이 없다면, 이런 식으로 투자하는 것은 극히 위험하다.

반면에 대체 투자들은 일반적으로 유동성이 떨어지고, 공공의 주식시장에서 거래가 되는 것이 아니므로 충분히 투자 자체가 '비효율적'일 수 있다. 간단한 예로 어떤 개인 회사가 개인적인 사정에 의해 아주 저렴한 가격에 급매로 나왔다고 하자. 만약 이 회사를 산 후에 곧바로 제값에 팔기만 해도 꽤 좋은 이익을 얻게 될 것이다. 하지만 이런 개별적인 거래들은 그 거래의 내용을 일반화시킬 수가 없다. 지금의 급매로 인한 투자 기회는 그저 그 거래에 한정된 것이다. 이런 투자들을 집중적으로 발굴해내서 투자를 해나간다면 분명 큰 이익을 얻을 수도 있을 것이다. 하지만 그만큼 큰 위험도 감수해야만 한다. 최악의 경우에는 완전히 사기 당하는 경우도 있고, 전체적인 경제 상황 변화로 인해 매수 후 매도를 할 타이밍을 놓칠 수도 있다. 따라서 경험이 없는 일반 투자자들은 섣부르게 따라 해서는 안 될 것이다. 물론 이를 전문으로 하는 헤지펀드(Hedge Funds)를 이용할 수도 있겠지만, 대체로 헤지펀드들은 최소 투자금이 매우 높거나 아예 신규 고객을 받지 않고 있어서 그 이용이 쉽지 않다.

하지만 실망할 필요는 없다. 하버드 대학이 대체 투자를 이용하는 목적도 결국 위험을 낮추면서 수익을 높이기 위함이다. 즉, 그들이 감수하려는 위험 수준과 얻고자 하는 목표 수익을 알면 우리가 이용할 수 있는 전통적 투자로도 어느 정도 대체가 가능할 수 있을 것이다. 이런 상황을 고려해서 일반 투자자들도 이용 가능하도록 하버드 대학의 자산배분 모델을 수정하면 다음과 같을 수 있다.

자산 종류	배분 비율
주식	47%
채권	34%
부동산	13%
천연자원	6%
합계	100%

수정된 하버드 대학 자산배분 모델

자, 드디어 첫 번째 자산배분 모델이 나왔다. 하지만 실제로 우리가 사용할 만한 가치가 있는지는 아직 알 수가 없다. 지금까지 이 책에서 설명된 내용들은 그 가치를 제대로 판단하기 위한 준비 과정이었다고 볼 수 있다. 다시 그 내용들을 되뇌어 보면서 다음 내용을 이해해보도록 하자. 모든 결과는 1998년부터 2017년까지 20년간 투자했던 것으로 가정하고 분석하여 나온 것들이다.

	하버드 자산배분 모델	S&P 500
20년 평균 수익률	8.62%	8.70%
연 최고 수익률	21.47%	33.35%
연 최저 수익률	-14.27%	-37.04%
MDD	-29.42%	-50.89%
주식시장과 상관관계	0.84	1

하버드 자산배분 모델과 S&P 500 비교

처음 이 분석 결과를 봤을 때, 기대했던 것보다도 훨씬 좋은 결과가 나와서 놀라웠다. 20년간의 평균 수익률은 S&P 500에 비해 0.08%밖에 차이가 나지 않았다. 하지만 무려 21.47%나 낮은 MDD로 대동소이한 수익률을 이루어낼 수 있었다는 것을 주목해야 한다. 말하자면 감수해야 할 최대 위험을 40% 이상 낮추면서도 수익률을 거의 포기하지 않았다는 것이다. 20년간 최고 수익률은 21.47%에 불과했지만, 최악의 해에도 손실을 -14.27% 정도로 막아냄으로써 심한 충격을 방지할 수 있었다. 이것은 투자자가 공포에 질려서 비이성적이 되어 투자 실패를 자초할 수 있는 위험을 현저히 줄일 수 있다는 데에 큰 의미가 있다.

하지만 여전히 주식 시장과의 상관관계가 0.84 정도로 높은 편인 것이 조금은 불안하다. S&P 500보다는 현저히 낮은 수치이지만, MDD가 −29.42%라는 것은 여전히 부담스러운 것이 사실이다. 갑자기 가격이 30% 하락하는 상황에서도 아무렇지도 않을 사람은 그리 많지 않기 때문이다. 상관관계 지수는 0으로 가까워질수록 주식시장 변동에 영향을 적게 받는 것을 의미한다. 그러나 무턱대고 이 상관관계 지수를 낮추기 위해 노력할 수만은 없다. 수익률을 크게 포기해야 할 수도 있기 때문이다. 이런 상황을 고려하여 자산배분 비율을 조정해 나간 결과, 나는 매우 훌륭한 자산배분 모델을 만들어낼 수 있었다.

자산 종류	배분 비율
주식	35%
채권	45%
부동산	10%
천연자원	10%
합계	100%

아이비(Ivy) 자산배분 모델

이 새로운 자산배분 모델은 내가 은퇴소득 플랜을 할 때 많이 사용하는, 개인적으로 매우 아끼는 모델이다. 나는 이 모델이 하버드 대학 모델에서 수정되었기 때문에 아이비(Ivy) 자산배분 모델이라고 이름을 붙였다. 이 아이비 모델의 자산배분 비율을 이용했을 때의 성과는 다음과 같이 바뀌었다.

	아이비(Ivy) 자산배분 모델	S&P 500
20년 평균 수익률	8.35%	8.70%
연 최고 수익률	18.52%	33.35%
연 최저 수익률	-6.04%	-37.04%
MDD	-19.06%	-50.89%
주식시장과 상관관계	0.65	1

아이비(Ivy) 자산배분 모델과 S&P 500 비교

처음 자산배분 구성의 결과보다 MDD가 10% 이상 낮아졌음에도 불구하고, 평균 수익률 차이는 겨우 0.27%밖에 차이가 나지 않는다. 뿐만 아니라 최악의 해였던 2008년에도 손실이 -6.04%밖에 되지 않았다. 그렇다면 만약 20년 전 은퇴를 했다면, 이 아이비 모델이 은퇴소득 플랜에 실제로 어떤 영향을 미칠 수 있었는지 살펴보도록 하겠다.

20년 전 은퇴 자금이 5억 원이었고, 은퇴 첫해에 이 금액의 5%인 2,500만 원을 은퇴 소득액으로 인출했다고 하자. 그 후 인출액은 매년 물가 상승률 3%만큼씩 늘어난다고 가정했다.

뭔가 아주 이상한 일이 벌어졌다. 서로 똑같은 금액을 인출했는데, 20년 후 잔액은 믿기지 않게도 연평균 수익률이 0.35%가 낮은 아이비 자산배분 모델이 오히려 2배 이상 더 많았다. 왜 이런 일이 생긴 것일까? 이미 앞서 여러 차례 확인한 것과 같이, 잃지 않았기 때문이다.

은퇴 자금 5억 원, 첫해 2,500만 원 인출 이후 연 3% 상승 가정 단위: 만 원

연도	S&P 500 수익률	인출액	잔액	아이비 모델 수익률	인출액	잔액
1998	28.34%	2,500	60,961	12.30%	2,500	53,343
1999	20.89%	2,575	70,580	4.12%	2,575	52,859
2000	-9.03%	2,652	61,792	7.26%	2,652	53,852
2001	-11.85%	2,732	52,062	-0.59%	2,732	50,818
2002	-21.97%	2,814	38,430	3.10%	2,814	49,493
2003	28.36%	2,898	45,607	17.73%	2,898	54,856
2004	10.74%	2,985	47,201	11.13%	2,985	57,644
2005	4.83%	3,075	46,260	8.03%	3,075	58,951
2006	15.61%	3,167	49,821	11.97%	3,167	62,462
2007	5.48%	3,262	49,112	7.48%	3,262	63,628
2008	-36.55%	3,360	29,029	-6.04%	3,360	56,628
2009	25.94%	3,461	32,200	9.98%	3,461	58,473
2010	14.82%	3,564	32,879	15.75%	3,564	63,557
2011	2.10%	3,671	29,821	15.31%	3,671	69,054
2012	15.89%	3,781	30,177	9.66%	3,781	71,578
2013	32.15%	3,895	34,731	3.21%	3,895	69,856
2014	13.52%	4,012	34,873	18.52%	4,012	78,039
2015	1.38%	4,132	31,165	-1.43%	4,132	72,850
2016	11.77%	4,256	30,077	6.57%	4,256	73,100
2017	21.64%	4,384	31,254	13.00%	4,384	77,649
평균	8.70%			평균	8.35%	

손실이 아이비 모델에 미치는 영향 비교 분석-1

돈을 써야 하는 상황에서 투자할 때, 잃는 것의 위험과 잃지 않는 것의 위력을 명확히 확인할 수 있다. 즉, 이것은 우리가 왜 자산배분을 해야 하는지에 대한 매우 설득력 있는 대답이 될 수 있을 것이다. 단순히 평균 수익률만 보고 투자 의사결정을 해서는 안 된다는 말이다. 설령 최악의 MDD를 견뎌내면서도 투자를 포기하지 않을 수 있다고 하더라도, 여전히 잃지 않는 것은 중요하다는 얘기다. 혹시라도 아직도 이것

연도	S&P 500 수익률	인출액	잔액	아이비 모델 수익률	인출액	잔액
2000	-9.03%	2,500	43,210	7.26%	2,500	50,949
2001	-11.85%	2,575	35,820	-0.59%	2,575	48,088
2002	-21.97%	2,652	25,882	3.10%	2,652	46,844
2003	28.36%	2,732	29,714	17.73%	2,732	51,934
2004	10.74%	2,814	29,791	11.13%	2,814	54,587
2005	4.83%	2,898	28,193	8.03%	2,898	55,839
2006	15.61%	2,985	29,143	11.97%	2,985	59,181
2007	5.48%	3,075	27,498	7.48%	3,075	60,303
2008	-36.55%	3,167	15,437	-6.04%	3,167	53,685
2009	25.94%	3,262	15,333	9.98%	3,262	55,455
2010	14.82%	3,360	13,748	15.75%	3,360	60,301
2011	2.10%	3,461	10,503	15.31%	3,461	65,542
2012	15.89%	3,564	8,042	9.66%	3,564	67,965
2013	32.15%	3,671	5,775	3.21%	3,671	66,357
2014	13.52%	3,781	2,263	18.52%	3,781	74,165
2015	1.38%	2,263	0	-1.43%	3,895	69,265
2016	11.77%	0	0	6.57%	4,012	69,541
2017	21.64%	0	0	13.00%	4,132	73,911
1998	28.34%	0	0	12.30%	4,256	78,223
1999	20.89%	0	0	4.12%	4,384	76,881
평균	8.70%			평균	8.35%	

은퇴 자금 5억 원, 첫해 2,500만 원 인출 이후 연 3% 상승 가정   단위: 만 원

손실이 아이비 모델에 미치는 영향 비교 분석-2

이 얼마나 중요한 내용인지 절실히 느끼지 못할까 하여 한 가지 사례
를 더 소개한다.

만약 1998년이 아닌 2000년에 은퇴를 하게 되었다면 어떻게 되었
을까? 분명 그런 사람들도 엄청나게 많았을 것이다. 1998년과 2000
년. 단 2년밖에 차이가 나지 않는다. 설령 별 일이 일어난다 하더라도
그 짧은 시간이 20년이나 되는 긴 시간에 얼마나 영향을 미칠까 하는
생각을 할 수도 있다. 과연 그럴까? 위의 표를 보면 그렇지 않을 수 있

다는 것을 확인할 수 있다. 2000년에 은퇴하여 S&P 500에 투자한 경우, 은퇴 자금은 16년째에 완전히 고갈되었다.

반면에 '아이비(Ivy) 자산배분 모델'로 은퇴 자금을 운용했을 때는, 1998년에 은퇴했을 때와 거의 차이가 없었다. 위험이 적절히 조정되었기 때문이다.

누구나 언제 은퇴할지는 선택할 수 있다. 하지만 은퇴한 후에 어떤 일이 벌어질지는 절대로 알 수가 없다. 단 2년의 차이라도 결코 무시할 수 없을 만큼 치명적일 수 있다. 그저 주식시장은 원래 변동하는 것이 정상이고, 당장 잃더라도 참고 기다리면 언젠가는 반드시 회복하기 때문에 안심해도 된다는, 그런 논리만을 맹신하고 소중한 미래를 위험 속에 던져놓는 일이 제발 없기를 바란다.

예일 대학교 포트폴리오 (데이비드 스웬슨 모델)

하버드 대학교를 비롯한 이 시대 유수 대학들의 자산배분 모델의 시초는 예일 대학교라고 할 수 있다. 그리고 그 중심에는 데이비드 스웬슨이라는 사람이 있다. 아마도 그의 이름을 들어본 사람은 많지 않을 것이다. 대학 기금을 운용하는 사람이니 일반 대중에게 알려질 이유가 별로 없기 때문이다.

데이비드 스웬슨이 예일 대학교의 기금을 운용하기 시작했던 1985년 무렵 대학 기금들은 대부분 주식과 채권에 투자가 되어 있었다. 그 중에서도 60% 이상이 주식에 집중되어 있었다. 그런데 스웬슨은 이런 전통적인 투자 일변도의 자산배분 구성을 다양한 대체 투자들로 바꿔 나가기 시작했다. 이미 하버드 대학의 자산배분 모델에서 설명했듯이 대체 투자 자체가 무조건 우수하다고 말할 수는 없다.

중요한 것은 대체 투자를 이용하는 궁극적인 이유이다. 스웬슨이 이끄는 예일 대학교 기금 운용팀이 매년 발표하는 운용 보고서에는 그들의 투자 철학이 소개되고 있다. 그들은 노벨상 수상자이자 현대 자산배분 이론을 확립한 제임스 토빈과 해리 마코위츠의 포트폴리오 이론에 기반하여 기금 투자를 하고 있다고 했다. 생각보다 뻔한 이야기라서 싱겁게 느껴질 수도 있다. 이전에는 이것이 무슨 이야기인지 몰랐다 하더라도 지금까지 이 책을 읽었다면 왜 자산배분을 이용하여 투자를 해야 하는지 알게 되었을 것이다. 물론 스웬슨은 겉으로 보이는 것보다 훨씬 복잡한 전략들을 통해 매일 기금을 운용해 나가고 있다. 일반인은 물론이고 최고의 경쟁자인 하버드 대학조차도 그를 똑같이 따라할 수는 없을 것이다.

하지만 그가 자산배분을 통해 기금을 운용하는 목적은 우리와 동일하다. 즉, 예상 가능한 범위 내에서 위험을 통제하면서 원하는 수익률을 얻기 위함이다. 예일 대학교의 자산배분 구성은 다른 대학 기금들의 자산배분과도 확연한 차이를 보인다. 우리가 이런 식으로 자산배분을 할 수 있는 가능성은 매우 적지만 참고 삼아 한 번 살펴보도록 하겠다.

지난 30년간 스웬슨 자신도 자산배분 구성을 지속적으로 수정해 나갔다. 아마도 각각의 투자 항목들에 대한 성공과 실패의 경험치가 축적됨에 따라 자신들에게 가장 알맞은 자산배분 구성을 수정해 나갔을 것이다.

이미 언급한 바 있지만 이 내용은 우리에게도 동일하게 적용되어야 할 것이다. 투자 목적, 원하는 수익률, 그리고 그 수익률을 위해 감당해

자산 종류	예일 대학교	타 대학들 평균
절대수익(Absolute Return)	25.1%	21.8%
미국 주식(Domestic Equity)	3.9%	20.7%
채권(Fixed Income)	4.6%	8.7%
해외 주식(Foreign Equity)	15.2%	23.6%
차입매수(Leveraged Buyouts)	14.2%	5.6%
천연자원(Natural Resources)	7.8%	7.8%
부동산(Real Estate)	10.9%	3.2%
벤처 캐피털(Venture Capital)	17.1%	4.8%
현금(Cash)	1.2%	3.8%
	100.0%	100.0%

예일대학교 자산배분 구성(2017년 6월 30일 기준)

낼 수 있는 위험수준 등은 계속해서 변할 수 있기 때문이다. 스웬슨은 이러한 자산배분 모델의 변화를 선도하는 사람이다. 그리고 그런 노력의 가치를 수익률을 통해 증명해 나가고 있다. 다만, 스웬슨도 그의 자산배분 구성이 일반 투자자들에게 적합하지 않음을 분명히 하고 있다. 그는 2005년도에 집필한 자신의 책《Unconventional Success》에서 개인 투자자들을 위한 자산배분 모델을 소개한 적이 있다. 그리고 그 후 10년이 지난 2015년도에 'National Public Radio'와의 인터뷰에서 10년 전 내용이 약간 수정된 자산배분 모델을 다시 소개하였다. 우리는 이 자산배분을 소위 '스웬슨 모델 포트폴리오'라고 부르는데, 그 내용은 다음과 같다.

지난 20년간 이 모델을 사용했다면 다음과 같은 성과를 기대할 수 있었을 것이다(해당 기간 내 데이터 부족으로 인해 분석 목적상 물가연동채권은 미국 중기 채권으로 대체하였다.).

자산 종류	예일 대학교
미국 주식	30%
해외 주식	15%
이머징 마켓 주식	10%
미국 물가연동채권	15%
미국 국채	15%
부동산	15%
합계	100%

스웬슨 모델 포트폴리오

	스웬슨 모델 포트폴리오	S&P 500
20년 평균 수익률	8.63%	8.70%
연 최고 수익률	27.33%	33.35%
연 최저 수익률	-23.19%	-37.04%
MDD	-38.93%	-50.89%
주식시장과 상관관계	0.9	1
주식시장과 상관관계	100.0%	100.0%

스웬슨 모델 포트폴리오와 S&P 500 비교

다른 결과를 보기 전에 주식시장과의 상관관계가 0.9인 것만 봐도 S&P 500과 전체적인 움직임이 비슷할 것으로 예상된다. 아니나 다를까 다른 수치들도 아주 큰 차이를 보이지 않는다. 하지만 연 최저 수익률과 MDD가 10% 이상 개선되었기 때문에 실제 운용 성과 역시 많이 좋아졌을 것으로 예상된다. 그럼 실제로 결과를 확인해 보도록 하겠다. 사례는 아이비(Ivy) 모델과 똑같이 5억 원의 은퇴 자금 중 5%인 2,500만 원을 매년 소득으로 인출하는 상황이다. 물가 상승률 3%로

연도	S&P 500 수익률	인출액	잔액	스웬슨 모델 수익률	인출액	잔액
1998	28.34%	2,500	60,961	8.61%	2,500	51,590
1999	20.89%	2,575	70,580	15.36%	2,575	56,543
2000	-9.03%	2,652	61,792	0.75%	2,652	54,295
2001	-11.85%	2,732	52,062	-2.97%	2,732	50,032
2002	-21.97%	2,814	38,430	-4.11%	2,814	45,278
2003	28.36%	2,898	45,607	27.33%	2,898	53,962
2004	10.74%	2,985	47,201	15.68%	2,985	58,970
2005	4.83%	3,075	46,260	10.46%	3,075	61,742
2006	15.61%	3,167	49,821	17.58%	3,167	68,872
2007	5.48%	3,262	49,112	8.28%	3,262	71,043
2008	-36.55%	3,360	29,029	-23.19%	3,360	51,987
2009	25.94%	3,461	32,200	24.09%	3,461	60,217
2010	14.82%	3,564	32,879	15.37%	3,564	65,360
2011	2.10%	3,671	29,821	3.35%	3,671	63,755
2012	15.89%	3,781	30,177	13.01%	3,781	67,776
2013	32.15%	3,895	34,731	9.67%	3,895	70,059
2014	13.52%	4,012	34,873	12.09%	4,012	74,032
2015	1.38%	4,132	31,165	-1.79%	4,132	68,649
2016	11.77%	4,256	30,077	7.22%	4,256	69,042
2017	21.64%	4,384	31,254	15.78%	4,384	74,861
평균	8.70%			평균	8.63%	

은퇴 자금 5억 원, 첫해 2,500만 원 인출 이후 연 3% 상승 가정 　　　　단위: 만 원

스웬슨 모델 투자 운용 사례

가정했다.

역시 단순히 생각하는 것과는 다른 결과가 나왔다. 평균 수익률은 거의 차이가 없을 정도로 비슷하지만 20년 후 잔액은 스웬슨 모델이 2배 이상 높았다. 이제는 왜 이런 결과가 나올 수 있는지 알 것이라고 생각한다. 버는 것도 중요하지만 장기적인 전략에서 잃을 때 적게 잃는 것이 얼마나 중요한 것인지를 다시 한 번 확인할 수 있었다.

스웬슨 모델 포트폴리오는 아이비 모델보다는 조금 더 공격적인 포

트폴리오다. 단순 평균 수익률 등에서 더 좋은 결과를 보여주기 때문에 가격이 상승할 때는 더 유리하다고 볼 수 있다. 하지만 가격이 하락할 때의 방어 능력은 아이비 모델에 비해 많이 떨어진다. 일반화시킬 수 있는 결과는 아니지만 사례 분석에서 보면 2017년도의 잔액도 아이비 모델이 더 많다. 물론 앞으로의 결과가 어떻게 될지는 절대 알 수 없다. 그렇다 하더라도 이 기간 동안 경험했던 두 번의 대폭락을 놀라울 정도로 잘 방어하면서도 가격 상승의 기회를 놓치지 않았기 때문에 대다수의 일반 투자자들에게는 아이비 모델이 더 적합할 것이라고 생각한다.

앞으로 자산배분 모델들을 몇 가지 더 소개할 것이다. 누누이 얘기했지만, 어떤 자산배분이 가장 좋다고는 말하기 어렵다. 다만 자산배분의 목적이 단순히 수익률을 극대화하는 것이 아니라, 투자 성공 가능성을 높이는 데 있다는 것을 반드시 기억하자. 내가 감당할 만한 위험 안에서 최선의 수익을 얻을 수 있게 해주는, 그런 자산배분 모델이 나에게 가장 좋은 것이다.

60/40 포트폴리오

투자 전문가들을 만나서 상담할 때 가장 흔히 듣게 될 자산배분 구성이 바로 60/40 모델이 아닐까 한다. 그 내용도 매우 간단하다. 주식과 채권의 비율을 60대 40으로 투자하는 것이다. 부동산 등 다른 어떤 대체 투자도 고려되지 않았지만 가장 쉽게 실행할 수 있다는 장점이 있다. 그렇다면 이 모델의 지난 20년간의 투자 성과는 어땠는지 간단히 살펴보도록 하겠다.

	60/40 포트폴리오	S&P 500
20년 평균 수익률	8.33%	8.70%
연 최고 수익률	19.88%	33.35%
연 최저 수익률	-13.22%	-37.04%
MDD	-26.90%	-50.89%
주식시장과 상관관계	0.88	1

60/40 포트폴리오와 S&P 500 비교

자산배분의 간결함에 비해 꽤나 괜찮은 성과를 얻을 수 있었던 것 같다. 실제로 어떤 결과를 얻을 수 있을지 확인해 보기 위해 아이비 및 스웬슨 모델 분석을 위해 사용했던 사례로 비교해 보도록 하겠다. (은퇴 자금 5억 원, 최초 연 2,500만 원 인출 후 매년 3%씩 인출액 인상)

	아이비	스웬슨	60/40	S&P 500
20년 후 잔액 A	77,649	74,861	66,025	31,254
20년 후 잔액 B	76,881	62,579	41,853	0

각 자산배분 모델의 20년 후 투자 운용 잔액 비교-1

'20년 후 잔액 A'는 1998년부터 자금을 운용한 결과이고, '20년 후 잔액 B'는 2000년부터 자금을 운용한 결과이다. 이미 앞서 살펴본 것처럼 2000년부터 자금을 운용한 경우 S&P 500은 16년째 되는 해에 자금이 모두 고갈되어버렸다. 60/40 포트폴리오는 전체적으로 S&P

500보다는 훨씬 좋은 결과를 보여줬지만, '잔액 B'의 경우 아이비 모델 및 스웬슨 모델과의 격차가 상당히 커지는 것을 확인할 수 있었다. 이미 여러 번 반복해서 이제 말할 필요도 없을 것 같지만, 이런 결과의 원인은 운용기간 중 발생한 손실 때문이다. 만약 운용기간 내내 손실이 없거나 있더라도 매우 미미하다면 모든 결과는 완전히 바뀔 수도 있다. 하지만 전체 운용기간이 길어질수록 손실을 경험할 가능성은 높아질 것이다. 기억해야 할 것은, 단 한 번의 큰 손실만으로도 남은 기간 동안 절대로 회복할 수 없는 큰 상처를 입을 수도 있다는 사실이다.

올웨더(All Weather) 포트폴리오

대학 기금 운용에 데이비드 스웬슨이 있다면 헤지펀드 운용에는 레이 달리오가 있다. 레이 달리오는 미국 최대 헤지펀드인 브리지워터(Bridgewater Associates, LP)를 설립한 사람이다. 현재 그가 운용하는 돈은 1,630억 달러(약 180조 원) 정도로 하버드 대학 기금의 4배, 예일 대학 기금의 5배가 넘는 어마어마한 규모이다. 하지만 스웬슨과 마찬가지로 레이 달리오는 대중에게는 그리 알려져 있지 않았다. 미국에서 가장 대중적인 자기계발 전문가 중의 하나인 토니 로빈스가 2014년에 집필한 책《머니: 부의 거인들이 밝히는 7단계 비밀(MONEY Master the Game)》에 소개되기 전까지는 말이다. 사실 레이 달리오는 대중들에게 알려질 필요도 없었고, 알려질 만한 계기도 별로 없었다. 그의 주요 고객들은 전부 공무원 퇴직 연금과 같은 연기금들과 앞서 살펴봤던 대학 기금 및 주정부 기금과 같은 기관 투자자들이기 때문이다.

자, 이제 우리는 토니 로빈스가 왜 그렇게 레이 달리오의 투자 비법을 자신의 책에 소개하고 싶었는지 눈치를 챌 수 있을 것 같다. 그가 운용하는 연기금들의 공통적인 투자 목적은 무엇일까? 우선 잃어서는 안 될 것이다. 하지만 물가 상승률보다는 더 높은 수익률이 필요하다. 우리는 이 동일한 투자 목적을 대학 기금 운용을 살펴보면서 이미 확인했다. 그런데 레이 달리오는 이런 투자 목적을 가진 기금들을 운용하는 사람 중에 가히 1인자라고 해도 과언이 아니다. 즉, 그는 위험을 조절하며 투자하는 것에 최고의 전문가라는 말이다. 그의 조언은, 대부분의 개인 투자자들에게 가장 현실적인 대안이 될 수 있다는 것이다.

2010년, 내가 살고 있는 펜실베니아 주의 주정부는 공립학교 직원 퇴직 연금의 일부를 브리지워터에 맡겨 운용하기로 결정했다. 당시 주정부 보고서를 보면 브리지워터에게 연금 운용을 맡기고자 하는 이유가 'All Weather Fund' 때문이라고 되어 있다. 그러면서 'All Weather Fund'의 투자 철학과 전략에 대해 자세히 기술을 해놓고 있다. 지금은 토니 로빈스 덕분에 이 전략이 대중들에게도 많이 알려지게 되었는데, 이름에서도 알아차릴 수 있듯이 불황이든 호황이든 언제나 안심하고 투자할 수 있는 전략이라는 것이다. 즉, 잃더라도 손실을 최소화하면서 물가 상승률 이상으로 꾸준히 수익을 만들어낸다는 전략이다. 하지만 일반인은 레이 달리오가 직접 운용하는 'All Weather Fund'에 투자할 수 없기 때문에, 그는 친절하게도 '올웨더 포트폴리오(All Weather Portfolio)'라는 이름으로 개인들이 투자할 수 있는 자산배분 구성을 알려줬다. 그 세부 내용은 다음과 같다.

자산 종류	배분 비율
미국 주식	30%
미국 중기 국채	15%
미국 장기 국채	40%
원자재	7.5%
금	7.5%
합계	100%

올웨더 포트폴리오

그럼 앞서 소개된 다른 자산배분 모델들과 비교하여 어떤 성과를 기대할 수 있는지 확인해 보겠다. (해당 기간 내 데이터 부족으로 인해 분석 목적상 원자재는 금으로 대체하였다.)

	올웨더 포트폴리오	S&P 500
20년 평균 수익률	7.65%	8.70%
연 최고 수익률	14.90%	33.35%
연 최저 수익률	-1.90%	-37.04%
MDD	-12.66%	-50.89%
주식시장과 상관관계	0.47	1

올웨더 포트폴리오와 S&P 500 비교

레이 달리오는 위험 관리 최고의 전문가답게 매우 놀라운 포트폴리오를 선물해주었다. 다른 포트폴리오들에 비해 평균 수익률은 조금 낮았지만 MDD 수치는 S&P 500보다 무려 38.23%나 개선된 결과를 볼

부자들의 비밀노트

수 있다. 20년간 손실이 두 번 밖에 없었다는 것도 대단하지만, 더욱 놀라운 것은 최악의 손실도 겨우 -1.90%밖에 되지 않았다는 것이다. 더욱이 이 손실이 2008년 금융위기에 발생한 것도 아니었다. 2008년 도에는 오히려 0.63%의 이익이 발생했다.

20년 후 잔액에서도 매우 안정적인 결과를 보여준다. 손실이 잘 발생하지 않고, 설령 손실이 발생한다 해도 그 정도가 미미하기 때문에, 언제 은퇴를 한다 하더라도 큰 걱정을 하지 않아도 될 것 같다. 잔액 B의 경우(2000년 인터넷 버블 붕괴 시 은퇴 가정) 올웨더 포트폴리오보다 잔액이 많은 것은 아이비(Ivy) 모델밖에 없는 것을 확인할 수 있다. 이 정도라면 'All Weather'라는 도전적인 이름을 쓰는 것을 트집잡을 만한 사람이 별로 없을 것 같다.

단위: 만 원

	아이비	스웬슨	60/40	올웨더
20년 후 잔액 A	77,649	74,861	66,025	66,330
20년 후 잔액 B	76,881	62,579	41,853	63,635

각 자산배분 모델의 20년 후 투자 운용 잔액 비교-2

최적의 자산배분 모델

이미 언급했다시피 최적의 자산배분 모델을 찾는 것은 쉽지 않은 일이다. 지금까지 살펴본 자산배분 모델들의 분석 결과는 최고라 불리기에 부족함이 없을 만큼 훌륭했다고 생각한다. 하지만 지금까지 보여준 결과를 근거로 앞으로의 결과를 무조건 확신할 수는 없다. 그 이유는 자산배분 구성을 결정하는 데 사용되는 여러 요인들이 변동적일 수 있기 때문이다.

여러 번 반복한 얘기지만, 자산배분의 가장 중요한 요소인 자산간의 상관관계(Correlation)도 변할 수 있다. 그리고 국가의 장기적인 경제 전망, 신용도, 신기술 개발, 자원 문제 등에 따라 투자자산의 투자 가치 자체도 계속해서 달라질 수 있다. 문제는 이 모든 내용들을 정확히 예측하여 자산배분 구성을 수정해 나가는 것은 거의 불가능하다는 것이다. 하지만 전체적인 추이를 분석하는 것은 완벽하지는 못할지라도 불가능하지는 않다.

경제는 전쟁이나 정치 문제, 심지어 지진이나 쓰나미같은 자연 재해에 의해서도 큰 영향을 받기 때문에 단기적인 예측은 거의 무의미에 가까울 때가 많다. 하지만 5년, 10년, 20년과 같이 장기적인 관점에서 봤을 때는 지속적인 변화의 흐름을 읽어낼 수 있기 때문에, 그에 따라 자산배분이 적절한지를 판단해 나갈 수 있을 것이다.

하지만 이런 외부적인 요인이 변하지 않는다 하더라도 투자자 자신의 상황이 변할 수 있다는 것을 기억해야만 한다. 앞서 소개된 자산배분 모델 외에도 수없이 많은 자산배분 전략들이 존재한다. 아마도 그 전략들 중 10가지만 엄선해서 소개를 한다고 하더라도 책 한 권 분량은 족히 나올 수 있을 것이다. 그렇다면 이들 중 모두에게 최적이라고 말할 수 있는 전략이 있을 수 있을까? 그런 것은 없다. 물론 특정 연령대, 공통적인 투자 목적 및 투자 성향 등을 근거로 몇몇 자산배분 모델이 선별될 수는 있을 것이다. 하지만 당신의 투자 목적이나 투자 성향도 충분히 변할 수 있다. 아니, 지속적으로 수정해 나가야 할 필요가 있다는 말이 더 맞을 것이다. 즉, 다른 사람들은 차치하고 당신 한 사람만 생각한다고 하더라도 단 하나의 완전무결한 자산배분 모델은 존재하기 어렵다.

따라서 최적의 자산배분을 찾는 것은 지속적으로 검토와 수정의 노력이 필요한 일이라고 할 수 있다. 물론 당연히 현재 자신에게 가장 알맞은 포트폴리오를 찾는 것이 우선되어야 하겠지만 말이다. 이때 항상 잊지 말아야 할 것은, 자산배분의 가장 중요한 목적이 무엇인가이다. 그것은 당신이 궁극적으로 투자에 성공할 수 있도록 위험을 조절해내는 것이다. 감당할 수 있는 한도 내에서만 투자한다면, 설령 수익률이 조금 떨어진다 하더라도 투자에 실패할 위험은 현저히 줄일 수 있다.

그런데 성공적인 투자를 위해 해야 할 일이 한 가지 더 있다. 최적의 자산배분만 찾아내는 것으로는 충분치 않다는 것이다. 당신이 찾아낸 최적의 자산배분이 계속해서 '최적'으로 만들기 위해서는, 지속적으로 자산배분 구성들의 성과를 검토해 나가야 한다. 그러면 어느 순간 그 '최적의 자산배분'이 달라져 있는 것을 발견하게 될 것이다. 당신은 아무 것도 하지 않았는데 말이다. 이런 일은 분명히 일어난다. 그러면 어떻게 해야 할까? 당연히, 다시 '최적'의 상태로 돌려놓아야 하지 않겠는가. 이렇게 하는 작업을 우리는 '리밸런싱(Rebalancing)'이라고 부른다.

리밸런싱

어떤 회사의 주식에 투자했다고 하자. 바쁘게 살다 보니 투자한 주식이 어떻게 되고 있는지 신경 쓸 새도 없이 살고 있는데, 어느 날 우연히 그 회사가 뉴스에 나오는 것을 보게 되었다. 주식이 많이 올랐다는 것이다. 갑자기 동공이 확장되고 심장이 뛰기 시작한다. 뭔가 큰 일을 해냈다는 뿌듯함도 생긴다. 이 날부터 매일 주식 값을 확인하기 시작한다. 꽤나 스릴 있는 삶이 시작된 것이다. 주식이 오르면 기분 좋고 떨어지면 우울해진다. 하지만 다행히 오르는 날이 더 많다. 그렇게 1년이 흐른다. 돌아보니 주식이 꽤나 많이 올랐다. 그런데 갈수록 이런 투자 격언이 생각난다.

> **쌀 때 사서 비쌀 때 팔아라.**
> **(바닥에서 사서 천장에서 팔아라)**

이 말을 반대로 풀어보면 가격이 많이 올랐을 때 팔아서 이익을 남기고, 그 이익금으로 가격이 저렴한 것을 찾아 다시 사라는 의미이다. 생각해보면 대단한 전략이랄 것도 없이 너무 상식적인 것 아닌가.

그런데 언제 팔아야 하는 걸까? '비쌀 때'가 도대체 언제인지 어떻게 안다는 말인가. 혹시라도 팔았는데 계속 가격이 오른다면? 정말 모르겠다. 사실 그 누가 가장 비쌀 때를 정확히 알 수 있을까. 매일 뉴스에서는 주식 전망이 쏟아지지만, 그 전망이 맞는 경우는 별로 없다. 그냥 가만히 있을까? 어차피 주식은 장기투자 아닌가. 하지만 주식이 갑자기 확 떨어지면 어떡하지? 정말 그런 일이 일어나면, 과연 내가 견뎌낼 수 있을까? 가족들도 많이 불안해 할 텐데. 이쯤에서 팔아야 하나? 하지만 그러자니 주식이 더 오를까 봐 망설여진다. 아, 힘들다. 그런데 그때 조금은 위안이 되는 투자 격언을 알게 되었다.

무릎에서 사서 어깨에서 팔아라.

그래, 이 정도는 할 수 있을 것 같다. 최정상을 모를 수도 있지만, 내리막길은 알 수 있지 않겠나. 이전보다 떨어지는 분위기가 심상치 않으면, 그때 팔면 되는 것이다. 그리고는 주식이 더 많이 떨어졌을 때 다시 사는 것이다. 아니, 밑바닥도 알 수 없으니 계속 떨어지다가 다시 오르기 시작할 때 사면 될 것이다. 정말 이보다 더 합리적인 전략은 없는 것 같다.

그런데 내리막길인 줄 알았는데 그게 아니었다면 어떡하나? 내가 팔자마자 다시 주식이 막 올라가면 어떡하냐는 말이다. 정말 정신분열이 일어날 지경이다.

사실 무릎에서 사서 어깨에서 파는 것을 지속적으로 해낼 수만 있다면, 지금까지 눈이 충혈되도록 집중해서 살펴본 자산배분 같은 전략은 필요 없을 수도 있다. 정말 그럴 수만 있다면 말이다. 그런데 그것이 그렇게 간단한 일이었다면 세계 최고의 투자 전설들도 늘 그렇게 하지 못하는 것이 설명이 되지 않는다. 그들도 장담하지 못하는 일을, 내가 해낼 수 있으리라는 근거는 너무 빈약하다. 그것도 지속적으로 말이다. 그리고 주식시장은 '제로섬(Zero sum)' 게임이기 때문에 모든 투자자가 동시에 이런 전략으로 돈을 벌 수는 없다.

말하자면 무릎에서 사려면 누군가 무릎에서 팔아 줘야 하고, 어깨에서 팔려면 누군가 기꺼이 비싼 값에 사줘야 한다. 그런데 이런 일은 계속 일어나고 있다. 어디가 무릎인지 어디가 어깨인지 모르기도 하고, 따지지 않는 경우도 무수하기 때문이다. 다만, 그렇게 반대로 하는 사람이 나일 수도 있다는 것이 문제일 뿐이다. 사실 싸게 사거나 비싸게 파는 것 중 하나만 할 수 있어도 훌륭할 것이다.

물론 이기는 게임을 위한 연구는 계속되고 있다. 그리고 그 중에는 이기는 확률을 높일 수 있는 상당히 합리적인 전략들도 분명히 있다. 자산배분 전략도 그 중 하나라고 할 수 있다. 지금까지 살펴본 내용을 다시 한 번 요약하자면, 자산배분은 위험을 낮추면서 물가 상승률 이상의 수익을 안정적으로 만들어내기 위한 전략이다. 실제로 우리는 그렇게 할 수 있다. 그런데 사실 자산배분의 탁월함은 여기에만 한정된 것이 아니다. 자산배분 전략을 제대로 이용하면, 우리는 싸게 사서 비싸게 파는 전략을 실현시킬 수 있다. 그것도 지속적으로 말이다. 이것을 가능하게 해주는 작업이 바로 리밸런싱(Rebalancing)이다.

리밸런싱을 번역하자면 '자산배분 재조정' 정도가 알맞을 것 같다. 쉽게 말하자면 처음에 구성했던 자산배분 비율이 시간이 지나면서 바뀌어 갈 때, 이를 다시 처음 비율로 조정해 놓는다는 것이다. 그래도 무슨 말인지 감이 안 잡힐 수 있으니 아이비(Ivy) 모델을 갖고 살펴보도록 하겠다. 만약 2017년 초에 1억 원을 아이비 자산배분 모델로 투자했다면 처음에는 이런 모습이었을 것이다.

단위: 만 원

자산 종류	배분 비율	자산 배분액
주식	35%	3,500
채권	45%	4,500
부동산	10%	1,000
천연자원	10%	1,000
합계	100%	10,000

2017년 초 아이비(Ivy) 자산배분 모델

당연하겠지만 2017년도에 각 자산별 수익률은 서로 달랐다. 그 결과 2017년 말 자산배분 비율에도 약간의 변화가 생기게 되었다. 다음과 같이 말이다.

단위: 만 원

자산 종류	연초 배분 비율	연초 자산 배분액	2017년 수익률	연말 자산 배분액	연말 배분 비율
주식	35%	3,500	21.05%	4,237	37%
채권	45%	4,500	8.60%	4,887	43%
부동산	10%	1,000	4.83%	1,048	9%
천연자원	10%	1,000	12.81%	1,128	10%
합계	100%	10,000		11,300	100%

2017년 말 아이비(Ivy) 자산배분 모델

2017년에는 모든 자산에 걸쳐 골고루 성과가 좋았지만 주식과 천연자원의 수익률이 채권, 부동산보다 훨씬 좋았다. 그 결과 연말 배분 비율 역시 성과에 따라 달라지게 되었다. 리밸런싱은 이렇게 달라진 배분 비율을 처음으로 되돌려 놓는 것이다. 그렇게 하려면 어떻게 해야 할까? 그리고 도대체 왜 이런 일을 해야 하는 것일까?

리밸런싱을 하는 방법은 아주 간단하다. 처음보다 비율이 올라간 자산을 팔아서 비율이 떨어진 자산을 사면 된다. 즉, 37%로 비율이 올라간 주식은 2%를 팔아서 35%로 낮추는 것이다. 그런 후 주식을 판 돈으로 채권 2%, 부동산 1%를 사서 메꾸면, 1년 전 자산배분 비율과 같게 될 것이다.

정말 단순한 일 아닌가? 하는 일에 비해서 리밸런싱이라는 이름이 너무 거창하지 않나 하는 생각도 든다. 그렇다면 왜 이런 일을 하는 것일까? 자, 다시 한 번 상황을 잘 들여다보기를 바란다.

연말에 주식 비율이 올라간 이유는 1년간 주식이 21.05%라는 매우 높은 수익을 올렸기 때문이다. 덕분에 전체 수익률은 13%를 기록하면서 연말 자산액도 늘어났다. 그런데 리밸런싱을 함으로써 이렇게 오른 수익 중 2%, 즉 226만 원어치 주식을 팔아 채권과 부동산에 배분을 하게 된 것이다. 지금 무엇을 하고 있는 것인가? 가격이 올라갔을 때, 즉 비쌀 때 팔아서 이익을 챙긴 것이다. 그리고는 상대적으로 수익성이 떨어지는 자산을 구입했다.

이 과정을 간단히 정리하자면, 리밸런싱은 우리 스스로는 해내기 어려웠던 '비쌀 때 팔고 상대적으로 쌀 때 사는 전략'을 실행하는 것이다. 만약 주식이 떨어지고 채권이 오른 경우라면 어떨까? 적절한 시기에 리밸런싱을 하면, 비싼 채권을 팔아서 저렴한 주식을 사게 될 것이다. 투자의 대가들이 늘 외치던 그 전략을 아주 체계적으로 실행하게 된다는 말이다.

앞서 사례 분석으로 보여준 모든 결과들은 매년 리밸런싱을 했다는 가정 하에 도출된 결과들이었다. 만약 리밸런싱을 하지 않았다면 어땠을까? 아이비 자산배분 모델로 그 결과를 비교해보도록 하겠다.

단위: 만 원

아이비 모델	매년 리밸런싱	No 리밸런싱
20년 평균 수익률	8.35%	7.48%
연 최고 수익률	18.52%	17.93%
연 최저 수익률	-6.04%	-5.95%
MDD	-19.06%	-17.27%
주식시장과 상관관계	0.65	0.59
20년 후 잔액 A	77,649	57,883
20년 후 잔액 B	76,881	53,714

아이비 자산배분 모델

2017년의 리밸런싱에서도 봤듯이 매년 자산간 배분비율 조정폭은 대부분 1~3% 정도밖에 되지 않을 것이다. 어떻게 보면 별로 눈에 띄지 않을 만큼의 변화일 수도 있다. 쉽게 말해서 10만 원, 100만 원 단위에서 반올림하는 정도밖에 되지 않을 수도 있다. 그런데 이런 작은 변화가 후에 이토록 큰 차이를 가져다줄 수 있다는 것은 참 많은 것을 생각하게 한다. 연평균 수익률도 차이를 보이기는 했지만 0.87% 정도였다. 그런데 20년 후 잔액 차이는 무려 2억 원을 상회하는 수준이었다. 이 정도면 그 어떤 전략과 비교해도 그 중요성이 작게 느껴지지 않을 것 같다.

예전 미국 회계법인에 근무하던 시절 보스가 하던 말이 생각난다.

'They don't know what they don't know.'

사람들은 그들이 뭘 모르고 있는지를 모를 수도 있다는 말이다. 사실 이것이 가장 경계해야 할 것이 아닐까 생각된다. 뭘 모르는지 알기만 해도 개선이나 발전의 여지가 있을 것이다. 하지만 뭘 모르는지도 모른다면, 개선의 시작조차 미지수일 수 있다. 질문조차 없을 수 있기 때문이다.

이 책은 투자나 자산배분만을 주제로 한 책이 아니다. 이 외에도 여러 가지 다루어야 할 중요한 내용들이 많았기 때문에 이 주제를 가능한 한 간략하게 다뤄야겠다고 생각했다. 사실 내가 미국 회계법인 근무 시절에 전문으로 담당했던 분야는 부동산 사모펀드(Private Equity) 투자였다. 이 내용은 하버드나 예일 대학의 자산배분 중 사모펀드와 같은 대체 투자를 설명하는 데 아주 중요한 내용이 될 수 있었을 것이다. 눈길을 끌 만한 높은 수익률과 안정성을 모두 잡을 수 있는 실제 투자 사례들도 소개할 수 있었다. 하지만 우리가 원하는 만큼 성공을 못하거나 돈을 많이 모으지 못하는 이유가 한두 가지 고급 정보를 몰라서였기 때문이라고는 생각하지 않는다. 그래서 크게 미련을 두지 않고 이 책에 포함시키지는 않았다. 다른 기회를 통해서 소개할 기회가 많이 있을 것이다.

그런데 그럼에도 불구하고 자산배분에 대한 내용은 예상보다 자세히 다룬 것 같다. 그럴 수밖에 없었다. 그만큼 중요한 내용이기 때문이다. 적어도 주식이나 부동산 같은 투자 자산에 대해서는 알고 싶은 것이 차고 넘쳐서 계속 질문할지 모르지만, 자산배분이나 MDD, 리밸런싱 같은 내용에 대해서는 대부분 질문할 가능성조차 없을 수 있기 때문이다. 왜 계속 실패하는지 진짜 이유를 모른 채 살아간다면, 그 이유를 알면서 지켜보는 이의 마음은 정말로 안타깝지 않겠는가.

이제 다음 장에서 이런 내용을 한 가지 더 다루려고 한다. 정말 중요한 내용이지만, 그리고 심지어 사람들이 많이 신경 쓸 만한 문제임에도 불구하고 가장 무시당하고 있는 주제라고 생각한다. 그것은 다름아닌 투자 상품의 수수료다.

요즘 자동차 기름값은 얼마인가? 한 달 난방비는? 커피값은? 우유한 팩은? 아마도 대부분은 거의 정확히 대답할 수 있을 것이다. 그럼 대상을 좀 바꿔보자. 혹시 투자하고 있는 뮤추얼 펀드가 있는가? 그렇다면 그 펀드와 관련된 수수료 및 제반 비용에 총 얼마나 내고 있는지 바로 대답할 수 있는가?

만약 잘 모르겠다고 해도 너무 자책할 필요는 없다. 이 문제에 대해 정확히 대답할 사람은 거의 없을 것이기 때문이다. 하지만 이것이 몰라도 된다는 얘기는 아니다. 반드시 알아야 한다. 이제 그 이유에 대해서 자세히 살펴보도록 할 것이다.

수수료는
절대로
참고사항이
아니다

위험요소 #4
수수료 및 투자 비용을
무시하는 위험

작은 것에 주의하라.

작은 구멍이 큰 배를 가라앉게 할 수 있다.

— 벤자민 프랭클린

작은 차이가 만들어낸 결과

미국에 온 지 얼마 되지 않았을 때의 일이다. 당시 나는 장롱면허만 10년간 갖고 있던 초보 운전자였다. 그런 사람이 한국도 아닌 모든 것이 낯선 미국에서 운전을 하고 다니려니 운전하는 것이 보통 스트레스가 아니었다. 그날은 아내가 수업을 마친 후에 함께 조금 먼 곳까지 운전해서 가야 할 일이 있었다.

먼 길을 가야 하니 연료를 충분히 채워야겠다고 생각했던 것 같다. 나는 동네는 좀 낯설지만 미리 검색해 놓은 저렴한 주유소까지 찾아가서 연료를 가득 넣었다. 그리고는 드디어 목적지로 가기 위해 운전을 시작했다. 당시에는 GPS가 없던 터라 인터넷으로 미리 지도를 프린트해서 갖고 다니곤 했는데, 그 날도 아내와 나는 도로 이정표와 지도를 번갈아 보면서 정신없이 운전을 했다.

그런데 차츰 뭔가 잘못된 것 같은 느낌이 들기 시작했다. 갑자기 큰 다리를 건너더니 알 수 없는 도시들의 이정표가 마구 나오는 것이었다. 그래도 확신이 들지 않아서 그냥 계속 달리고 있는데, 드디어 아는 도시 이름이 보였다. 'Atlantic City'.

아뿔싸! Atlantic City는 뉴저지 해변에 있는 도시다. 내가 고속도로를 탈 때, West로 가야 하는 것을 East로 나가버린 것이었다. 당황해서 아무 출구로 나와서 한 백인 할머니에게 여기가 어디냐고 물어봤더니 그 할머니는 이렇게 말했다.

'Welcome to New Jersey!'

저녁에 무사히 일을 마치고 집에 돌아오니, 연료는 절반으로 줄어들어 있었다.

손해보고 살 수는 없다

자동차 연료를 넣을 때 조금이라도 싼 곳이 없는지 찾아다닌 경험이 있을 것이다. 그렇게 찾아다닐 정도는 아니더라도, 방금 주유를 하고 나왔는데 조금 가다 보니 몇 원 저렴한 주유소를 보게 되면 기분이 썩 좋지는 않을 것이다. 우리가 생각보다 절약 정신이 투철한 것일까? 사실 따지고 보면 그렇게 아낀 돈이 큰 돈이라고 보기는 어렵다. 하지만 사람들은 그 몇 원, 몇 센트에도 나름 민감하게 반응한다. 그 진짜 이유는, 사람들은 아무리 작은 돈이라도 손해보는 것은 무척 싫어하기 때문이다.

정말 급한 경우가 아니라면 다른 곳에서 더 싸게 살 수 있는 것을 굳이 비싸게 사려는 사람은 별로 없을 것이다. 쇼핑에 중독된 사람들도 너무 싸기 때문에 사는 것이다. 그들도 나름 가격 비교에 많은 신경을 쓴다는 말이다.

더 싸게 살 수 있는데 비싸게 사게 되면 손해를 봤다는 느낌을 받게 된다. 우리는 쓸데없는 것을 사서 집에 묵혀 두는 것보다도 손해 보는 것을 더 싫어한다. 왜냐하면 그것은 일종의 상처가 되기 때문이다. 억울한 느낌을 받을 수도 있고, 멍청하게 당했다는 자책감이 들 수도 있다.

이런 사람의 심리는 마케팅에도 유용하게 사용되곤 한다. 미국의 대형 쇼핑몰들은 대부분 'Price Match', 또는 'Price Guarantee'를 외치고 있다. 이것은 만약 다른 대형 쇼핑몰에서 더 싼 값을 발견하면 그 값을 맞춰주겠다는 약속이다. 이런 약속이 있으면 사람들은 쇼핑을 하면서 안심을 하게 된다. 적어도 손해볼 염려는 안 해도 되기 때문이다. 쇼핑몰 입장에서는 자칫 가격 때문에 뺏길 수 있었던 고객을 잡아둘 수 있는 효과를 기대할 수 있다. 이것이 중요한 이유는, 그렇게 남게 된 고객이 다른 상품도 함께 살 가능성이 많기 때문이다.

그런데 이런 얘기를 왜 여기에서 하고 있는 것일까? 한참 고개를 끄덕이며 책을 읽고 있는 중이었을 수도 있지만, 사실 이 얘기들은 오히려 다음 장의 주제에 더 어울리는 것 같아 보인다. 하지만 지금 이 내용은 분명 투자와 관련된 이야기이다. 그럴 뿐만 아니라 매우 중요한 내용이다. 그 이유는 대부분의 투자자들이 상대적으로 크게 신경 쓰지 않는 내용이기 때문이다.

투자 상품은 공짜가 아니다

6장을 마무리하면서 한 가지 질문을 했다. 다시 한 번 질문해보겠다. 뮤추얼 펀드에 투자할 때 비용이 얼마나 드는지 알고 있는가? 즉, 펀드를 사는 값이 얼마인지를 정확히 알고 있느냐는 것이다. 사실 큰 기대를 하고 물어본 것은 아니다. 앞서 말했듯이, 이것을 확실하게 대답할 수 있는 투자자는 그리 많지 않을 것이다.

어떻게 보면 정말 놀라운 일이 아닐 수 없다. 기름값 10원 차이에도 주유소를 옮기는 수고를 하는데도, 펀드는 얼마에 사는지 잘 모르기도 하고 크게 대수롭지 않게 생각하는 경우가 많기 때문이다. 그런데 갑자기 궁금해지고 있지는 않은가? 세상에 누가 공짜로 일을 해줄까. 투자 상품을 관리해주는데 당연히 수수료 또는 관리비용 등이 발생할 것이다. 금융기관이 아무 대가 없이 일하지는 않는다. 그러면 그 대가는 누가 지불할까? 당연히 당신이다.

여하튼, 도대체 왜 유독 이 투자 비용에 대해서는 그렇게 관대한 것일까?

우선 당신은 이런 수수료나 투자 비용에 대해서 청구서를 받아 본 적이 없다. 본인이 자동이체를 설정해서 내고 있는 전기세나 휴대폰 요금들도 시간이 지나다 보면 무감각해지기 십상이다. 그런데 애초에 청구서도 없고, 청구된 금액이 얼마인지도 명확하지 않고, 심지어 독촉도 하지 않는 비용을 그 누가 비용이라고 절절히 느끼며 살아갈까. 그렇지만 분명한 것은, 당신은 비용을 지불하고 있다. 그것도 상당한 액수의 비용을 말이다.

비용이 든다는 걸 안다고 하더라도 그것은 내가 어떻게 할 수 있는 것이 아니라고 생각하기 쉽다. 말하자면, 내가 깎을 수도 없고 쇼핑할 수도 없는, 어떤 면에서는 그저 받아들여야만 하는 비용으로 생각할 수 있다는 것이다. 여기에는 그렇게 큰 금융기관이 어련히 알아서 잘 해주지 않을까 하는 믿음도 바탕이 될 수 있다. 무엇보다도 당신에게 너무도 정성을 다하여 서비스를 해주는 금융기관 직원이, 당신이 알아야 할 내용을 말해주지 않을 이유가 없다라고 믿고 있기 때문에 묻지 않고 있을 수도 있다.

하지만 가장 큰 이유는 보통 투자에 있어서 가장 중요한 것은 누가 뭐라 해도 수익률이라고 생각하기 때문이 아닐까 한다. 예를 들어, 10% 수익을 얻을 수 있을 것으로 기대하는 상황에서 설령 수수료가 2~3% 정도 붙는다고 투자를 포기할 사람은 많지 않을 것이다. 그런데 여기에는 중요한 문제가 하나 있다. 그것은 이런 상황에서도 여전히 본인이 얻을 수익이 10%라고 착각하기 쉽다는 것이다. 무슨 말인지 어리둥절할 수도 있지만, 이것은 아주 간단한 초등학교 산수 문제이다. 10% 수익을 얻고 거기에서 2~3% 비용을 지불하면, 당연히 순수익(Net gain)은 7~8%가 될 것으로 생각해야 한다. 그런데 수수료가 얼마인지도 잘 모르는 사람이 이렇게 생각할 수 있을지는 의문이다.

아직까지도 이것이 뭐 그리 대단한 문제인지 실감이 잘 안 날 수도 있다. 사실 2~3%의 수수료는 그렇게 호들갑을 떨 만한 정도는 분명 아니다. 투자금이 100만 원이라면 수수료는 2~3만 원에 불과하다. 물론 투자금이 커지면 꽤나 신경 쓰일 수는 있지만, 그래도 수수료 이상으로 얻게 될 수익을 생각하면 대수롭지 않을 수 있다.

그런데 이제 그 생각이 바뀌게 될 것이다. 아니, 바뀌어야만 한다. 수수료를 비롯한 모든 투자 비용이 당신의 미래를 얼마나 다르게 그려낼 수 있는지를 확실히 알아야 한다. 이것은 주유소에서 기름값을 아끼는 것과는 차원이 다른 문제이다. 오늘도 그동안 쌔려보고 있던 상품이 혹시나 세일하고 있지는 않은지 기대하며 인터넷을 몇 시간이고 기꺼이 항해하고 있었다면, 지금 이 투자 비용 문제에 대해서 그 노력의 반이라도 기울여 주기를 바란다. 수수료는 절대로 참고사항이 아니다.

1%의 기적

수수료 자체는 정당한 것이다

상점의 모든 물건들에는 가격이 붙어 있다. 그 가격은 원가나 유통비용 등에 근거해서 정해질 것이다. 그런데 가격을 결정하는 것에 그런 요소만 있는 것은 아니다. 희소성, 기술력, 기대하는 결과 또는 브랜드 가치. 예를 들면 기념 주화, 3대째 전수되어 온 비밀의 맛, 매출을 50% 늘릴 수 있는 마케팅 전략, 명품 가방 등이 있을 것이다. 즉, 재료비 같은 원가 이상으로 훨씬 비싸게 가격이 결정될 수도 있다는 말이다. 그 이유는 그럴 만한 가치가 인정되었기 때문이다.

당신이 직장에서 받는 월급에도 이것은 동일하게 적용된다. 일의 수준과 그 일로 인해 나오는 결과물의 가치가 월급액수에 녹아들어가 있는 것이다. 그 일을 해낼 수 있는 사람이 적을수록, 그리고 그 일에 필요한 지식 수준이 높을수록 가치는 높게 부여될 수 있다. 이것은 투자

자문이나 펀드 운용에도 동일하게 적용될 것이다. 따라서 2~3%의 수수료가 무조건 비싸다거나, 보험회사에서 받아가는 커미션 때문에 보험상품은 무조건 좋지 않다고 말하는 것에는 분명 오류가 있을 수 있다. 그런 비판은 업계 경쟁자들의 마케팅에 이용되기 위해서 전략적으로 만들어지는 경우도 있기 때문에 무조건적으로 수용해서는 안 된다. 언제나 수수료의 적정성을 판단하는 근거는, 그로 인해 기대할 수 있는 가치에 기반해야 할 것이다.

우리는 지금까지 자산배분에 대해 매우 심도 있게 살펴봤다. 일단 당신이 원하는 투자 포트폴리오 모델이 정해지면, 다음 단계는 그 포트폴리오를 구성할 펀드들을 선택하는 것이다.

자산배분의 목적이 무엇이었는가? 장기적으로 감당할 만한 위험 수준 내에서 수익률을 극대화하는 것이었다. 이때 '위험'은 순수하게 자산배분으로 조절하게 될 것이니 우리가 도와줄 수 있는 일이 별로 없다. 그런데 '수익률 극대화'에는 어느 정도 도움을 줄 수 있는 것이 있는데, 그것은 바로 각 자산배분 구성의 성격을 가장 잘 대표할 수 있으면서 비용을 최소화할 수 있는 펀드를 고르는 것이다. 자, 지금 뭐라고 했는가? 비용을 최소화할 수 있는 펀드를 고르자고 했다. 왜 그럴까? 당연한 얘기지만, 비용을 줄이면 그 차이만큼 수익률을 높여줄 수 있기 때문이다. 이것이 자산배분 전략에서 우리가 수익률에 도움을 줄 수 있는 부분이다.

사실 이미 자산배분을 설명하면서 어떤 펀드를 이용할 것인지를 설명했다. 그것은 바로 인덱스 펀드(Index Fund)였다. 인덱스 펀드는 S&P 500이나 코스피 200과 같은 주가지수 수익률을 따라가는 펀드라고 했는데, 주식뿐만 아니라 채권, 부동산, 원자재 등 모든 투자 시장을 대표하는 인덱스 펀드들이 존재한다.

바로 이 다음에 뮤추얼 펀드(Mutual Fund)에 대해서 살펴볼 것인데, 인덱스 펀드도 뮤추얼 펀드의 하나이다. 그런데 인덱스 펀드는 다른 펀드들과 큰 차이가 있다. 그것은 이미 투자할 대상이 정해져 있기 때문에 펀드매니저의 역할 비중이 매우 낮아진다는 것이다. 투자자 입장에서 이것은 무엇을 의미할까? 바로 비용 절감이다. 인덱스 펀드를 선택할 수 있는 상황에서도 굳이 다른 뮤추얼 펀드를 선택하고 있다면, 그에 대한 합리적인 이유가 있어야 할 것이다. 과연 그것이 무엇일 수 있을까?

한 가지만 더 소개하고 다음 얘기로 넘어가려고 한다. 그것은 ETF(Exchange Traded Fund)라는 것이다.

ETF의 기본 성격은 인덱스 펀드와 동일하다. 즉, 주식이나 채권 등 시장 지수의 평균 수익률을 그대로 따라가는 것이다. 그런데 ETF는 인덱스 펀드와는 달리 일반 주식처럼 주식시장에 상장되어 있다. 따라서 ETF는 하루 중 언제든지 자유롭게 사고 팔 수 있다. 이런 성격 때문에 ETF는 상장지수펀드라고 불리기도 한다.

반면에 인덱스 펀드는 다른 뮤추얼 펀드들이 그렇듯이 주식시장이 마감할 때 한 번 가격이 결정된다. 즉, 하루 중 언제 팔더라도 마감 가격으로 거래가 된다는 것이다. 하지만 이런 차이는 자산배분 모델을 이용하는 경우에 큰 의미는 없다. 어차피 리밸런싱하거나 돈을 찾아 쓸 때 아니고는 매일 사고 파는 일은 없을 것이기 때문이다. 그러니 지금 단계에서는 ETF를 주식시장에 상장된 인덱스 펀드 정도로 이해하면 충분할 것 같다.

한 가지 진짜 중요한 것은, ETF의 수수료 및 투자 비용이 인덱스 펀드보다도 더 저렴하다는 것이다. 비용은 자산운용사에 따라 차이가 있겠지만, 앞서 소개한 뱅가드(Vanguard) 회사의 경우 S&P 500 인덱스 펀드의 총 투자 비용은 0.14%에 불과하다. 그런데 뱅가드의 S&P 500 ETF의 총 투자 비용은, 믿기지 않게도 0.04%밖에 되지 않았다. 아마 지금 갖고 있는 뮤추얼 펀드와 비교해 보거나 다음에 소개할 내용을 읽어 보면 이 비용이 얼마나 놀라운 것인지 실감이 날 것이다.

뮤추얼 펀드의 진짜 비용

우리가 주식시장에 있는 주식들을 직접 사고 팔기로 했다면 동시에 얼마나 많은 주식들을 관리할 수 있을까? 아마 100개만 넘어가도 직장을 그만 둬야 할 수도 있다. 그런데 고맙게도 그 일을 대신해 주는 사람이 있으니, 그가 바로 펀드매니저(Fund Manager)이다.

세상에는 사람들의 기호(Preference)만큼이나 다양한 뮤추얼 펀드가 존재할 것이다. 취미가 같은 사람들끼리 모여서 동호회를 만들 듯이 펀드매니저는 성격이나 투자 목표에 따라 주식들을 분류해서 한 보따리 안에 묶어 놓는데, 이것이 바로 뮤추얼 펀드이다. 그러니 이런 식으로 보따리 하나를 만들면 이제는 꽤나 친숙해졌을 S&P 500과 유사한 펀드도 충분히 만들 수 있다.

사실 아주 간단하다. S&P 500의 구성원인 미국 500대 기업들의 주식을 균등하게 사면 되는 것이다. 이 정도 일이라면 당신도 할 수 있을 것 같지 않은가? 매일 주식을 사고 팔 이유도 없다. 그냥 500개 주식만 갖고 있으면 된다. 가끔 500대 기업 리스트가 바뀌면 그런 것들만 바꿔주면 된다. 하지만 가끔 골치 아픈 일이 생기기는 할 것이다. 만약 돈이 좀 필요해서 포트폴리오 일부를 팔아야 하면 어떻게 해야 할까? 그렇다. 500개 주식을 모두 균등하게 팔아야 한다. 물론 더 투자하고 싶을 때도 마찬가지다. 매달 적립식으로 투자를 한다면, 이런 일은 계속 반복된다. 더군다나 우리는 리밸런싱(Rebalancing)도 해야 하지 않던가.

그래서 여전히 펀드는 우리에게 고마운 존재가 될 수 있다. 500개 주식을 상대할 필요 없이 하나의 펀드만 관리하면 된다. 그럼 이제 펀드매니저에게 수고비를 주는 것이 합당하다고 생각되지 않을까 한다. 얼마면 합리적일까?

이렇게 펀드매니저에게 주는 수고비는 펀드의 관리 비용(Expense ratios) 중 하나이다. 이 비용에는 펀드매니저 보수 이외에도 금융기관 같은 고객 관리 회사에 주는 수고 비용, 서류 발송 비용 등 펀드를 운용하고, 판매하고, 관리하는 데 관련된 모든 비용들이 포함된다. 미국의 경우 이 비용은 펀드의 성격에 따라 0.7~2% 정도에서 형성되고 있다.

그런데 일반적으로 펀드매니저는 펀드를 사고 파는 일은 하지 않는다. 말하자면 제조업에서 공장 같은 역할을 하는 것이다. 이렇게 공장에서 나온 펀드는 증권회사(Broker-dealer)나 은행, 보험회사 등의 금융기관을 통해 유통된다. 따라서 이 금융기관들을 통해 펀드를 구매할 때는 소위 커미션(Commission)으로 불리는 판매 수수료(Loads)가 추가적으로 발생한다. 이 보수 구조는 처음 살 때 내야 하는 선취 수수료(Front-end Loads), 처분할 때 내는 후취 수수료(Back-end Loads)로 구별된다. 만약 펀드를 구매할 때 판매원과의 대화에서 이런 판매 수수료 얘기가 나오지 않는다면, 정말로 수수료가 없어서 그런 것인지 아니면 실수로 빠진 것인지 꼭 확인해야 할 것이다.

앞서 소개한 관리 비용은 수고비 명목으로 생각해서 별로 불편함이 없었는데, 솔직히 이 판매 수수료는 뭔가 좀 불편함을 느낄 수도 있다. 전혀 다른 상품이 아닌데 금융기관을 통해 구매했다는 이유만으로 수수료를 내야 하기 때문이다. 말하자면, 특별한 가치를 부여하기 어려운 비용이라는 것이다. 결국 이 수수료를 줄이는 방법은 금융기관을 통하지 않고 직접 펀드를 구매하는 것밖에 없을 것이다. 이것이 과연 가능할까? 가능하지 않았다면 희망을 던지지도 않았을 것이다.

우리 회사는 찰스 슈왑(Charles Schwab)이라는 독립 증권회사를 통해 주식과 펀드를 거래한다. 지금은 많은 증권회사들이 슈왑의 모델을 따라가고 있지만, 슈왑은 투자자들이 일반 금융회사를 통하지 않고 직접 펀드를 구매할 수 있게 만들어준 선구자적인 회사이다. 즉, 슈왑에는 판매원(Sales person)이 없기 때문에 판매 수수료 없이 소액의 거래비용만으로 동일한 펀드를 구매할 수 있다. 이것만이 아니다. 앞서 얘기한 관리 비용에도 판매 회사에 고객 관리 명목으로 주는 보수가 있었다. 이런 슈왑 같은 회사를 통하면 이와 같은 보수 역시 현저하게 줄일 수 있다.

그렇다고 서비스가 뒤떨어질까? 그렇지도 않다. 얼굴을 맞대고 만날 수 없을 뿐, 일반 금융기관에서 받는 모든 서비스를 전화 또는 인터넷을 통해 받을 수 있다. 한국에도 2014년에 '펀드 슈퍼마켓'이라는 회사가 생겨 비슷한 서비스를 하고 있다. 그런데 이와 같은 독립 거래소가 성장하기 위해서는 한 가지 해결되어야 할 과제가 있다. 대부분의 투자 상담이 일반 금융기관에서 이루어진다면, 즉 고객들이 투자 상담을 위해 찾는 곳이 기존 금융기관이라면 이와 같은 독립 거래소를 추천받기는 거의 불가능할 것이다. 이 문제에 대해서는 차후 다시 다루겠지만, 수수료 1~2% 차이의 중요성을 이해하게 된다면 절대 가볍게 지나갈 문제는 아니다.

다시 뮤추얼 펀드의 비용으로 돌아오겠다. 지금까지 관리 비용(Expense ratios)과 판매 수수료(Loads)에 대해 살펴봤다. 이들 비용들은 처음 펀드 가입 시 제공되는 펀드 설명서(Prospectus)에 자세히 설명되어 있다. 그리고 판매원은 이 내용들을 설명해 주어야 한다. 그런데 펀드와 관련된 비용은 이것이 전부가 아니다. 나머지 비용들은 어느 문서나 통계자료에서도 찾아보기 힘들다. 심지어 금융회사 판매원들도 아는 경우가 매우 드물다. 이 중 대표적인 것은 펀드매니저가 자산운용시 주식을 사고 팔 때 생기는 거래비용(Transaction costs)이다. 이 비용은 명시적으로 드러나 있지는 않지만 분명히 고객의 투자금에서 차감되는 비용이다. 이 거래비용은 주식 매매 시에 발생하는 비용이므로 펀드의 매매빈도가 높을수록 비례해서 높아지게 될 것이다. 앞서 말했듯이 이에 대한 정확한 자료는 거의 없으나, 미국의 한 보고서는 이 비용이 연간 1.44% 정도 될 것으로 추정하기도 했다. 이미 앞서 소개한 비용들만 해도 0.7~2% 정도였던 것을 감안하면, 절대로 무시할 만큼 적은 금액은 아닌 것 같다.

1%가 만드는 기적

앞서 4장에서 35세인 김 과장이 30년간 월급의 50%를 저축할 때 은퇴할 때 돈을 얼마나 모을 수 있는지를 살펴봤었다. 하지만 이미 언급했듯이 50% 저축은 현실적으로 쉽지 않은 목표이다. 그래서 3장에서 제안한대로 월급의 10%를 저축한다고 가정하고 그 결과를 계산해보도록 하겠다.

현재 김 과장의 연봉은 4,800만 원이고, 연봉은 매년 3%씩 인상될 것이라고 가정하겠다. 아이비(Ivy) 자산배분 모델을 통해 연 수익률 9%를 기대하고 있고, 은퇴는 65세에 할 계획이다. 김 과장은 평소 이용하던 금융기관에 투자를 맡겼고, 그 결과 대부분 뮤추얼 펀드를 통해 투자가 되었다. 투자한 뮤추얼 펀드의 총 연평균 비용은 2%로 추정된다. 그럼 이런 조건 하에서 매년 연봉의 10%씩 꾸준히 투자하면, 30년 후에 얼마나 모을 수 있을까?

수익률 9% 가정 　　　　　　　　　　　　　　　　　　　단위: 만 원

나이	저축액	투자 수익	투자 비용 (2%)	잔액
35	480	43	10	514
36	494	91	20	1,079
37	509	143	32	1,699
38	525	200	44	2,379
39	540	263	58	3,124
40	556	331	74	3,938
45	645	778	173	9,253
50	748	1,455	323	17,301
55	867	2,463	547	29,279
60	1,005	3,943	876	46,876
64	1,131	5,600	1,244	66,575
Total	22,836	56,236	12,497	

투자 비용이 결과에 미치는 영향–펀드 수수료 2%

30년간 총 저축액 원금은 약 2억 3천만 원 정도였다. 이렇게 저축한 돈은 30년 후에 약 6억 7천만 원 정도로 불어났다. 그런데 여기에서

실제로 눈에 띄는 숫자는 이것이 아니다. 사실 처음에는 계산이 잘못된 것인가 하는 생각도 들었다. 그것은 바로 1억 2천만 원이 넘는 투자 비용이다.

솔직히 2% 비용이 많아봐야 얼마나 될까 생각한 사람이 많을 것이다. 그럴 만도 한 것이 첫 해 480만 원 저축액에 대한 2% 투자 비용은 10만 원에 불과했다. 하지만 투자 잔액이 늘어날수록 비용 부담도 함께 급격히 증가해 나가면서, 총 투자 비용은 놀랍게도 30년 후 투자 잔액의 약 19% 정도까지 되어버렸다. 이 정도면 2%의 투자 비용이 절대 가볍게 여길 수 있는 것이 아니라는 것을 충분히 느낄 수 있을 것이다.

그렇다면 여기에서 1% 투자 비용을 줄이면 결과는 얼마나 개선될 수 있을까? 혹시라도 너무 간단히 생각한 나머지 30년간 총 저축액이 2억 3천만 원이니까 1% 비용은 230만 원이 아닐까 하고 생각하지는 않았기를 바란다. 실제로 위 계산을 보여주지 않고 30년간 총 비용이 얼마나 될지 물어보면 이렇게 대답하는 경우가 있어서 얘기하는 것이다. 정말 그렇다면 비용이 한 달에 6,000원 정도밖에 되지 않는다는 심각한 착각을 할 수도 있다. 하지만 1%의 힘은 그렇게 미약하지 않다.

투자 비용이 1% 줄어드니 30년간 총 투자 비용이 7천만 원이 되었다. 비용이 2%였을 때보다 약 5,500만 원 정도나 줄어든 것이다. 그런데 이렇게 투자 비용이 줄어든 것은 곧바로 투자 수익을 약 7,000만 원 증가시키는 데 기여를 하게 되고, 결국 30년 후의 투자 잔액은 1억 2,600만 원이나 높은 7억 9,000만 원이 되었다. 즉, 1% 투자 비용의 가치는 1억 2,600만 원이었던 것이다.

만약 수수료 및 투자 비용이 전혀 없다면 어떻게 될까? 이 경우 30

나이	저축액	투자 수익	투자 비용 (1%)	잔액
35	480	43	5	518
36	494	91	10	1,094
37	509	144	16	1,731
38	525	203	23	2,436
39	540	268	30	3,215
40	556	339	38	4,073
45	645	819	91	9,823
50	748	1,574	175	18,883
55	867	2,742	305	32,903
60	1,005	4,527	503	54,326
64	1,131	6,597	733	79,164
Total	22,836	63,369	7,041	

투자 비용이 결과에 미치는 영향–펀드 수수료 1%

년 후 잔액은 약 9억 5,000만 원이었다. 이는 비용이 1%일 때보다 1억 5000만 원 정도 더 많고, 2%일 때보다는 무려 2억 8,000만 원이나 더 많은 금액이다. 아직도 1%에 그렇게 관대할 수 있겠는가?

이제 6장에서 살펴본 아이비(Ivy) 자산배분 모델에 투자 비용을 적용시켜 비교 분석해보도록 하겠다.

앞서 살펴본 예에서 투자 비용이 2%인 경우 김 과장이 30년간 저축한 금액은 약 6억 7,000만 원 정도였다. 첫 해에는 총 저축액의 5%를 인출하고, 그 후 20년간 매년 물가가 상승하는 만큼 인출액도 늘려가는 것으로 가정했다. 계산에 적용된 물가율은 연 3%였다.

저축한 기간과 마찬가지로 인출 기간에도 투자 비용은 2%라고 가정했다. 실제 1998년부터 2017년까지의 20년간 아이비 자산배분 모델에 의해 계산된 수익률을 적용해보니, 20년 후 투자 잔액은 약 4억

연도	아이비 모델 수익률	인출액	투자 수익	투자 비용 (2%)	잔액
1998	12.30%	3,329	7,779	1,265	69,761
1999	4.12%	3,429	2,733	1,327	67,738
2000	7.26%	3,531	4,661	1,284	67,584
2001	-0.59%	3,637	-377	1,279	62,290
2002	3.10%	3,747	1,815	1,171	59,188
2003	17.73%	3,859	9,810	1,107	64,032
2004	11.13%	3,975	6,684	1,201	65,541
2005	8.03%	4,094	4,934	1,229	65,152
2006	11.97%	4,217	7,294	1,219	67,010
2007	7.48%	4,343	4,688	1,253	66,101
2008	-6.04%	4,474	-3,722	1,233	56,673
2009	9.98%	4,608	5,196	1,041	56,220
2010	15.75%	4,746	8,107	1,029	58,552
2011	15.31%	4,888	8,216	1,073	60,806
2012	9.66%	5,035	5,387	1,115	60,043
2013	3.21%	5,186	1,761	1,097	55,521
2014	18.52%	5,342	9,293	1,004	58,468
2015	-1.43%	5,502	-757	1,059	51,150
2016	6.57%	5,667	2,988	910	47,561
2017	13.00%	5,837	5,424	834	46,314
평균	8.35%	89,445	91,914	22,730	

투자 비용이 아이비 모델에 미치는 영향-펀드 수수료 2%

6,000만 원이었다. 20년간 인출하여 쓴 돈이 9억 원 가까이 되는 것을 생각하면 잔액이 꽤나 많이 남았다는 생각이 들기도 한다. 그런데 이 기간 동안 투자 비용이 얼마였는지 확인해 보기를 바란다. 총 누적 비용이 거의 2억 3천만 원이나 되었다. 솔직히 처음에 2% 정도의 비용을 듣고 2억 원 이상의 돈을 내야 할 것이라고 생각할 사람이 얼마나 될지 의문이다.

　자, 이제 투자 비용을 1% 줄일 수 있다면 결과가 어떻게 개선될 수

연도	아이비 모델 수익률	인출액	투자 수익	투자 비용 (1%)	잔액
1998	12.30%	3,329	7,779	632	70,393
1999	4.12%	3,429	2,759	670	69,054
2000	7.26%	3,531	4,757	655	69,624
2001	-0.59%	3,637	-389	660	64,937
2002	3.10%	3,747	1,897	612	62,476
2003	17.73%	3,859	10,393	586	68,424
2004	11.13%	3,975	7,173	644	70,977
2005	8.03%	4,094	5,371	669	71,585
2006	11.97%	4,217	8,064	674	74,759
2007	7.48%	4,343	5,267	704	74,979
2008	-6.04%	4,474	-4,259	705	65,542
2009	9.98%	4,608	6,081	609	66,406
2010	15.75%	4,746	9,711	617	70,754
2011	15.31%	4,888	10,084	659	75,292
2012	9.66%	5,035	6,787	703	76,341
2013	3.21%	5,186	2,284	712	72,727
2014	18.52%	5,342	12,480	674	79,191
2015	-1.43%	5,502	-1,054	737	71,899
2016	6.57%	5,667	4,351	662	69,921
2017	13.00%	5,837	8,331	641	71,774
평균	8.35%	89,445	107,868	13,224	

투자 비용이 아이비 모델에 미치는 영향-펀드 수수료 1%

있는지를 살펴보겠다.

우선 총 투자 비용 누적액을 보니 비용이 2%일 때보다 약 9,500만 원 정도 절약이 된 것을 확인할 수 있다. 이는 2%일 때 비용의 절반도 되지 않는 금액이다. 그렇다면 20년 후 투자 잔액은 비용 절감액인 9,500만 원만큼 더 많아졌을까? 결과를 보니 또 예상을 뛰어 넘는 숫자가 보인다. 수익률도 변한 것이 없고 인출액도 똑같았는데, 20년 후 투자 잔액은 비용이 2%일 때보다 약 2억 5,000만 원이나 많은 7억

2,000만 원 정도로 늘어난 것을 확인할 수 있다. 다른 조건이 모두 똑같은데 단지 투자 비용 1%를 줄여서 얻어낸 결과가 2억 5,000만 원이라는 것이다. 이제는 어떤 투자를 하든지 1~2%를 절대로 간과하지 않기를 바란다.

참고로, 아이비 자산배분 모델을 이용하지 않고 S&P 500에 직접 투자했다면 결과가 어떻게 될지 살펴보도록 하겠다.

우선 비용이 1%인 경우 S&P 500에 투자한 경우 20년 후의 잔액은 약 1억 7,000만 원이었다. 이것은 아이비 자산배분 모델보다 무려 5억 5,000만 원 정도나 적은 금액이다. 그렇다면 비용이 2%인 경우는 어떨까? 이 경우에는, 20년째 되는 해에 모든 돈이 다 바닥이 나 버린다.

다시 한 번 기억하기를 바란다. 비용 절감도 물론 중요한 내용이다. 하지만 그 이전에 투자에 실패하지 않아야 한다. 지금까지 계속 살펴본 것이 이에 대한 내용이었지만, 다시 한번 강조하도록 하겠다. 투자에 실패하지 않기 위해 가장 중요한 것은, 여전히 잃지 않아야 한다는 것이다. 수수료 경쟁이 치열해지면서 자칫 핵심을 놓치게 될 수도 있음을 주의해야 한다. 싸게만 산다고 해서 부자가 되거나 성공할 수 있는 것은 결코 아니다.

고객에 대한 신의성실의 의무

수수료와의 전쟁
미국에서도 한국과 마찬가지로 대부분의 투자 상담이나 자산 관리는 은행, 투자증권회사, 보험회사 등의 금융기관을 통해서 이루어지고 있다. 그 이유는 예금이나 대출 등의 다양한 서비스 제공으로 인해 투자자들어 이미 이용하고 있거나, 수많은 소속 투자 상담가나 보험 영업사원들이 적극적으로 고객 유치를 위해 노력하고 있기 때문일 것이다. 그런데 미국에서는 절대 무시할 수 없을 만큼의 투자 자산이, 앞서 소개한 바 있는 찰스 슈왑(Charles Schwab)이나 뱅가드(Vanguard)처럼 투자자가 투자 상담가의 개입 없이 직접 펀드를 사고 팔 수 있는 독립 증권회사들을 통해 거래되고 있다. 이처럼 금융기관이 상품 판매나 관리에 개입하는 정도가 매우 약해지면, 이는 곧바로 투자 비용 절감으로 이어질 수 있다. 애초에 비용이 저렴한 인덱스 펀드가 아닌 일반 뮤추얼 펀드들도 더 저렴한 값에 살 수 있다는 것이다. 지금까지 우리는 1% 비용의 파워에 대해서 살펴보았다. 이제는 이 특별한 증권회사들의 존재 가치를 분명히 이해할 수 있을 것이다.

하지만 대다수의 투자자들은 투자나 자산 관리에 대한 지식이나 경험이 매우 부족하기 때문에 본인이 직접 투자하고 관리해야 한다는 것에 대해 많은 부담을 느낄 수 있다. 그리고 어느 정도 경험이 있다고 하더라도, 항상 본인이 뭘 모르는지를 본인은 모를 수도 있다는 자세를 갖고 멘토 역할을 해줄 수 있는 전문가를 가까이에 두고 있는 것이 좋다. 다시 말하지만, 우리들 대부분은 투자 실패를 감당할 만한 여유가 많지 않다. 나중에 다시 살펴볼 내용이지만, 멘토는 투자 실패를 줄이기 위한 전략의 매우 중요한 요소이다.

이와 같은 필요에 대한 목소리가 너무나 많았기 때문이었을까? 투자 역사가 긴 미국에는 어떤 금융기관에도 소속되지 않은 투자 전문가 제도가 활성화되어 있다. 이들은 SEC(미국증권거래위원회) 또는 각 주(State)에 등록되어 투자 자문 서비스를 제공하고 있고, Registered Investment Advisor(RIA)라고 불린다. 이 제도의 의미를 정확히 번역하기는 쉽지 않지만 '독립투자자문회사' 정도가 가장 알맞을 것 같다.

그런데 이 책을 집필하는 과정에서 한국에서도 이와 유사한 개념의 '독립투자자문업자'(IFA) 제도가 2017년도부터 시행되었다는 것을 알게 되었다. 이 새로운 제도는 IFA는 상품 판매로 인한 수수료를 받지 않고 자문료(Advisory fees)만 받기 때문에 금융회사의 상품 중심 서비스가 아닌 고객의 혜택이 우선인 자문 서비스 시장이 열릴 것이라는 기대감을 주었다고 한다. 하지만 시행 후 1년 동안 IFA로 등록한 업체가 단 한 곳도 없었다는 언론 보도를 접하고는 씁쓸한 마음을 감출 수 없었다. 아직 고객들에게 자문료라는 개념이 익숙하지 않아서, 대부분의 투자 전문가들이 IFA가 사업성이 없다는 생각을 한다는 것이 가장 큰 이유였다고 한다. 그럴 수도 있다고 생각한다. 그것이 불편한 현실의 모습이기 때문이다. 이전에는 투자 상품을 사면서 단 한번도 청구서를 받지 않았던 고객들에겐, 자문료가 그저 추가 비용으로만 여겨질 수도 있을 것이다. 그런데 지금까지 이 책을 읽고 난 후, 이제 그 생각은 많이 달라져 있으리라 생각된다.

내가 골드만 삭스를 떠나는 이유

'Why I Am Leaving Goldman Sachs'

2012년 3월 14일 〈뉴욕 타임즈〉의 한 사설 제목이다. 당시 골드만 삭스의 전무(Executive director)이자 유럽, 중앙아시아 및 아프리카의 파생

상품 사업의 수장이었던 그렉 스미스(Greg Smith)는 12년간 골드만 삭스에서 일하면서 성공가도를 달리던 중 점차 깊은 회의에 빠지게 되었다. 그 이유를 그는 다음과 같이 고백한다. '회사가 돈을 벌기 위해 경영하는 방식을 따라갈수록, 정작 고객의 이익은 계속하여 뒷전에 밀릴 수밖에 없었다.' 그리고는 골드만 삭스를 향해 이런 말을 하며 사설을 마무리했다.

Make the client the focal point of your business again.

과연 어드바이저(Advisor)들은 누구의 이익을 위해서 일하고 있는가. 전문가들 사이에서는 이에 대한 문제 제기가 끊임없이 계속되어 왔다. 하지만 고객 입장에서는 딱히 어드바이저 선택의 폭이 넓지도 않았고, 최선의 결과가 과연 어떤 것인지에 대해 파악할 방법도 없었기 때문에 별 문제를 느끼지 못하는 경우가 대부분이다.

Fiduciary duty or Suitability standard?

Fiduciary duty를 번역하자면 '신의성실의 의무'라고 할 수 있다. SEC(미국증권거래위원회)의 정의에 따르면, 이런 의무를 갖고 있는 전문가는 고객의 이익을 최선으로 하는 투자상품을 추천해야만 한다. 앞서 소개한 RIA 독립투자자문사는 반드시 이 의무를 준수해야 한다고 규정되어 있다. 그렇다면 고객의 이익을 최선으로 하지 않아도 되는 전문가가 있을 수 있다는 말인가?

투자 전문가들에게 요구되는 또 하나의 의무에는 Suitability standard라는 것이 있다. 이것은 '적정성', '적합성' 등으로 해석될 수 있을 텐데, SEC는 이 기준을 따르는 전문가들에게 고객의 상황에 적합하다고 판단되는 투자상품을 추천하도록 요구하고 있다. 투자증권회사, 보험회사, 은행 등과 같은 대부분의 금융기관들은 Fiduciary duty 대신에 이 기준을 따르면 된다. 언뜻 보면 비슷해 보이기 때문에 간단한 예를 들어보겠다.

어떤 고객이 1억 원을 투자하기 위해 평소 거래하던 금융기관 직원에게 연락을 했다. 그는 고객의 투자 목적에 따라서 연 1.75%의 관리 비용이 있고, 처음에 2%의 선취 수수료를 갖고 있는 Class A 뮤추얼 펀드에 투자를 했다. 이때 고객은 투자와 동시에 2,000달러의 one-time 수수료를 납부하게 되고 매년 투자금의 1.75%에 해당하는 비용을 부담하게 될 것이다. 이때 금융회사 직원은 투자 상담 및 추천에 대한 적정성(Suitability) 기준을 만족시킬 수 있다.

신의성실(Fiduciary)의 의무를 갖고 있는 RIA(또는 IFA) 회사의 투자 전문가는, 금융기관 직원의 추천과는 달리 뮤추얼 펀드 대신에 투자 전략은 같지만 총 관리 비용이 연 0.15%로 저렴한 ETF에 투자할 것을 추천했다. ETF에는 선취 수수료가 없다. 대신에 투자 계약서를 보니 자문료 및 투자 관리 비용으로 연 0.5%가 청구될 것이라고 명시되어 있었다.

　매우 단순화된 사례이지만 어떤 것이 본인의 이익을 위해 최선의 선택인지 판단하는 것은 어렵지 않을 것이다. 말하자면, 한 금융기관의 직원 입장에서 추천할 수 있는 투자 상품으로는 최적의 선택일 수 있어도, 그 금융기관의 옵션을 넘어서 모든 가능성을 고려하지 않는다면 최선의 선택이 아닐 수도 있다는 것이다.

　한국의 찰스 슈왑이라고 할 만한 펀드 슈퍼마켓에서는 분명 똑같은 펀드인데도 수수료가 없고 연 관리 비용도 더 저렴한 펀드들을 구매할 수 있다. 신의성실의 의무를 가진 전문가라면 당연히 이런 펀드들을 갖고 자산배분을 구성하려고 할 것이다. 물론 신의성실의 의무 자체가 투자 전략의 우월성을 보장하는 것은 절대 아니다. 하지만 뛰어난 자산배분 전략 역시, 고객의 이익을 최우선으로 하는 노력의 결과로 나올 가능성이 높을 것이다.

　RIA 또는 IFA는 저렴한 수수료 이상의 많은 중요한 의미를 가지고 있다. 부디 한국에서도 투자자들의 이익이 최우선으로 여겨지고 실제로 전문가들이 그 비전을 실현하기에 더 적합한 RIA 또는 IFA와 같은 제도가 잘 정착되기를 소망한다.

내 안에 잠자는 백만 달러짜리 아이디어를 깨워라 1

위험요소 #5-1
사업을 하지 않는 위험

어떤 위대한 업적이나 위대한 부(富)도

하나의 아이디어로부터 시작되는 것이다.

~ 나폴레옹 힐

고객님, Show Me the Money!

지금까지 경제적 자유로 가는 길로 인도해줄 수 있는 많은 전략들을 살펴봤다. 이제 현실적인 문제로 돌아와보자. 지금 돈은 충분히 벌고 있는가?

설령 목표가 뚜렷하고 그 목표를 향해 달려갈 때 걸려 넘어질 수 있는 여러 위험 요소들을 극복할 수 있는 전략도 철저히 준비되어 있다 하더라도, 아직 한 가지 가장 중요한 문제가 남아 있다. 이 목표를 위해 한 발이라도 내딛을 수 있으려면, 돈이 있어야 한다. 물론 우리는 이미 3장과 4장에서 이 문제에 대해 다루었다.

3장에서 우리는 다른 데 돈을 쓰기 전에 우리 미래를 위해서 가장 먼저 지출을 해야만 한다고 했다. 그 결과로 우리는 현재 버는 돈의 90%만 갖고 사는 데 익숙해져야 할 것이고, 결국 그동안 별 생각 없이 돈을 쓰거나 당장의 즐거움을 위해 지출하던 것들이 자동적으로 줄어들게 될 것이다.

　4장에서는 빚을 져가면서까지 돈을 쓰고 살아가는 모습에 대해서 살펴봤다. 신용카드의 도움으로 돈이 없어도 돈을 쓸 수 있는 현실을 즐기지 말고, 3장의 내용을 실천하여 현재뿐만 아니라 미래를 준비해 나가는 삶을 살아가자고 했다.

　그런데 아무리 따져봐도 지금 당장 필요한 돈만 쓰고 살아가기에도 돈이 부족하다면 어떻게 할 것인가? 10% 저축은커녕 돈이 없어서 최소한의 식비, 교통비, 아이들 교육비까지 줄여야 하는 상황이라면 어떻게 해야 할까? 정말로 돈이 없는데 어떻게 이 책에서 살펴본 전략들을 실천해 나갈 수 있겠냐는 말이다.

　문제는 누구에게나 이런 상황이 찾아올 수 있다는 것이다. 2008년 금융 위기에 가장 큰 고통을 겪은 것은 사실 투자자들이 아니었다. 50% 투자금을 잃었다는 것은 분명 매우 큰 충격이 될 수 있다. 그러나 이 시기에 가장 큰 고통을 겪은 이들은 아무 이유도 모른 채 직장을 잃어야만 했던 수많은 실직자들이었다.

　2007년 말 미국의 전체 실업률은 5%였다. 그런데 금융 위기 이후 급격히 증가한 실업률은 2009년에는 10%나 되었다. 2018년 말 현재 실업률이 3.9%인 것으로 볼 때 그 당시의 상황이 얼마나 처참했을지 가늠이 된다. 말하자면, 열 명 중 한 명이 돈을 제대로 벌지 못하고 있었다는 것이다. 가정을 책임져야 하는 가장들을 모두 포함해서 말이다.

　지금 직장이 있다면 정말로 감사한 일이다. 하지만 직장이 있다고 해서 넉넉하다는 것은 절대 아니라는 것을 우리 모두 알고 있다. 집값도 오르고 자녀들 교육비도 오르는데, 월급은 그에 따라가지 못하는 경우가 많다. 무엇보다 인생은 절대로 내가 계획한 대로만 흘러가지 않는다. 살다 보면 예기치 않은 곳에 돈을 써야만 하는 경우가 많이 생긴다. 오래된 냉장고가 멈춰버릴 수도 있고, 한겨울 추위에 보일러가 터질 수도 있다. 갑자기 부모님이 실직하게 되어 가족을 부양해야 할 수도 있고, 병환으로 고생하시는 부모님의 간병을 도와드려야 할 수도 있다.

사실 꼭 어떤 문제들이 생겨야만 돈이 더 필요해지는 것은 아니다. 분명 풍요로운 미래는 너무도 중요하다. 이것은 지금 어떻게 하느냐에 따라 크게 달라질 수 있는 문제다. 그래서 절약도 하고 저축도 하고 투자도 해야 한다. 하지만 지금의 나도 분명 중요한 사람이다. 그리고 나와 함께 있는 가족들도 중요하다. 추억을 위해 가끔 여행을 가는 것은 소중한 일이다. 가능하면 먹는 것도 좋은 것을 먹었으면 좋겠다. 적어도 자녀들만이라도 말이다. 돈 때문에 더 좋은 학교를 포기해야 하는 일도 없었으면 좋겠다. 식구가 많아지고 아이들이 커가면서 방이 하나 더 있는 집으로 옮기고 싶을 수도 있다. 하지만 돈이 부족하면 이 모든 것들은 절약이라는 미명 하에 포기되어야 할 것이다.

그렇다. 우리가 지금껏 살펴본 내용들에는 한 가지 중요한 가정이 있었던 것이었다. 그것은 바로 투자할 여력이 있을 만큼 돈을 벌고 있다는 가정이다. 또는 투자할 의지를 갖고 힘써서 절약하거나 더 이상 빚을 지지 않는다면, 충분히 투자할 여유가 생길 수 있다는 전제가 깔려 있다. 그런데 실상은 그렇지가 않다면 어떡할까? 지금은 아무 문제가 없다 할지라도, 혹시라도 다니던 직장에 문제가 생기면 어떻게 해야 하냐는 말이다. 직장이 문제가 없더라도 본인이 몸이 아프거나 개인 사정이 생겨서 일을 못하게 될 수도 있다. 그저 이런 일들도 인생의 한 부분이라고 쿨하게 받아들여야 할까? 하지만 실제로 이런 상황에 처하게 되었을 때도 이런 반응을 할 수 있을까?

사실 그런 일이 생겼을 때 우리가 어떻게 반응하게 될지는 지금 상황에서 그리 중요한 것이 아니다. 중요한 것은, 그런 상황이 생기지 않아야 한다는 것이다. 할 수만 있다면 대비를 해야 할 문제라는 말이다. 그렇다면 이 문제는 우리가 경제적 자유로 가는 여정을 크게 위협할 수도 있는 중대한 위험 요소라고 봐야 할 것이다.

미국에서 출판된 투자 관련 서적들을 보면 대부분 종자돈(Seed money)의 중요성을 강조하고 있다. 너무도 당연한 얘기지만 투자할 돈도 없는 사람에게 투자 전략만을 강조할 수는 없는 것이다. 따라서 책의 저자들은 돈을 별로 저축하지 못한 사람들을 격려하고 강력한 동기부여를 주기 위하여, 투자를 위한 종자돈을 모으는 것은 마음만 먹으면 누구든지 할 수 있는 일이라는 것을 강조하곤 한다. 적어도 하고자 하는 의지와 노력만 있다면 말이다. 이때 거의 빠지지 않고 등장하는 내용들이 예산을 짜고, 최대한 절약하고, 목적에 따라 꾸준히 저축해 나가야 한다는 것들이다. 때로는 가벼운 커피 한 잔 값만 절약해도 상상하는 것보다 꽤 의미 있는 돈을 모을 수 있다는 희망적인 얘기를 하기도 하고, 먹고 싶은 것, 사고 싶은 것들을 돌 보듯이 하면서 처절하게 절약해 나가면 비교적 젊은 나이에도 경제적 독립을 할 수 있다는 강한 도전을 하기도 한다.

돈을 모으려면 저축을 해야 하고 절약을 해야 한다는 조언에 어떤 문제가 있을 리가 없다. 사실 이것은 조언이라고 말할 수도 없다. 인생은 로또라고 생각하며 살지 않는 이상, 비싼 상담을 받아야만 깨달을 수 있는 새로운 전략 같은 것이 아니라는 것이다. 다만, 가장 기본적인 내용도 실천하며 살고 있지 못하니 이런 잔소리 같은 얘기들이 계속 필요한 것뿐이다. 사실 대부분의 내용은 이전에 들었을 법한 조언들과 큰 차이가 없으나, 좀 더 세련된 형태의 잔소리로 진화하고 있을 뿐이라고 보는 것이 맞을 것 같다. 그런데 여기서 우리가 생각해야 할 문제의 핵심은 누가 더 듣기 좋은 잔소리를 하고 있는지 따져보자는 것이 아니다. 우리에게 중요한 문제는, 이런 종자돈을 만들 여력조차 없는 경우를 위한 해결책이 없다는 것이다.

이런 문제는 책보다도 재정 및 자산관리 전문가들의 상담 과정에서 더욱 심각하게 나타난다. 실무적으로 봤을 때, 일단 투자나 은퇴 문제 상담을 요청하는 고객들은 거의 대부분 이미 여윳돈이 있는 사람들이라고 볼 수 있다. 그런데 만약 돈을 맡길 여력이 전혀 없는 고객이 상담 요청을 하면 어떻게 될까? 아마도 상담 요청 과정에서 대부분은 해당사항 없음으로 분류될 가능성이 높을 것이다. 즉, 상담 자격 요건이 충족되지 않는다는 말이다. 설령 이런 심사(Screening) 절차가 없어서 상담이 이루어졌다고 한다 하더라도 어떤 조언을 듣게 될지는 상당히 의문이다. 최대한 예의 바른 상담을 한다 하더라도 돈을 더 번 다음에 다시 말씀 나누자는 정도가 최선이지 않을까 한다.

만약 얼마 전까지는 투자할 여력이 충분해서 금융기관의 VIP 고객 대우까지 받았던 사람이, 최근 재정 상황이 급격히 안 좋아져서 장기 목표로 투자된 돈까지 써야 하는 상황이 생긴다면 어떤 조언을 받을 수 있을까? 지금 투자금을 인출하면 세금, 벌금뿐만 아니라 원금까지도 크게 손해볼 수 있다는 말만 듣지 않는다면 큰 다행일지도 모른다. 그렇다면 이것을 재정/자산관리 상담의 고유의 한계라고 봐야 하는 것일까? 분명 같은 돈 문제인데 왜 위기상황에 대한 해결책은 외면되어야 할까? 그 상황에 적합한 상품을 찾기 어렵기 때문에? 이 말을 쓰면서도 정말 한심한 말이라고 생각했지만, 본질을 따져보면 이렇게밖에 생각할 수 없는 것 같다.

앞서 이미 얘기했듯이, 이 문제는 우리 모두의 문제가 될 수 있다. 그렇기 때문에 이런 문제를 마주하기 전에 이에 대한 대비책을 마련해놓는 것이 중요하다고 생각한다. 그러면 그 대비책이라는 것은 도대체 어떤 것일까? 그것은 바로 지금보다 돈을 더 버는 것이다.

잠 잘 시간도 없이 바쁜데 돈이 더 필요하다면…

사실 돈을 더 벌 수 있는데도 애써 자제하고 있는 사람은 없을 것이다. 그러니 돈을 더 버는 것이 대비책이라는 말은 다소 현실감 없는 무성의한 말로 들릴 수 있다. 하지만 문제의 핵심이 돈인데, 다른 어떤 것이 더 알맞은 해결책이 될 수 있겠는가?

한 번 생각해보기 바란다. 어떻게 하면 지금보다 돈을 더 벌 수 있을지를 말이다. 만약 지금 직장에 다니고 있는 상황이라면, 다음의 네 가지 방법들을 생각해볼 수 있을 것이다.

1. 현재 직장에서 연봉 올리기

2. 더 좋은 연봉을 주는 직장으로 옮기기

3. 투잡, 쓰리잡 등 체력 닿는 데까지 일하기

4. 남는 시간을 활용해서 사업하기

기대했던 것보다 너무 평범한 방법들이라 실망스러웠을지도 모르겠다. 그리고 설령 그동안 이런 방법들을 몰랐다 하더라도, 그 사실이 그리 후회스럽게 느껴지는 않을 수도 있다. 왜 그럴까? 말처럼 쉽게 해낼 수 있는 일들이 아니기 때문이다. 만약 이것들이 조금만 신경 쓰면 언제든 할 수 있는 방법들이었다면, 지금뿐만 아니라 앞으로도 돈 문제로 고민할 일은 생기지 않을지도 모른다. 특히 1번과 2번은 직장에 들어가는 다음 날부터 고민하는 것들일 수도 있다. 사실 심심치 않게 성공사례가 들려오기도 할 것이다. 하지만 모두에게 그 기회가 주어질 수는 없다. 그렇다고 내가 할 수 있는 일이 그렇게 많은 것도 아니다. 최선을 다해서 성실하게 일하고, 실력도 쌓고, 자격증도 따고, 외국어도 배우고… 그렇게 열심히 하며 스스로를 증명해 나가는 수밖에 없다. 물론 모두들 나만큼 피나게 노력하고 있는 와중에 말이다.

그런데 3번과 4번은 얘기가 조금 다르다. 이들은 모두 내가 어떻게 하느냐에 따라 결과가 좌우될 수 있다. 이 중에서 3번은 말 그대로 실행하자마자 결과를 볼 수 있는 방법이다. 다만 그 생산성, 효율성, 지속성 등 모든 면에서 볼 때, 좋은 결과를 기대하기는 어려운 방법이다. 무엇보다도 삶의 궁극적인 목표와 방향을 상실하게 될 가능성이 너무도 높다. 나에게 주어진 모든 시간을 사용했는데도, 더 나은 미래에 대한 희망을 찾기가 쉽지 않을 것이다. 물론 다른 방법이 전혀 없고 당장 한

푼이라도 아쉬운 상황이라면, 어쩔 수 없이 이 길을 선택하게 될 수도 있다. 하지만 장기적으로는 절대로 추천할 수 없는 방법이다.

자, 이제 4번을 얘기할 차례이다. 혹시 사업(Business)에 대해 생각해본 적이 있는가? 어쩌면 이미 사업을 하고 있는지도 모르겠다. 어떤 상황이든 관계없다. 사업을 하고 있든 하고 있지 않든, 사업에 대해 생각해본 적이 있든 없든, 우리의 목표는 하나다. 사업이라는 도구를 이용해서 경제적인 독립을 이루어 나가는 것이다.

부를 이루는 가장 강력한 비밀병기

아들: "엄마, 나 커서 사업하고 싶어."

엄마: "쓸데없는 소리하지 말고 공부나 해!"

아들: "아빠, 나 사업해서 돈 많이 벌고 싶어요."

아빠: "우리 아들 꿈이 크구나! 잘되면 아빠도 취직 좀 시켜줘~."

과연 이 말을 한 다음에 아빠는 엄마에게 어떤 말을 듣게 될까? 시트콤에서 나올 법한 현실적이고 냉철한 엄마와 철없지만 사람 좋은 아빠의 모습을 보는 것 같다. 그런데 여기서 주목하고자 하는 것은 이 다음 장면이 아니다. 이 짧은 대화에서 엿볼 수 있는 것은 일반 사람들이 사업에 대해 갖고 있는 생각들이다. 그 생각들을 간단히 정리해보면 다음과 같을 것이다.

사업은 공부와는 큰 상관이 없다.

사업은 위험하다.(공부해서 좋은 대학 가는 것이 더 안전하다.)

사업은 아무나 할 수 있는 것이 아니다.

사업을 하면 직장보다 돈을 더 많이 벌 수 있다.

사업은 직장 다니는 아빠에겐 꿈일 뿐이다.

나는 회계사이지만 회계법인을 운영하고 있는 사업가이기도 하다. 하지만 회계법인을 창업하기 전 10년간은 나 역시 평범한 직장인으로 하루하루를 살아갔다. 그렇기 때문에 위 생각들 모두가 충분히 공감이 된다. 그럼 직장 생활을 하면서 매 순간 창업을 생각했을까? 그렇지 않다. 대부분의 직장인들이 그렇겠지만, 나 역시 그 직장에서 해야 할 일들에 충실했다. 그러면서 그곳에서 이루고 싶은 꿈을 차근차근 키워 나갔다.

직장은 나에게 아주 고마운 존재였다. 일단 나는 모험을 할 필요가 없었다. 이미 해야 할 일이 있었고, 그 일을 마치고 집에 돌아가면 다음 날까지 내 개인적인 일에 집중할 수 있었다. 때가 되면 나오는 월급은 생활에 안정감을 주었다. 그 안정감 덕분에 새로운 계획들을 세울 수도 있었고, 그 계획들이 이루어질 때마다 성취의 기쁨을 누릴 수도 있었다. 역시 엄마의 말은 틀리는 법이 없는 것일까?

하지만 나는 결국 엄마들이 원치 않는 길을 택했다. 나의 아내도 그 엄마들 중 하나였다. 모든 것이 너무도 안정적이어서 나도 모르게 스르르 눈이 감길 만큼 편안할 때, 나는 돌연 사업을 해야겠다고 선언했다. 그동안 내 결정이라면 어떤 것이든 기쁨으로 동의해주던 아내의

동공이 길을 잃은 듯 흔들리는 것이 보였다. 사실 예상하던 바였다. 나에게는 10년을 준비해 온 일이었지만, 아내에게는 하루 아침의 결정처럼 보일 수도 있었기 때문이다. 게다가 기존 사업체를 인수하는 것도 아니고 창업을 하겠다니… 내가 아내였더라도 같은 심정이었을 것이다. 도대체 나는 왜 사업을 생각하게 된 것일까?

사실 사업을 시작한 이후에 후회를 한 적이 없었던 것은 아니다. 가족은 물론이고 친구 하나 없는 타지에서 회계법인을 창업한다는 것은, 지금 생각해보면 꽤나 아찔한 도전이었던 것 같다. 결과적으로 보면 과분할 만큼 사업이 잘 성장해 왔다. 아마도 그대로 직장에 다녔다면 시간이 많이 지나도 지금 버는 만큼 벌기는 힘들었을 것이다. 하지만 처음 1년간은 예상했던 것보다 훨씬 힘들었다. 물론 모두 각오했던 것이기는 하지만 말이다.

내가 그런 각오를 하면서까지 창업을 하기로 결정한 것은 두 가지 이유 때문이었다. 나는 누구나 경제적 안정을 이룰 수 있다는 희망을 주고 싶었다. 직업의 본질상 주로 기업들의 재무(Finance) 문제들에 집중하게 되었지만, 나는 사실 그 기업을 이끌어가는 구성원들에게 더 관심이 있었다. 그들은 나의 부모였고, 나의 형제였으며, 나 자신이기도 했기 때문이다. 물론 세상에는 금융기관을 비롯하여 개인의 재정 문제를 담당하고자 하는 사람들이 많이 있다.

그러나 이미 이 책에서 여러 차례 언급되었듯이 현실적으로 모든 이들이 그런 조언의 기회를 얻을 수도 없을 뿐더러, 그 조언들마저 내게 최선의 것인지를 판단하기 어려운 실정이다. 감사하게도 나는 수많은 성공한 고객들을 통해 평범한 사람들에게도 희망이 될 수 있는 귀한 지혜를 배울 수 있었다. 사실 가능하기만 하다면, 직장에 다니면서 이 꿈을 실현해보고 싶었다. 하지만 너무 좋고 많은 기회를 준 회사였다 하더라도, 내 회사가 아닌 이상 내가 꿈꾸는 일을 한다는 것은 쉽지 않았다. 내게 창업은 선택의 문제가 아니라 언제 하느냐의 문제였다. 그런데 어느 날 언제가 될지 몰랐던 그때가 찾아왔다. 그 순간은 친절하지 않게 갑자기 찾아왔다. 무엇보다도 내게 선택의 여지를 주지 않았다.

내가 경제적 자유를 빨리 이루기 원했던 것은 가족들과 더 많은 시간을 함께 하고 싶었기 때문이었다. 내가 회계사로서 어떤 꿈을 꾸고 있다 하더라도 내게 가장 소중한 사람들은 나의 가족이다. 당시 미국에는 둘째 아이의 출산을 앞두고 있던 아내를 돌봐줄 다른 가족이 없었다. 그 즈음 첫째 아이는 학교를 다니기 시작했다. 쑥쑥 자라는 아이와 이제 태어날 아이, 그리고 누군가의 도움이 절실히 필요한 아내. 이런 특별한 상황은 분명 큰 결단을 할 수 있게 해주는 촉매가 되었을 수 있다. 하지만 돈이 더 필요한 상황에서 당장 회사를 그만두는 모험을 하는 것은 절대 정상적인 생각이 아니다. 그렇게까지 극단적일 이유가 뭐가 있을까?

그런데 나는 그렇게 극단적일 만큼 절박했다. 아버지께서 세 번째 암 선고를 받으신 것이다. 시간이 별로 없을지도 모른다는 생각에 두려웠다. 지금까지 무엇을 위해 그 어려운 순간들을 이겨냈던 것인가…. 우리에게 얼마나 주어졌을지 모르는 소중한 시간을 가족들과 더 많이 보내기를 원했다. 그러기 위해서는 그 삶을 풍요롭게 유지해줄 수 있을 만큼 돈을 충분히 벌어야만 했다. 가능한 한 빨리 말이다.

이 얘기를 하는 것은 모두가 나처럼 해낼 수 있다는 희망을 주려는 것이 아니다. 앞서 여러 번 얘기했지만, 다른 사람의 사례를 아무리 정교하게 분석하고 실천하려고 해도 그대로 되리라는 보장은 없다. 물론 성공한 사람들을 보고 동기부여를 받고 지혜를 얻는 것은 매우 중요한 일이다. 하지만 아무리 믿을 만한 사람이 얘기하더라도, 그것을 맹목적으로 믿고 따라가는 것은 위험하다. 이제 더 자세히 살펴볼 것이지만, 사실 나는 이렇게 모든 것을 그만두고 완전히 새로운 시작을 하는 것을 절대 추천하지 않는다. 앞의 대화에서 엄마가 얘기했듯이, 대부분의 사람들에게 사업은 분명히 쓸데없는 소리일 가능성이 높다.

우리는 투자에 대해 살펴보면서 위험을 통제하고 조절하는 것이 얼마나 중요한지를 알았다. 사업도 마찬가지다. 사업은 가장 위험이 높은 형태의 투자이다. S&P 500에 투자해서 모든 것을 잃을 가능성은 불가능에 가깝지만, 사업은 그렇지 않다. 본인이 얼마나 똑똑하고 확실한 사업 아이디어가 있느냐가 절대 사업의 성공을 보장해주지 않는다. 어떤 경우에도, 모든 것을 잃을 가능성이 존재한다.

하지만 사업은 일반 투자와는 달리 무한대의 기회를 줄 수 있다. 무한대의 투자 수익률을 기대할 수 있다는 말이다. 이런 기회를 잘 이용하면 돈을 많이 벌 수도 있겠지만, 돈으로 가치를 환산할 수 없는 가족과의 추억도 풍성하게 해줄 수 있다. 또한 잠자는 중에도 돈을 벌 수 있고, 동시에 몇 가지 사업을 하는 것이 가능할 수도 있다. 그렇기 때문에 분명히 그 기회에 대해 알아가는 것은 중요하다. 다만, 제대로 알아가야 한다. 그리고 제대로 실천해야 한다.

우리에게 필요한 사업은 제 2의 구글(Google)이나 네이버(Naver)를 만드는 것이 아니다. 한 달에 단 10만 원을 더 벌 수 있다고 해도 분명 의미 있는 사업이 될 수 있다. 무엇보다도 당신은 지금 다니는 직장을 잘 다니고 있어야만 한다. 우리는 현재 상황 속에서 할 수 있는 사업을 생각해야 한다는 것이다. 그런 것이 있다는 말인가? 분명 있기는 하지만, 지금 당장은 없다. 말하자면, 당신이 직장을 고르듯이 고를 수 있는 것은 아니라는 것이다. 그 말은 당신이 만들어가야 한다는 것이다.

하지만 이것은 전혀 부정적인 소식이 아니다. 이제 당신은 정말로 당신이 원하는 일을 선택할 수 있기 때문이다. 물론 처음부터 화려하지는 않겠지만, 당신의 열정이 조금씩 열매를 맺어 가는 것을 보는 행복을 누릴 수 있을 것이다. 그리고 무엇보다 수입이 늘어나게 될 것이다.

최악의 경우에도 걱정할 것이 없다. 잃을 것이 별로 없기 때문이다. 단 하나, 시간을 잃었다는 생각을 할 수도 있다. 하지만 믿기를 바란다. 전혀 쓸모 없는 경험은 없다. 그 잃은 시간으로 인해 미래에 잃을 수도 있었던 수많은 시간들을 살려낼 수도 있다.

백만 달러짜리 아이디어

모든 사업은 어떤 아이디어(Idea)에서 시작된다. 그 아이디어는 세상을 바꿀 만한 혁신적인 것일 수도 있고, 일상 생활을 조금 더 편리하게 해줄 수 있는 소소한 것일 수도 있다. 나와 당신에게도 이런 아이디어들이 풍부하게 있다. 가끔 신제품이나 새롭게 생겨나는 회사들을 보면서 '이런 거 나도 생각했던건데…' 하는 경험이 있을 것이다. 하지만 이것은 실제로 당신이 그런 비슷한 아이디어를 갖고 있었기 때문이라기보다는, 살면서 뭔가 불편함을 느끼던 부분이 있었고 막연하게나마 그런 것이 개선되었으면 좋겠다는 바람을 갖고 있었기 때문일 가능성이 높다. 즉, 구체적인 아이디어는 없었지만 신제품이 어떤 불편함을 해결해줬는지를 알만큼 그 불편함에 대해 많이 생각해왔었다는 것으로 이해할 수 있을 것이다.

꼭 신제품이 불편함만을 해결해주는 것은 아니다. 실제로는 우리는 불편하다고 느끼지 않고 잘 살고 있었지만, 더 편하고 효율적인 세상을 맛보게 해주는 것들이 더 많다. 예를 들어, 약 10년 전 아이폰 (iphone)이 세상에 나왔을 때는 전화도 되고 이메일도 보내고 음악도 들을 수 있는 아이팟(ipod) 정도로 여겨졌다. 물론 인터넷은 엄청 느렸지만 그것 때문에 쓸모 없다고 생각하는 사람은 별로 없었을 것이다. 인터넷이 된다는 것 자체가 경이적이었기 때문이다. 그러면 아이폰이 없던 시절에 우리는 어떻게 살았을까? 우리 딸들은 그 시절에 세상에 나오지도 않았기 때문에 상상 자체가 되지 않을 것이다. 하지만 우린 그때도 아주 잘 살고 있었다.

그런데 실제로 우리 삶에 영향을 주는 수많은 아이디어들은 이렇게 혁신적이지는 않은 것들이 대부분이다. 예를 들어, 당신이 대학교 졸업반이라면 지금 당신에게 가장 필요한 아이디어는 면접을 잘 보는 비결같은 것일 것이다. 만약 첫아이 출산을 앞둔 엄마라면 산후조리와 신생아에 대한 정보가 초유의 관심사일 것이고, 가족 여행을 구상하고 있는 아빠에게는 추억을 많이 쌓을 수 있는 여행지를 추천해주는 사람이 은인처럼 느껴질 수도 있다. 이것들은 세상을 바꾸는 놀라운 발명과는 거리가 멀지만, 적어도 그 아이디어가 필요한 사람들에게는 가장 가치 있는 아이디어일 수 있다.

정리해 보자면, 사업을 시작할 수 있는 아이디어는 사람들의 삶의 다양한 문제를 해결하거나 더 좋은 상태로 만들어줄 수 있는 것이면 충분하다고 할 수 있다. 그 이유는, 이런 아이디어의 쓰임새 자체가 곧 그 아이디어에 대한 수요가 있다는 것을 말해주고 있기 때문이다. 이 것은 우리에게 매우 희망적이고 중요한 의미를 준다. 이 수요의 존재 가 바로, 사업의 가능성을 보여주는 것이기 때문이다.

이 책의 2장 '절대 실패하지 않기 위한 7단계 전략'의 2단계에서 '어 떻게(how)'보다는 '무엇을(what)'이 더 중요한 것이라는 말을 했다. 어쩌 면 완전히 올인한다 해도 '어떻게' 해야 할지를 모르겠는데, 심지어 직 장을 다니면서 사업을 '어떻게' 하라는 말인가라는 생각이 들 수도 있 다. 공부나 투자와 마찬가지로 서점에는 사업과 관련된 수많은 책들이 있다. 아마도 많은 사람들이 정말로 원하는 책은, '무작정 따라하기' 같 은 책일지도 모른다. 뭘 '어떻게' 해야 할지 모르겠으니 그냥 '어떻게' 하는지 알려주면 좋겠다는 생각이 간절할 것이기 때문이다. 물론 결국 에는 '어떻게'도 중요한 주제이다. 하지만 '무엇을' 해야 하는지가 잘못 되면, 옳은 결과를 기대하기가 쉽지 않다.

사업은 분명히 경제적 자유로 가는 길을 훨씬 더 여유롭게 만들어줄 수 있는 강력한 도구이다. 하지만 지금 우리가 사업에 대해서 고려하 는 목적은, 사업으로 직장을 대체하려는 것이 아니라 현재 더 필요한 소득 부족분을 보충하고 앞날의 불확실성을 대비하기 위함이다. 일단 이것이 가장 기본적인 목표이다. 예를 들어, 월급으로 기본적인 생활 비는 충당이 되고 있지만, 은퇴 자금을 위해서는 전혀 저축할 여력이 없을 수도 있다. 이런 경우에는 사업을 통해 더 벌고자 하는 목표 소득액이 월 50만~100만 원 정도로 설정되면 충분할 수 있는 것이다. 물론 돈을 더 많이 벌게 된다면 당연히 마다할 필요는 없겠지만, 지금 이 도전을 하는 궁극적인 목표가 분명해야 한다는 말이다.

　백만 달러짜리 아이디어는 금이나 다이아몬드처럼 찾아내는 것이 아니라 뒷마당에 한 그루 나무를 키우는 것과 같을 수 있다. 당신은 이미 백만 달러짜리 아이디어를 갖고 있다. 다만, 지금은 눈에 보이는 열매가 없어서 그것이 무엇인지 알아차리지 못하고 있을 뿐이다. 대부분 사람들의 뒷마당에도 나무들이 심겨져 있지만, 그것들은 아무런 관심도 받지 못한 채 시들어 죽어버리곤 한다. 당신도 상황이 크게 다르지 않을 수 있다. 그러니 일단 그 씨앗이 싹이라도 틔우도록 도와야 할 것이다. 자, 이제 당신 뒷마당에 잠자고 있는 백만 달러짜리 아이디어를 깨워보도록 하자.

내 안에 잠자는 백만 달러짜리 아이디어를 깨워라 2

위험요소 #5-2
사업을 할 때의 위험들

성공의 비밀은 평범한 일을 비범하게 행하는 것이다.

하루 종일 일하는 사람은 돈 벌 시간이 없다.

− 존 데이비슨 록펠러

젊은 사업가의 성공 비밀

청년이 나이든 갑부에게 어떻게 부자가 되었는지를 물었다. 노인은 잠시 생각에 잠긴 듯하더니 천천히 말을 하기 시작했다.

"때는 1932년, 대공황이 한창일 때였지. 내게는 5센트짜리 동전 하나밖에 남아 있질 않았어. 그래서 나는 그 돈으로 사과 한 개를 샀다네. 그리고 하루 종일 사과를 닦고 또 닦았지. 그랬더니 하루가 끝날 무렵에는 그 사과를 10센트에 팔 수 있었어. 그래서 다음날엔 10센트로 두 개의 사과를 사서 또 하루 종일 닦고는 20센트에 팔았다네. 그렇게 한 달이 지나고 나니 1달러 37센트가 모이더군."

청년은 감격한 목소리로 물었다.

"그렇게 해서 이렇게 큰 부자가 되셨군요!"

노인이 대답했다.

"아니지! 그러다가 장인이 돌아가시면서 우리에게 200만 달러를 물려주셨어."

위의 짧은 유머는 부자가 되는 두 가지 방법을 알려주고 있다.

첫 번째 방법은 노인이 부자가 될 수 있었던 진짜 이유, 유산 상속이다. 내가 미국 회계법인에 근무할 때 모셨던 고객들 중에는 이런 부류의 부자들이 많이 있었다. 대대로 물려받은 재산은 자손들에게 중요한 종자돈이 되어 계속해서 부자로 살아갈 수 있게 해주는 발판이 되곤 한다. 우리 같이 평범한 사람들이 볼 때는 그저 걱정 없는 인생처럼 보일 수 있지만, 그렇게 배 아파할 일만은 아니다. 그 이유는, 물려받은 재산을 지켜 나가는 것 역시 대단히 어려운 일이기 때문이다. 불의하게 번 돈이 아니라면, 우리는 그 부자들의 노력과 지혜를 인정하고 배우려고 노력하는 것이 옳다. 그러니 지금까지 배운 것들을 몸에 익히고 실천하기 위해 노력하자. 그러다 보면 어느 새 당신도 갑부 노인의 장인과 같은 사람이 되어 있을지도 모른다.

두 번째 방법은, 바로 사업이다. 사과를 닦아 파는 사업이 갑부 노인이 부자가 된 결정적 이유는 아니었지만, 우리에게 사업은 여전히 중요한 의미가 될 수 있다. 누구든 노력을 통해 부를 쌓을 수 있는 현실적인 방법이기 때문이다. 그렇다면 만약 이 노인이 상속을 받지 않고 계속 열심히 사업을 해야만 했다면 어떤 결과를 볼 수 있었을까? 결과는 매우 충격적이다.

노인에게 있어서 5센트는 종자돈이었다. 노인의 사업 전략은 사과를 싸게 사서 아주 보기 좋은 사과로 만들어 파는 것이었다. 그리고 노인은 이렇게 생긴 수익을 모두 재투자해서 사업을 키워 나갔다. 사실 전략 자체로만 보면 놀랍기는커녕 하품이 나올 만큼 진부하고 단순해 보인다. 그런데 만약 이 전략이 현실적으로 가능한 것이었다면, 이론적으로는 이 사업은 매일 2의 제곱승으로 성장했을 것이다. 즉, 5센트로 사과 한 개를 사서 10센트에 팔고 10센트로 사과 두 개를 사서 20센트에 파는 식으로 매일 두 배씩 성장한다는 것이다. 혹시 파는 가격이 좀 세게 느껴지기는 해도 가능할 수도 있다는 생각을 했는가? 만약 이렇게만 팔 수 있다면, 이 5센트 투자로 한 달 동안 실제로 벌 수 있는 돈은 얼마였을까? 노인이 말한 1달러 37센트는 틀린 계산이었다. 한 달 만에 노인이 벌었을 돈은, 5,400만 달러다.

결과를 보니 갑자기 말도 안되는 소리였다는 생각이 들 수도 있다. 그렇다면 조건을 대폭 완화해 보겠다. 만약 사과를 사서 마진을 30%만 붙여 판다면 어떨까? 훨씬 현실적으로 보이는가? 이 경우 사과를 팔아서 남는 돈을 모두 재투자한다고 가정하고 계산을 해보면, 한 달 후 손에 쥐게 될 돈은 83달러가 된다. 방금 전 봤던 말도 안되는 사례보다는 훨씬 말이 되는 것 같다. 하지만 이렇게 3개월을 장사를 했다면 결과가 어떻게 될까? 3개월 후 이 노인의 재산은 무려 5억 달러를 넘기게 될 것이다. 자, 바로 내일부터 사과 장사를 해야겠다는 생각이 드는가?

결과적으로 보면 노인은 상속을 받을 필요도 없었다. 한두 달만 사과를 팔았어도 세계 최고의 부자가 될 수도 있었기 때문이다. 하지만 불행히도 그런 일은 절대로 일어나지 않았을 것이다. 계산에는 전혀 문제가 없다. 그러나 현실적으로 이런 사업은 존재할 수가 없다. 왜 그럴까?

이 사례에는 몇 가지 치명적인 오류들이 있다. 한 번 웃어보자고 한 얘기라서 원래 문제가 있었다는 것은 아니다. 사례를 다시 읽어봐도 너무 마진율이 비현실적으로 높다는 것 외에는 별로 문제될 것은 없어 보인다. 지금 이 사례를 이렇게까지 분석해보는 이유는, 많은 사람들이 사업을 할 때 이와 유사한 오류를 범하기 쉽기 때문이다. 그럼 그 오류들을 살펴보도록 하겠다.

첫째, 모든 사과가 당일에 전부 팔린다는 가정을 하고 있다.

둘째, 아무리 사과 사업이 커져도 그 사과를 살 사람이 충분히 많다는 가정을 하고 있다.

셋째, 이 계산에는 물류/유통비, 인건비, 물가, 세금 등 어떤 비용도 고려되어 있지 않다.

우선 세 번째 오류인 비용 문제는 투자 관련 비용 문제와 유사하다. 이 사례는 극단적으로 단순화된 사례이기 때문에 비용을 계산하지 않았지만, 사실 현재 사업을 하고 있는 사람들조차도 비용 문제를 간과하여 어려움을 겪는 경우들이 아주 많다. 물론 임대료, 인건비, 전기세 등 눈에 쉽게 보이는 비용들마저 무시하고 사업에 뛰어드는 경우는 매우 드물 것이다. 하지만 1%의 작은 수수료가 생각보다 훨씬 큰 차이를 만들어줄 수 있다는 사실을 깨닫지 못하듯이, 매일매일 비용 통제를 제대로 하지 못해서 더 좋은 결과를 내지 못하는 경우가 비일비재하다.

그렇다고 단지 이 비용 문제 때문에 유망한 아이디어가 빛을 못 보게 되는 것은 아니다. 사업에서 가장 중요한 것은 무엇보다도 사업 가능성 그 자체이다. 즉, 내 판매 아이템을 사거나 서비스를 이용할 사람이 있느냐 없느냐가 가장 중요한 문제라는 것이다. 사실 너무 당연한 얘기를 하는 것 아니냐고 생각할 수도 있다. 맞다. 정말로 너무 상식적인 얘기다. 그렇다면 왜 당신은 아직도 사과를 팔고 있지 않는가? 설마 사과라는 것을 사람들이 먹을지 안 먹을지가 불확실한 것인가?

사업의 위험 요소들

사과를 파는 것도 분명 사업이다. 심지어 사업성이 매우 좋은 사업이다. 사과라는 것이 무엇인지 이해시키고 설득해야만 팔릴 것이라는 걱정 같은 것은 하지 않아도 된다. 수요(Demand)는 걱정할 필요 없이 넘치도록 많고, 고객들이 무엇을 원하는지(Want)를 아는 것도 어렵지 않다. 정말로 이상적인 사업 아이템이 아닐 수 없다. 앞서 8장에서 말했듯이 수요의 존재 여부는 사업 성공 가능성을 가늠하는 데 가장 중요한 요소라 할 수 있다. 이제 한 가지 문제만 해결하면 된다. 이것만 해결되면 사과를 팔아서 백만장자가 되는 것은 시간 문제일 것이다. 그런데 이 문제를 해결해 나가는 것이 절대 만만치 않다. 그 문제는 바로 경쟁이 너무도 많다는 것이다.

첫 번째와 두 번째 오류는 이와 관련되어 두 가지 중대한 문제점을 갖고 있다. 우선 경쟁에 대한 고려가 전혀 없을 뿐더러, 수요가 얼마나 되는지에 대해 정확한 파악도 없다. 그저 물건을 사와서 팔면 다 팔 수 있으리라는 아주 단순한 생각을 하고 있는 것이다.

그런데 현실은 이렇지 않다. 설령 경쟁이 전혀 없는 독점 상품을 판다고 해도 분명 그 상품을 소화해 낼 수 있는 수요량은 정해져 있다. 만약 노인이 말한대로 사과 사업을 할 수 있었다면, 한 달 후 하루 판매량은 10억 개에 달하게 된다. 매일 대한민국 전 국민이 사과를 20개씩 사서 먹는다면 가능한 숫자이지만, 이것을 정상적인 사업 계획이라고 생각하는 이는 아무도 없을 것이다. 즉, 전 국민이 모두 당신에게서만 사과를 산다고 하더라도 하루에 10억 개를 팔기는 어렵다는 말이다.

그러면 전 국민이 일주일간 소비하는 사과가 평균 2개라는 통계가 나왔다고 가정해보자. 이때 전 국민의 하루 평균 사과 소비량을 계산해보면 1,428만 개가 된다. 그럼 이제 이 정도는 매일 팔 수 있다고 생각해도 될까? 당연히 그렇지 않다. 당신만 사과를 파는 것이 아니기 때문이다. 그렇다면 도대체 하루에 팔 수 있는 사과는 몇 개로 생각해야 옳은 것일까?

처음에 사과 얘기로 시작하는 바람에 계속해서 사과 얘기만 한 느낌이 든다. 하지만 지금까지 말한 얘기들에는 모든 사업에 적용될 수 있는 중요한 내용들이 담겨져 있다.

사업에 성공하기 위해서는 우선 당신이 갖고 있는 아이디어에 대한 수요가 얼마나 되는지를 신중하게 판단해야 한다. 만약 수요에 대한 확신이 생기면, 이제 경쟁이 얼마나 많은지를 파악해야 할 것이다. 이렇게 수요와 경쟁을 분석하는 이유는 사업의 투자 가치를 판단하기 위함이다. 즉 투자 대비 수익을 낼 수는 있을 것인지, 그리고 그 수익은 얼마나 될지를 예측해 보려는 것이다.

대부분의 사람들이 사업은 아무나 하는 것이 아니라고 생각하거나 위험하다고 느끼는 이유는 바로 이 수요와 경쟁에 대한 확신이 없기 때문이다. 실제로 수많은 사람들이 줄줄이 사업에 실패하는 이유도 수요와 경쟁에 대한 예측이 잘못되었기 때문인 경우가 대부분이다. 다시 사과의 예를 들어보자면, 사과는 수요에 대한 걱정은 할 필요가 없지만 경쟁이 너무도 치열하다. 본인만 최선을 다해도 성공이 보장된다면 정말 좋겠지만 그것은 너무도 순진한 생각이다. 최선을 다하는 것은 기본이다.

이런 현실 때문에 사업에 도전하려는 사람들은 획기적인 아이디어에 집착하는 경우가 많다. 혁신적인 제품이나 획기적인 아이디어를 개발하면 그야말로 경쟁이 없는 사업을 할 수 있기 때문이다. 하지만 만약 이 획기적인 아이디어에 아무도 관심을 갖지 않는다면 어떡할까? 아무리 애를 써서 신제품을 개발한다 하더라도, 아무도 사지 않을 수도 있는 것이다. 물론 그 누구도 이런 불행한 미래를 생각하면서 신제품 개발을 위해 날밤을 새우지는 않겠지만 말이다.

자, 그런데 이런 상황을 역으로 생각해보면 사업 성공 가능성을 높이려면 우리가 무엇을 해야 하는지를 알 수 있다. 이를 좀 더 직접적으로 표현하자면, 우리의 노력으로 사업의 성공 가능성을 높일 수 있다는 말이다. 지금부터 이 내용에 대해 살펴보도록 하겠다.

성공하는 사업의 조건

혹시 평소에 생각해오던 사업 아이디어가 있는가? 아니면 주변에서 최근 뜨고 있다는 사업 아아템을 들은 것이 있어서 마음이 끌리고 있는가? 만약 그랬다면, 당신은 아마도 그것들이 정말 안전하고 전망이 좋은 것인지 아닌지 누군가 속 시원히 알려주기를 원했을지도 모른다. 혹 이 책에서 그런 몇몇 좋은 사업 아이템들을 소개해줄지도 모른다는 기대감을 갖고 있었을지도 모르겠다. 그 심정은 충분히 이해가 간다. 하지만 당신에게 가장 필요한 대답은 어떤 사업을 선택해야 하는가가 아니다. 물론 당신에게 알맞은 사업을 선택하는 것도 엄청나게 중요한 문제이다. 그러나 그보다도 훨씬 중요한 문제가 있다. 그것은 바로 그 사업의 성공 가능성이다. 이 글을 읽고 있는 당신이 앞으로 무엇을 하게 될지 나는 모른다. 이것은 당신 역시 명확히 알기 어려운 것이다. 따라서 지금 이순간 당신과 나에게 가장 중요한 과제는, 당신이 무엇을 하든 성공해야만 한다는 것이다.

어떤 제품을 팔면 좋을지 어떤 서비스를 제공해야 할지를 선택할 때, 그 성공 가능성을 높이기 위해서는 다음 조건에 맞는 것을 선택해야 한다.

첫째, 수요(Demand)가 충분히 많이 존재해야만 한다. 여기서 수요란, 우리 상품이나 서비스를 간절히 원하는 구매자들을 말한다. 수요가 충분히 많다는 것은, 우리와 같이 계속해서 생겨나는 사업자들을 충분히 감당해낼 수 있다는 것을 의미한다. 즉, 사업자가 많아져도 고객이 될 만한 사람들이 여전히 충분하다는 것이다. 이것은 사업을 고려함에 있어 매우 중요한 의미가 있다. 그것은 바로 이런 사업이 경쟁력이 있다는 것이다.

방금 말한 내용은 일반적인 사람들의 생각과는 정반대의 생각일 수 있다. 수요가 많다는 얘기는 사업자가 이미 많이 있을 가능성이 높고, 그것은 경쟁이 많다는 것을 의미할 수 있다. 그런데 그런 시장에 진입하는 것이 경쟁력이 있다는 것은 앞뒤가 안 맞아 보이기 때문이다. 이런 우려에 대해서 세계적인 마케팅 명사인 세스 고딘(Seth Godin)은 이런 말을 한 적이 있다.

"사람들이 어떤 도전을 하려다가 포기하는 첫 번째 이유는, 이미 누군가가 그것을 하고 있기 때문이라고 합니다. 또는 내 아이디어가 새로운 것이 아니라거나, 경쟁이 너무 많아서 힘들 것이라는 이유를 대기도 합니다. 자, 이제 제가 두 가지 좋은 소식을 알려드리겠습니다.

첫째, 경쟁이 있다는 것은 가능성을 얘기합니다. 그곳에는 이미 상품이 필요하다는 얘기입니다. 즉, 어느 회사가 선택될지는 몰라도 상품은 분명 팔릴 것입니다. 누가 그 상품을 살까 안 살까의 문제는 없다는 말입니다. 그 어느 회사 중에 당신이 포함될 수도 있는 것입니다. 이런 상황이면 가격을 정하는 것도 더 쉬워집니다. 비교 대상이 있기 때문입니다.

둘째, 세계에는 60억 명 이상의 사람이 살고 있습니다. 설령 당신이 왼손잡이 목수를 위한 수제 대패를 팔려고 생각한다 하더라도, 그런 제품을 사려고 하는 사람들의 수는 셀 수도 없을 만큼 많을 것입니다. 하려는 일을 그만둬야 하는 타당한 이유는 많이 있을 수 있습니다. 하지만 경쟁이 있다는 것은 그 이유가 되지 못합니다. 설령 구글이 경쟁자 중 하나라고 해도 말입니다."

물론 어느 시대에나 혁신가는 존재한다. 그들은 스스로 수요를 창출해 내거나 기존 수요자들의 생각을 뒤집어 놓기도 한다. 막연하게나마 사업을 생각하는 사람들은 이런 의미의 사업을 꿈꾸는 경우가 많다. 그것은 곧 경쟁이 없는 시장을 의미하기 때문이다. 하지만 성공한 혁신가들 뒤에는 그들의 수백, 수천 배가 넘는 실패들이 숨겨져 있다.

만약 이미 경쟁이 존재한다면, 그것은 사업성이 있다는 반증이 될 수 있다. 이제 우리가 할 일은 그 경쟁에서 이기는 것이다. 이것이 바로 사업 성공 가능성을 높이기 위한 두 번째 조건이다.

이 두 가지 조건을 간단히 정리하자면, 내 상품이나 서비스를 원하는 사람들이 충분히 많이 있어야만 하고 그들의 선택을 받을 수 있을 만큼 충분한 경쟁력이 있어야 한다는 것이다. 우리가 사업에 성공하기 위해서는 이런 조건에 부합한 시장을 찾아내야 한다. 우리는 이런 시장을 목표시장(Target market)이라고 부른다.

나의 목표시장을 명확히 이해하기 전에는 사업 및 상품은 존재할 수가 없다. 성공이냐 실패냐는 이미 이 단계에서 결정이 난다 해도 과언이 아니다. 성공 가능성과 수익성이 높은 목표시장을 찾아내고, 그 시장 안의 고객들의 목소리를 듣고, 그들의 문제를 해결해주는 것. 이제 그 방법을 알아보도록 하자.

백만 달러짜리 목표시장 선정하기

"사업이 더 잘되게 하려면 어떻게 해야 하나요?"

회계사로서 가장 많이 받는 질문 중의 하나가 아닐까 한다. 누군가가 이런 질문을 하면 나는 답변을 하기 전에 한 가지를 먼저 묻는다.

"당신의 타겟 고객(Target customer)은 누구입니까?"

이렇게 질문하면, 많은 경우 이런 식의 답변이 돌아오곤 한다.

"글쎄요, 뭐 누구를 가릴 처지인가요?"

"이 동네사람 전부라고 봐야겠죠. 누가 물건을 살지 어떻게 압니까?"

사실 고객이 넘쳐나서 사업하기가 지긋지긋하다는 사람은 별로 없을 것이다. 간혹 독보적인 기술을 갖고 있는 명인의 경우에는 실제로 고객의 숫자를 감당하지 못하는 경우가 생기기도 한다. 하지만 대부분의 사람들은 그런 걱정 같은 것은 하지 않아도 될 것이다.

더 많은 고객을 얻고 싶은 간절함이 있을 때, 대부분의 사업자는 가능한 한 더 많은 사람들을 대상으로 마케팅하기를 원한다. 그러면 이것이 잘못된 것일까? 사실 특별한 어떤 대안이 없는 이상 다른 선택은 없어 보일 수도 있다. 하지만 사실 이것은 매우 큰 실수이다.

우리가 타겟 고객, 즉 목표시장을 더 구체적으로 좁혀 나가야 한다는 것은 상식적인 것이다. 예를 들어, 골프채를 잘 팔고 싶으면 운동을 좋아하는 모든 사람보다는 이미 골프용품이나 골프의류를 구매한 사람들을 대상으로 집중 홍보를 하는 것이 더 효과적일 가능성이 높을 것이다. 그런데 실제로는 그렇게 하지 못하고 있다면, 그 가장 큰 이유는 그러다가 정작 상품을 사려고 마음먹은 사람들까지 제외시켜버릴까 봐 우려되기 때문일 것이다.

이런 모습은 마케팅에 경험이 없는 사람들의 전형적인 걱정이고, 또 흔한 실수이다. 이제부터 도대체 왜 타겟 고객을 좁혀 나가는 것이 그렇게 중요한지를 살펴보도록 하겠다.

우리가 알다시피 대기업들은 소위 TV, 신문 등의 대중 매체(Mass media)를 통한 '브랜드 마케팅(Brand marketing)'에 주력한다. 이런 종류의 마케팅은, 쉽게 말하자면 마치 짙은 안개 속에서 활을 당기는 것과 같다. 목표물이 어디 있는지는 잘 모르겠지만, 일단 뭔가 있을 것 같은 쪽으로 엄청난 양의 활을 쏘고 그 중 몇 개라도 목표물에 맞기를 바라는 것이다.

이런 브랜드 마케팅은 말 그대로 이름을 알리는 것이다. 정확히 누가 그 이름을 알게 될지, 그 이름을 알게 된 후에는 어떤 일이 벌어지게 될지는 아직 확실치 않다. 여하튼 여러 매체(Media)를 통해 계속해서 메시지가 전달되다 보면, 분명 그 메시지에 관심 있는 사람들에게도 전달이 될 것이고 그 중 일부는 결국 구매도 하게 될 것이다.

자, 어떤 생각이 드는가? 활을 쏘다 보면 분명 목표물에 맞는 것도 있을 것이다. 효과가 전혀 없다는 것은 아니다. 하지만 적어도 소규모 사업자들 입장에서는 아주 큰 문제가 있을 수 있다. 그것은 절대로 화살이 충분하지 않을 것이기 때문이다. 즉, 돈이 문제라는 말이다.

우리가 하려고 하는 1인 사업 또는 소규모 사업의 경우, 그 사업의 이름이 알려져서 사람들이 스스로 찾아오도록 만들기까지 현실적으로 계속해서 화살을 쏘고 있을 수는 없다. 즉, 작은 규모의 사업이 성공하기 위해서는 더 구체적인 목표시장을 정확히 표적으로 삼아야 한다. 일반적으로 이런 목표시장은, 틈새시장 또는 니치(Niche)라고 불린다.

무한한 기회가 있는 나만의 틈새시장 찾아내기

틈새시장을 찾는 것은 정말로 중요하다. 그 이유는 돈을 더 벌고 덜 벌고의 문제가 아니라, 만약 시장을 잘못 선택하면 아무것도 제대로 되는 것이 없을 것이기 때문이다. 그땐 상품이 문제가 아니다. 어떤 마케팅 전략을 쓰느냐도 중요하지 않다. 아무리 훌륭한 상품이 있다고 하더라도, 또 어떤 최고의 마케팅 전략을 쓴다 하더라도 모든 것이 힘든 싸움이 될 것이다. 하지만 반대로 틈새시장을 올바로 선택하면 모든 상황은 아주 쉬워질 수 있다.

그런데 틈새시장이란 정확히 무엇일까? 아마도 틈새시장이라는 말을 처음 들어본 사람은 별로 없을 것이다. 마케팅 관점에서 보면, 틈새시장을 개발하는 것은 기존의 고객 또는 시장을 세분화해서 더 다양한 상품이나 서비스를 제공하는 것이라고 설명될 수 있다. 그렇다면 어떤 기준으로 시장을 세분화한다는 것일까?

8장에서 내가 처음 회계법인을 창업하게 된 이유에 대해서 말한 바 있다. 그 중 첫번째 이유는 평범한 사람들도 경제적 자유를 이룰 수 있도록 돕고 싶었기 때문이었다고 했다. 이런 일을 직업적으로 하는 사람들을 뭐라고 부를 수 있을까? 미국에서는 이들을 Financial Advisor 또는 Financial Planner라고 부른다. 한국말로 번역하면 재무 상담가 또는 재무 설계사 정도가 알맞을 것 같다. 그렇다면 나는 이런 Financial Advisor라는 새로운 직업을 가지려고 잘 다니던 회계법인을 그만둔 것일까? 그렇지 않다. 나는 고객들의 재무적 문제들(Financial issues)도 해결해줄 수 있는 전문성(Specialty)을 겸비한 회계사(CPA)가 되고자 했던 것이다.

한국도 그렇겠지만, 미국에도 개인들의 재무 상담이나 투자 관리를 도와주는 전문가들이 아주 많이 있다. 말하자면, 개인 재무 상담을 틈새시장이라고 볼 수는 없는 것이다. 오히려 포화(Saturated) 시장이라고 보는 것이 맞을 것이다. 그런데 나는 앞서 언급한 것처럼 기존 재무 상담 시장에 존재하는 두 가지 문제에 집중하게 되었다. 첫째는 상담을 받을 만한 형편이 안 돼서 재무 상담 기회를 얻지 못하는 사람들이 많다는 것이었고, 둘째는 특정 회사의 특정 상품에 제한되어 있는 재무 상담의 한계 속에서 과연 최선의 조언을 얻을 수 있는지에 대한 검토가 필요하다는 생각이었다.

나는 이 일을 할 수 있는 전문가 중에서 세무사 또는 회계사가 최적이라는 생각을 했다. 그 이유는 우리는 기존 고객들의 재무 상태를 누구보다 잘 알고 있고, 무엇보다 특정 상품 판매나 특정 회사의 이익에 구애받지 않고 이 모든 고객들에게 기회를 제공해줄 수 있기 때문이다. 그렇기 때문에 나는 개인적으로 모든 회계사들이 고객들을 위한 재무 상담을 할 수 있게 되면 좋겠다는 바람이 있다. 물론 간단한 관심 정도가 아니라 제대로 된 솔루션이 필요한 것이기 때문에 매우 진지한 노력이 요구된다. 그래서 어떻게 하면 다른 회계사들을 제대로 도울 수 있을까 많은 고민을 하고 있다. 하지만 앞으로 실력이 겸비된 회계사들이 많아질수록 그들 고객들의 재무 상태가 더욱 견고해질 수 있는 기회가 많아질 것이라는 기대는 확고하다.

하지만 이런 좋은 의도만 가지고 있다고 일이 이루어지는 것은 아니다. 당연히 많은 고객들이 나를 알게 되어서 우리 회계법인을 찾아오는 것이 우선되어야 할 것이다. 이미 말했지만, 나는 필라델피아 지역에 가족이나 친구가 전혀 없었다. 혹여나 같은 교회 교인들이나 살면서 알게 된 분들이 나를 도와주고자 회계사를 바꿀 수도 있겠지만, 그저 그런 막연한 기대감으로 창업을 하는 것이었다면 그냥 계속 회사에 다니는 것이 백 번 나았을 것이다. 즉, 나는 그런 기대를 전혀 하지 않았다. 대신에 내가 선택한 전략은 틈새시장을 공략하는 것이었다.

사실 회계사가 재무 상담 서비스를 제공한다는 것만으로도 어느 정도는 이를 틈새시장으로 볼 수 있었다. 그러나 그것만으로는 부족했다. 그래서 나는 이 재무 상담 틈새시장을 두 가지 더 세분화된 틈새시장으로 나누었다. 그것은 부동산 투자자를 위한 절세전략과 은퇴소득을 최대화하는 투자 전략이었다. 이 두 가지 전략들은 모두 기존의 투자 전략과 절세 전략 모두를 아우르는 전략이었다. 이것이 고객들에게 특별하게 느껴진 이유는, 당연한 얘기지만 나는 그들에게 절세 전략을 소개할 뿐만 아니라 직접 세금보고서를 작성할 수 있는 사람이었기 때문이다. 이 얘기만 들으면 별로 중요한 문제 같지 않아 보일 수도 있지만, 실제로는 생각보다 매우 중요한 문제다.

예를 들어, 부동산 투자를 하려고 할 때를 생각해보자. 이때 투자자들은 거의 대부분의 시간을 부동산 전문가와 함께 보낸다. 그리고 그들로부터 투자 전략뿐만 아니라 절세 전략까지 듣게 되곤 한다. 이런 과정에서 얼마나 많은 사람들이 회계사 또는 세무사들과 이 투자건에 대해 논의를 하게 될까? 설령 회계사가 이 투자 의사결정 과정에 참여했다고 하더라도, 회계사가 부동산 투자를 판단할 능력이 되지 않으면 세법 이상의 의미 있는 의견(Second opinion)은 기대하기 힘들 것이다. 물론 모든 회계사들이 이 분야를 틈새시장으로 삼을 수는 없다. 나의 경우는 직전에 근무하던 회계법인에서 내 전문 분야가 바로 부동산 사모펀드(Private equity) 투자감사였기 때문에 부동산 투자자를 위한 절세전략은 나의 강력한 틈새시장이 될 수 있었다.

이 두 가지 틈새시장 외에도 나는 한 가지 틈새시장을 더 갖고 있었다. 그것은 해외에 금융재산을 갖고 있는 미국 시민권자 및 영주권자들이 지켜야 할 해외 금융계좌 신고 의무였다. 지금은 시간도 많이 지났고 언론과 금융기관을 통해 많이 알려졌지만, 2009년도에 이 법안이 갑자기 이슈화되었을 때는 많은 사람들이 큰 혼란 속에 빠지게 되었다. 다행히 나는 미국 회계법인에서 이와 같은 해외계좌 신고를 이미 해오고 있었기 때문에 그 법안에 대해 잘 알고 있었고 해결 방법에 대해서도 많은 정보를 갖고 있었다. 결과적으로 이 내용은 나에게 시기적으로 매우 적절한, 그리고 강력한 틈새시장이 될 수 있었다.

나는 창업 후 지역신문에 칼럼을 게재하면서 의도적으로 회계사의 대표적이고 전형적인 주제인 세법과 회계에 대한 얘기들을 많이 하지 않고, 나의 틈새시장과 관련된 내용들을 연재하기 시작했다. 광고 역시 마찬가지로 틈새시장과 관련된 서비스 위주로 작성되었다. 또한 창업 첫해에 회계사로서는 이례적으로 부동산 투자교실을 진행한 것을 시작으로, 매년 여러 가지 투자와 관련된 세미나를 개최해왔다. 혹자들은 이것을 집중의 성과라고 해석할지도 모른다. 하지만 중요한 것은 한 분야에 집중하고 있다는 것이 아니다. 관건은 그 분야가 틈새시장으로써, 즉 목표시장으로써 얼마나 가치가 있느냐일 것이다.

올바른 틈새시장을 판별하는 방법

자, 이제 틈새시장과 관련된 가장 중요한 얘기를 하려고 한다. 그것은 어떻게 사업 성공 가능성이 높은 틈새시장을 선택할 수 있는지에 대한 내용이다. 이를 제대로 이해하기 위해서, 창업 당시 내가 틈새시장들을 선택한 과정을 다시 들여다보도록 하자. 앞서 얘기한대로 내가 선택한 틈새시장은 다음과 같이 세 가지였다.

1. 부동산 투자 방법들과 투자자들을 위한 절세 전략

2. 은퇴소득을 최대화할 수 있는 투자 전략

3. 미국 및 해외 거주 미국인들의 해외계좌 신고의무

만약 당신이 회계사가 아니거나 회계사가 어떤 일들을 하는지를 정확히 모른다면 아마도 뭔가 있어 보이는 틈새시장이라고 느낄지도 모르겠다. 하지만 만약 회계사들이 이 세 가지 내용을 본다면 대부분 이런 반응을 보일 것으로 거의 확신한다.

"이게 틈새시장이야? 이런 서비스 안 하는 회계사가 어디 있어?"

물론 이런 말을 하는 회계사들이 이 서비스들의 세부 내용을 얼마나 이해하고 있을지는 의문이지만, 적어도 그들 자신도 이런 종류의 서비스를 제공하고 있다고 생각할 가능성은 매우 높다. 왜냐하면 이 서비스들은 회계사들의 전형적인 서비스 목록의 일부이기 때문이다. 실제로 대부분의 회계법인 광고를 보면 이 내용들이 대부분 포함되어 있다. 솔직히 어떤 고객이 올지도 모르고, 기존 고객들도 갑자기 새로운 서비스를 요청할 수 있기 때문에 가능한 한 많은 서비스를 적어 놓는 것은 당연한 것일 수 있다. 설령 모든 서비스 내용을 다 잘 알지는 못한다 하더라도 말이다. 나 역시 충분히 이해한다.

하지만 여기에는 한 가지 큰 문제가 있다. 모두들 이렇게 한다면, 고객들에게 구별되기가 어렵다는 것이다. 이 문제는 특별히 새로 창업하는 경우에 더 심각하게 다가올 수 있다. 그렇다고 하더라도 그 많은 서비스들 중 어떤 것을 틈새시장으로 선택해야 할지는 참 쉽지 않은 문제다. 그럼 나는 어떻게 틈새시장을 선택했을까? 다음은 당시에 내가 찾고 있던 틈새시장들이다.

- 부동산 투자에 관심은 있지만 자신에게 알맞은 종류의 부동산이 무엇인지에 대한 확신이 없고, 투자 실패에 대한 두려움이 있는 사람들
- 부동산에 투자하면서 부동산의 절세 혜택을 못 보고 과도하게 세금을 많이 내는 사람들
- 현재 저축액으로 은퇴를 할 수 있을지조차 걱정되는 사람들
- 똑같은 저축액으로도 전략에 따라 은퇴소득이 달라질 수 있다는 사실을 모르는 사람들
- 그동안 해외계좌에 대한 신고를 하지 않아서 잠 못 이루는 사람들
- 본인이 해외계좌 신고의무가 있다는 사실을 모르는 사람들. 특히 한국에 사는 미국인들
- 한국에 살고 있더라도 여전히 미국에 세금 보고를 해야 한다는 사실을 모르는, 그래서 제대로 세금 보고를 하지 않은 미국 시민권자/영주권자들 및 기타 보고의무자들

자, 앞서 소개한 세 가지 틈새시장 목록과의 차이점을 알아차릴 수 있겠는가? 지금 나열한 일곱 가지 내용들은, 사람들이 갖고 있는 골치 아픈 문제들이나 그들이 느끼고 있는 필요들이다. 반면에 위의 세 가지 내용들은 이 문제나 필요를 해결해줄 수 있는 서비스 목록들이다. 말하자면, 틈새시장을 찾는 과정은 어떤 상품이나 서비스들이 나열되어 있는 목록 중에서 하나를 고르는 것이 아니라, 사람들이 갖고 있는 문제와 필요를 분석해서 만들어가는 것이라고 할 수 있다.

지금까지 틈새시장에 대해 어떻게 이해하고 있었는지는 모르겠지만, 이제부터는 생각의 전환이 필요하다. 수요가 존재한다고 해서 꼭 그것이 상품을 구매할 정도라고 말할 수는 없다. 또한, 설령 구매가 일어나는 상품이라고 해도 사람들이 꼭 나에게서 사리라는 보장은 없다. 무엇보다 애초부터 내 상품이나 서비스가 그들의 문제를 해결하거나 필요를 채워주기에 부족할 수도 있다. 그렇기 때문에, 틈새시장을 찾을 때는 잠재고객들의 문제와 필요를 이해하는 것에서부터 출발하는 것이 현명하다. 그런 후에 그들의 문제와 필요를 해결해줄 수 있는 알맞은 상품을 찾아보고 개발하고 제시해야 한다.

올바른 틈새시장인지를 판가름하기 위해서는 다음의 세 가지 질문을 해볼 수 있다. 만약 이 질문들 모두에 대해 'Yes'라는 답이 나온다면, 이는 매우 강력한 틈새시장이 될 가능성이 높다. 만약 그렇지 못하다면, 'Yes'가 되지 못한 부분을 보완하기 위해 더 노력을 해보는 것이 좋을 것이다. 그 세 가지 질문은 다음과 같다.

첫째, 지금 당신의 잠재고객(Potential Clients)들은 고통이나 절박함, 또는 강렬한 열정을 경험하고 있는가?

이 질문은 그들이 감정적으로 동기부여가 충분히 되어 있는지를 묻는 것이다. 만약 그들이 감정적인 움직임이 없거나 감정적인 고통 또는 열망이 없다면, 그런 시장에는 들어가지 않는 것이 좋다.

둘째, 당신의 잠재고객은 적극적으로 그 문제들에 대한 해결책을 찾고 있는가?

말하자면, 그들이 가만히 현실에 안주하고 있지 않고 그들의 문제를 해결하기 위해 사방을 헤매고 있느냐는 말이다. 만약 그렇다면, 이것은 충분히 강력한 동기부여가 있다는 증거가 될 수 있다. 즉, 매우 이상적인 고객이 될 수 있다는 것이다. 당신이 아무리 세계 최고의 해결책을 갖고 있고 그것이 설령 고객의 삶을 완전히 뒤바꿔 놓을 수 있다고 해도, 정작 그들이 답을 찾아 헤매고 있지 않다면 그들은 충분히 당신을 무시하고 살아갈 수 있다. 물론 당신은 도저히 납득이 되지 않는다는 눈으로 그들을 쳐다보겠지만 말이다.

셋째, 당신의 잠재고객들에게는 다른 대안이 별로 없는가?

이 질문은 아주 중요하다. 왜냐하면, 만약 고객이 다른 대안이 많이 있다고 생각한다는 것은 곧 수많은 경쟁을 의미하기 때문이다. 나는 고객들에게 이런 말을 듣기를 원한다. "이런 방법이 있었다는 것은 들어본 적도 없고 생각할 수도 없었어요!"

나는 사업 초창기부터 적어도 나의 틈새시장 서비스들에 대해서는 이런 말들을 많이 들어왔다. 그럴 때마다 나는 없던 힘까지 생기는 듯한 희열을 느끼곤 한다. 이런 감정은 내가 틈새시장을 잘 선택했다는 만족감일 수도 있지만, 그것보다는 내가 고객의 문제에 대해 남다른 신경을 써온 것을 고객이 알아주고 있다는 것에 대한 감사함이라고 생각한다.

이런 상황이 되면, 당신은 당신 자신에 대한 가치를 창출해낼 수 있다. 이 말은, 더 이상 가격으로 경쟁을 하지 않게 될 수도 있다는 것이다. 이렇게 되면, 그 틈새시장이 얼마나 크고 작든 그 시장은 당신 것이 될 수 있다.

성공의 핵심은 마케팅이다

나에게는 두 딸이 있다. 여자 형제가 없고 남자 사촌들이 득실거리는 환경에서 자란 탓인지 딸을 둘 키우는 것은 사실 문화 충격에 가까웠다. 그런데 이제는, 세상에 존재하는 거의 모든 바비(Barbie) 영화와 온갖 공주들 영화의 캐릭터 및 스토리를 외우고, 장난감 공주들의 옷을 입히고 머리를 빗기고 부러진 팔다리를 붙여주는 일을 아무렇지도 않게 하고 있다.

그러나 오해하지 말기를 바란다. 딸을 키우는 아빠들은 대부분 공감하겠지만, 내가 변한 것은 아니다. 나는 여전히 액션과 스릴러 영화를 더 좋아한다. 다만, 딸들을 키우면서 여자 아이들의 생각을 이해할 수 있게 된 것이다. 그래서 이제는 자신 있는 것이 하나 있다. 아빠가 사주는 장난감이나 아빠가 골라서 보는 영화에는 실패가 별로 없다. 나는 이제 내 딸들이 무엇을 좋아하는지 잘 알기 때문이다. 때로는, 딸들보다 그 아이들이 좋아할 만한 것들을 더 잘 알기도 한다. 마치 아내가 나보다도 내 입맛을 더 잘 아는 것처럼 말이다.

어떻게 이럴 수 있을까? 그것은 내가 딸들과 공감을 하기 때문이다. 아니, 공감을 하기 위해 눈높이를 맞추려고 노력하고 있기 때문이다. 이렇게 공감하는 것은, 틈새시장을 선택하고 마케팅을 진행할 때 매우 중요하다. 누군가와 공감을 하면, 내가 그들을 위해 무엇을 해주어야 하는지를 이해할 수 있기 때문이다. 하지만 적당한 공감으로는 그들의 마음을 움직이기가 어렵다. 당신이 온 힘을 다해 공감하는 누군가가 있다면, 이 말의 무게감을 알 수 있을 것이다.

그래도 여전히 현실은 만만치 않다

만약 당신이 돈을 벌기 위해 일을 하고 있다면, 당신에게 가장 부족한 것은 시간일 것이다. 지금까지 우리가 사업에 대해 살펴본 내용들은 절대로 간단한 부업에만 적용되는 내용이 아니었다. 1인 창업을 하든 수백 억 매출을 올리는 기업을 운영하든 기본 원리는 동일하다. 하지만 아무리 동기부여가 되어 있고 좋은 사업 아이디어가 있다고 하더라도 실제로 이것을 실행에 옮기는 것은 쉽지 않다. 시간이라는 큰 제약이 있기 때문이다. 그렇다고 지금 하고 있는 일에 영향을 주는 것은 위험하다. 아무리 확신이 있다고 하더라도, 늘 확실한 대안 하나쯤은 갖고 있어야 한다.

그 다음으로 문제가 되는 것은 자금(돈)이다. 앞에서 소규모 사업에 대기업의 마케팅 기법을 적용하는 것은 적절치 않다는 말을 했다. 전략 자체의 효용가치를 따지기 전에, 일단 자금 문제가 존재하기 때문이다. 아이디어를 내는 데는 돈이 들지 않지만, 그것을 실현시키기 위해서는 돈이 든다. 물론 그 투자에 대한 결과는 전혀 보장이 없다. 따라서 우리가 현재 상황에서 할 수 있는 사업을 생각할 때는 이 자금 부담이 적으면서도 효과가 높을 만한 것을 찾아야 할 것이다.

이 외에도 사업을 할 때 신경 써야 할 일들은 많이 있다. 하지만 이미 사업을 하고 있는 사람들과 얘기해보면, 생각보다 그렇게 힘들 것 같지는 않다는 느낌을 받을지도 모른다. 혹시라도 그런 느낌을 받았다면 한 가지를 명심하기 바란다. 그것은 그 짧은 대화만으로는 절대로 그 본질을 알기 어렵다는 것이다. 이것은 어른과 아이들의 대화를 생각해보면 이해가 쉬울 것이다.

우선 모든 어른이 올바른 길만 걸어온 것은 아닐 것이다. 그렇지만 결과적으로는 모두 어떻게든 어른이 되었다. 그러면 그들도 무슨 얘기든 본인이 자라온 얘기를 해줄 수는 있을 것이다. 문제는, 아이들은 그 중 어떤 어른이 걸어간 길이 옳은 길인지를 잘 분별할 수가 없다는 것이다. 아이들 눈에 어른들은 대체로 대단한 사람으로 여겨지기 때문이다.

또한, 어른들은 자신들이 지나온 길을 모두 다 기억할 수가 없다. 때로는 미화되기도 하고, 때로는 함축되기도 한다. 이것은 세상의 존경을 받고 있는 어른도 예외는 아니다. 이들의 말을 듣고 있노라면 가슴이 뜨거워지는 것을 느낄 수도 있다. 감동을 하기도 하고 눈물을 흘리기도 하고 다짐을 하게 될 때도 있을 것이다. 그런데 만약, 그들의 인생 드라마에서 모든 등장 인물과 주변 환경들은 모두 똑같이 설정해놓고 주인공만 당신으로 바꾸어 놓는다면 과연 이야기는 어떻게 흘러갈까? 어느 누가 주인공이 되어도 결말은 같게 될까? 현실은 그렇지 않다.

우리는 이미 투자에 대한 얘기를 하면서 이와 유사한 문제를 다루었다. 결론적으로 말하자면, 우리는 우리가 할 수 있는 정도의 사업에 도전해야만 한다. 우리가 할 수 있는 사업이란 무엇일까? 일단 우리의 한계인 시간, 자금, 그리고 경험들이 큰 문제가 되지 않는 것이어야 할 것이다. 하지만 이렇게만 얘기하면 여전히 답답하다. 그래서 이제 당신에게 한 가지 방향을 제안해주려고 한다.

좋아하는 것을 하면서 돈을 벌 수 있다면?

한 번 생각해보자. 당신은 어떤 것에 관심이 많은가?

관심이 많은 분야는 현재 직업일 수도 있고, 취미일 수도 있다. 또는 알고 싶은 것, 해보고 싶은 것, 해야만 하는 것, 피하고 싶은 것, 가보고 싶은 곳, 먹고 싶은 것 등등 사람마다 지금 관심이 있거나 그동안 관심을 가져온 것, 그리고 앞으로 관심을 더 기울이고 싶은 것들이 다양하게 있을 것이다. 그런데 나와 마찬가지로, 다른 사람들도 다양한 분야에 관심을 갖고 살아가고 있지 않을까? 그렇다면, 그런 관심사 중에는 지금 해결해야 할 문제나 지금 간절히 원하는 어떤 것들도 포함되어 있을 것이다. 자, 방금 상당히 익숙한 말이 나왔다. 지금 해결해야 할 문제와 간절히 원하는 것. 이것은 바로 올바른 틈새시장을 판별하는 기준들이었다.

여기에서 우리는 한 가지 중요한 힌트를 얻을 수 있다. 내가 관심을 갖고 있는 것들이 훌륭한 틈새시장이 될 수도 있다는 사실이다. 예를 들어 나처럼 세무회계 분야에서 오래 일하다가 은퇴를 하는 사람이라면, 세법이나 회계장부 정리와 같은 문제들에 대해서는 일반 관심의 수준이 아닌 숙련된 전문가 수준일 것이다. 만약 이런 사람이 은퇴 후에도 돈을 벌어야 하는 상황이라면 어떤 일을 하는 것이 좋을까? 생각할 것도 없이 치킨집이나 편의점에 도전해야만 하는 것일까? 솔직히 오죽 불안했으면 모두들 남들이 하는 대로 할 수밖에 없었을까 하는 생각도 든다. 그러나 상식적으로 생각해 본다면, 전혀 경험해보지 않은 다른 일에 도전하는 것보다는 본인이 제일 잘 하는 것을 이용해서 돈을 버는 것이 가장 안전하기도 하고 쉬울 것이다.

여기까지는 이해할 만한 얘기다. 그런데 도대체 그것을 어떻게 이용하라는 말인가? 간단하다. 당신이 아는 것을 알고 싶어하는 사람들에게 나눠주면 된다. 어떤 직업이나 어떤 관심 분야이든 관계없다. 세상에는 당신과 비슷한 관심을 갖고 살아가는 사람이 셀 수 없을 만큼 많다. 그럼 그런 관심 분야들에는 어떤 것들이 있을지 생각해보도록 하자.

창업/부업

투자/부동산

건강/웰빙/다이어트

교육/자기계발

취업/인터뷰/프리젠테이션

대인관계/소통

여행/레저

요리/맛집

음악/엔터테인먼트

애완동물

미술/디자인

집/인테리어

기타 취미, 좋아하는 것 등등

우리 모두에게는, 우리가 미처 깨닫지 못한 백만 달러짜리 틈새시장들이 숨어 있을 수 있다. 물론 이런 관심 분야들을 이용해서 돈을 버는 것이 간단하다는 의미는 절대 아니다. 하지만 이들을 이용하면, 일단 당신은 큰 모험을 할 필요가 없다.

이들을 이용한 여러 가지 사업 모델이 있을 수도 있겠지만, 가장 간단하고도 강력한 모델은 앞서 얘기한 것처럼 아는 것을 가르쳐주는 것이다. 자, 이제 한 가지 문제만 해결하면 된다. 그것은 이런 틈새시장 속에서 살고 있는 수많은 사람들이 나에게 귀를 기울이도록 만드는 것이다.

마케팅이란 무엇인가

아무리 훌륭한 사업을 구상한다 하더라도 고객이 없으면 아무 의미가 없다. 안타깝게도 틈새시장 속의 무수한 잠재고객들은 아직 당신을 모른다. 당신이 정말로 고객들에게 선택 받아 마땅한 가치를 갖고 있다고 믿는다면, 그들에게 당신을 효과적으로 알릴 수 있어야만 할 것이다. 하지만 잠재고객들에게 당신을 알리기만 하면 모든 것이 다 해결되는 것은 아니다. 이보다도 더 중요한 것은, 결국에 그들이 실제로 고객이 돼야만 한다는 것이다. 즉, 그들로 인해 구매가 발생되어야 한다는 말이다. 아마도 사업 아이디어가 있는데도 선뜻 도전을 하지 못한 적이 있다면, 이런 부분이 막막해서 시도조차 못하지 않았을까 하는 생각이 든다. 그런데 이 문제는 당신만의 문제가 아니다.

대기업들에게도 이 문제는 늘 쉽지 않은 숙제이다. 물론 그들의 해결 방법들은 당신이 하고 싶어도 따라하기 힘든 것들이 많을 것이다. 하지만 마케팅의 근본 원리는 누구에게나 크게 다르지 않다. 결국 모두 사람을 상대하는 일이기 때문이다. 다만, 당신은 자금의 한계라는 제약조건을 해결해야만 한다. 말하자면 마케팅에 돈을 많이 쓰는 것도 쉽지 않을 뿐만 아니라, 혹시라도 마케팅에 들인 노력들이 효과가 없어서 돈을 허비하고 마는 일도 없어야만 한다는 것이다. 이 말을 듣고 나니, 뭔가 문제가 훨씬 더 복잡해진 느낌이 드는가?

그렇다. 해결해야 할 문제가 더 어려워진 것은 사실이다. 누가 아무리 어떤 말로 현혹하든, 적은 돈으로 큰 효과를 내는 것은 쉬운 일이 아니다. 하지만 이런 어려운 문제가 있기 때문에 당신은 이 책을 읽고 있는 것이다. 일단 문제의 해결책을 제시하기 전에, 마케팅이 무엇인지를 먼저 생각해보도록 하자. 현대 경영학의 아버지로 불리는 피터 드러커(Peter Drucker)는 마케팅에 대해서 이렇게 정의했다.

"마케팅의 목적은
소비자들의 충족되지 못한 욕구를 발견하고,
그것을 충족시킬 방법을 마련하여,
판매를 불필요하게 하는 것이다."

늘 그랬듯이 세상은 빠르게 변화하고 있다. 인터넷과 SNS(Social Network Service)의 발전으로 인해 이 변화의 속도는 예전에는 상상하기 힘들 정도로 빨라지고 있다. 이런 상황에서 우리는 이전에 쓰던 마케팅 전략은 이제는 '끝났다'라는 말을 자주 듣곤 한다. 그런데 이 말이 정말 우리와 같은 실제 사업주들 사이에서 나온 말인지, 아니면 마케팅업체들에서 주장하는 얘기인지는 생각해볼 문제이다. 그 이유는 이렇다.

페이스북, 트위터, 인스타그램, 유튜브, 블로그, 카카오톡, 밴드, 인터넷 카페 등 이 외에도 새로운 형태의 소통 수단들은 계속해서 쏟아져 나오고 있다. 물론 이런 기술(Technology)과 도구(Tool)의 발전은 소통을 더욱 빠르고 효과적으로 할 수 있도록 만들어주는 것은 분명하다. 정말 이런 것들이 없었던 시절에는 답답해서 어떻게 살았었나 하는 생각마저 들기도 한다. 하지만 여기에는 함정이 있다. 마치 마케팅에 유행이라도 있는 것 같은 생각을 하게 만드는 것이다. 정말 그럴까?

인터넷과 SNS는 원래 마케팅을 위해서 존재하는 것은 아니다. 하지만 이들은 마케팅에 아주 효과적으로 이용될 수 있는 도구이다. 이것은 다소 고전적인 마케팅 도구로 여겨지고 있는 우편물, TV, 라디오 등도 마찬가지다. 이 도구들은 시대의 흐름에 따라 발전될 수도 있고 사라질 수도 있다. 말하자면, 마케팅에 이용될 수 있는 도구는 시대에 따라 달라질 수도 있다는 것이다. 하지만 앞서 얘기했듯이 마케팅의 원칙은 달라지지 않는다. 즉, 마케팅이 효과가 없는 것은 마케팅 도구의 문제라기보다는 마케팅 원칙을 잘못 이해하고 잘못 적용하고 있기 때문일 가능성이 높다.

마케팅은 가능한 한 많은 사람들을 모아서 그들에게 내가 팔고 싶은 것을 온갖 미사여구로 치장한 다음에 정신을 차리기 전에 팔아버리는 것이 아니다. 만약 홈쇼핑의 완판 행진만 보고 뭔가 한방에 고객들의 마음을 빼앗는 비법이 있을 것이라고 생각하고 있다면 그것은 착각이다. TV로 보이는 모습은 마케팅의 마지막 단계일 뿐이다. 마케팅은 마음을 한번에 빼앗는 기술이 아니라 고객들의 문제를 해결해주는 과정이다. 그렇기 때문에 마케팅을 잘 하면 할수록 판매는 점점 불필요해질 수 있다. 당신을 필요로 하는 고객들이 스스로 구매를 선택할 것이기 때문이다. 홈쇼핑 구매자는 방송이 시작하기도 전에 이미 반쯤은 구매를 결정한 상태일 수도 있다. 그것은 절대로 주어진 방송 시간만으로 만들어낼 수 있는 것이 아니다.

모든 방문자를 열혈팬(Big fan)으로 만드는 비법

마케팅을 할 때 저지르기 쉬운 가장 큰 실수는 처음부터 돈을 목표로 한다는 것이다. 방금 언급했던 홈쇼핑이나 인터넷 쇼핑몰에 가서 가장 많이 듣게 될 말은 이런 것이다.

"당장 사셔야 해요! 지금 안 사시면 이 모든 혜택이 사라진다고요!"

이것은 마치 처음 만난 이성에게 "우리 아직 서로를 잘 모르지만, 일단 만나볼까요?"라고 말하는 것과 크게 다르지 않다. 하지만 이런 밀어붙이기 전략에도 불구하고 홈쇼핑에서 물건을 사는 사람들은 많이 있다. 그 이유는 이런 홈쇼핑들은 대부분 브랜드(Brand)가 알려져 있기 때문이다. 이것은 고객의 여러 차례의 구매 경험과 홈쇼핑 진행자의 명성, 그리고 구매자들의 평판에 근거하여 이미 어느 정도의 신뢰 관계가 구축되어 있다는 것을 의미한다. 그런데 만약 오늘 막 생긴 홈쇼핑에서 아무도 모르는 진행자가 잘 모르는 상품을 50% 할인된 가격에 판다고 하면 어떨까? 물론 아무 것도 따지지 않는 사람이라면 구매를 할지도 모르지만, 대부분은 이런 걱정을 할 것이다.

"결제만 되고 상품이 안 오면 어떡하지?", "다른 상품이 오면 어떡하지?", "환불은 되나?", "카드 정보만 도용당하는 거 아냐?!!"

설령 광고를 많이 해서 방문자들이 많아진다고 하더라도 구매율은 현저히 낮을 가능성이 높다. 아무리 쇼핑 중독자라 하더라도 아무데서나 쇼핑을 하지는 않을 것이기 때문이다. 미안한 얘기지만, 처음 창업한 쇼핑몰은 대중들에게 '아무데'로 취급될 가능성이 높다. 그리고 그나마 자금력이 좀 있는 사람이어야 손실을 감수하고서라도 인지도를 얻을 때까지 할인 행사를 할 수 있을 것이다. 물론 그 자금을 회수할 수 있다는 보장은 어디에도 없지만 말이다.

만약 마케팅을 할 때 이렇게 할 수 있다면 어떨까 생각해보자.

1. 내 상품이나 서비스에 관심 있는 사람들만 골라서 웹사이트 / 블로그로 유도하기

2. 그렇게 유입된 방문자들을 그들이 갖고 있는 문제나 필요 등의 관심사별로 분류하기

3. 각각의 관심사에 따라 지속적으로 그들의 문제와 필요에 관련된 정보 제공하기

4. 그들의 문제를 해결하고 필요를 채워줄 수 있는 상품 및 서비스 제안하기

5. 관심사가 해결되거나 변한 고객들을 새로운 관심사로 재분류하기

이것은 지금까지 살펴본 모든 내용들을 실제로 어떻게 실행해야 하

는지를 간략히 정리한 마케팅 프로세스(Process)이다. 이 프로세스의 핵심은, 잠재고객들과의 관계(Relationship)를 먼저 형성하는 것이다. 이 관계를 형성하기 위해서는 마치 1대 1의 대화에서 있을 법한 소통이 효과적이다. 즉, 그 잠재고객의 개인적인 관심사에 대한 소통이 있어야 하는 것이다. 따라서 이 프로세스를 실행하면 각각의 잠재고객들은 그들의 관심사에 속한 내용이 담긴 이메일을 지속적으로 받게 될 것이다. 그러다가 그들의 문제 해결 욕구가 간절해졌을 때, 그들은 스스로 당신에게 도움을 구하게 될 것이다.

돈은 잠재고객들과의 관계 속에 있다. 똑같은 말을 하더라도 어떤 관계에 있느냐에 따라 전혀 다르게 들릴 수도 있고, 다른 행동을 이끌어낼 수도 있다. 인터넷과 SNS라는 정보의 홍수 속에 휩쓸려 주목을 받지 못한다면, 그 메시지는 휴지통으로 직통하는 광고 전단지와 다를 바 없을 것이다. 당신이 어떤 말을 하기만 하면 고객들이 즉각적으로 반응하는 관계를 상상해보기 바란다. 이런 관계는 쉽게 모방할 수가 없다. 그리고 이런 관계는 일시적이지 않다. 아무 관계없는 사람들을 계속해서 설득하고 또 설득하면서 살아가고 싶은가? 당신에게 필요한 것은 언제나 당신을 좋아하고 응원하는 열혈팬들이다.

의사소통을 위한 시스템이 필요하다

어느 시대가 되었든 미래를 볼 수 있는 수정구슬과 어떤 문제든 즉시 해결해줄 수 있는 마법의 알약에 대한 환상이 있었다. 지금 우리가 사는 이 시대 역시 예외는 아니다. 만약 누군가가 '이것'만 알면 단시간에 성공할 수 있다고 한다면, 최대한 빨리 그 자리에서 도망가기를 바란다. 하지만 원하는 결과를 얻기 위해 노력하는 시간을 단축시키는 것은 충분히 가능하다. 즉, 같은 일을 하더라도 더 효율적으로 하는 방법이 있을 수 있다는 것이다. 공장에서 기계가 물건을 만들 때의 속도와 효율성을 생각해보면 무슨 말인지 알 수 있을 것이다. 또한 이렇게 기계를 이용하면 허무한 실수들을 미연에 방지할 수도 있게 된다. 고객과의 의사소통 역시 마찬가지이다. 고객이 몇 명 되지 않는다면 직접 만나는 것도 가능하겠지만, 고객이 100명만 넘어가도 지속적인 의사소통 및 고객관리를 한다는 것은 만만치 않을 것이다. 따라서 이렇게 고객이 많아지면 이 많은 양의 일들을 효율적으로 해결해줄 수 있는 어떤 시스템의 필요성을 느끼게 될 수 있다. 이해를 돕기 위해서 실제로 이 시스템이 이용되는 사례들을 정리한 자료를 만들어 놓았으니, www.richesnote.com/follow-up-system에서 다운로드하여 참고하기를 바란다.

지금
당신 곁에는
누가 있는가

위험요소 #6
궁극적 실패의 위험

나의 멘토는 이제 가서 해보라고 말하지 않았다.

그는 '함께' 가서 해보자고 했다.

'함께'라는 말의 힘은 정말로 강력하다.

— 짐 론

위대한 사람을 만드는 사람

세계 최고의 선수들 곁에 있는 사람들

나보다 나를 더 잘 아는 사람이 있을까? 대부분 그럴 수 없을 것이라 생각하겠지만, 늘 나보다 나를 더 잘 안다고 주장하는 사람이 있다. 역시 또 엄마다. 엄마는 모르는 게 없기 때문이다. 그 진위 여부는 영원히 미스테리겠지만, 여기에는 모두 공감할 만한 중요한 포인트가 숨어 있다. 엄마들은 보통 우리가 제대로 하고 있을 때는 잘 안 보이다가, 엉뚱한 짓을 하고 있을 때 귀신같이 나타난다. 늘 놀라운 경험이지만, 한 가지 확실한 것은 있다. 엄마는 우리가 그럴 줄 이미 알고 있었다는 것이다.

피겨 역사상 가장 뛰어난 선수 중 하나이자 우리나라의 자랑인 김연아 선수, 그녀가 2010년 동계 올림픽에서 역사적인 금메달을 따던 그 순간 숨도 못 쉬고 그 살 떨리는 경기를 지켜봤던 기억이 생생하다. 그런데 이 금메달로 인해 화제가 된 사람이 한 명 더 있었다. 그는 바로 김연아 선수를 코칭했던 브라이언 오서 코치였다. 나는 문득 이런 생각이 들었다. 김연아 선수는 이미 자타공인 세계 최고였다. 이런 최고의 선수에게도 여전히 어떤 코치를 만나느냐가 중요한 것일까? 아니 코치가 필요하기는 한 걸까? 아직도 연마해야 할 스케이팅 기술들이 더 있기 때문이었을까? 설령 어떤 기술이 부족했다고 하더라도, 세계 최고의 선수가 다른 사람 도움 없이는 기술을 연마할 수 없다는 것인가? 그렇게 생각하기에는 그녀는 너무도 탁월한 선수였다. 그녀는 이미 당시의 코치보다도 기술적으로는 훨씬 뛰어나지 않았던가.

'골프황제' 타이거 우즈는 1997년 21세의 나이로 세계 정상에 오른 후에 총 683주나 세계 1위 자리를 지켰다. 이는 총 331주간 1위에 올랐던 그렉 노먼의 두 배 이상이나 되는 기록이다. 2005년 6월 21일부터 2010년 10월 30일까지는 무려 281주간이나 연속으로 랭킹 1위를 지켜내어 현실감 없는 탁월함을 보여주었다. 그런데 이런 타이거 우즈에게도 늘 스윙코치가 있었다. 특별히 최악의 슬럼프가 찾아왔을 때 새로 만난 코치는 우즈가 재기에 성공하는 데 결정적인 역할을 하기도 했다. 이런 것을 볼 때, 코치의 존재와 그 역할이 매우 중요하다는 것은 인정해야 할 것 같다.

그렇다면 코치의 역할은 무엇일까? 물론 처음에는 당연히 기술적인 부분을 가르치는 역할이 가장 클 것이다. 하지만 위대한 선수들에게도 여전히 코치의 역할이 중요한 것을 보면, 코치는 그 이상의 의미를 갖고 있는 것이 분명하다. 나는 그것이 '나 자신을 더 잘 알도록 돕는 것', 그리고 '아는 것을 흔들림 없이 계속 할 수 있도록 돕는 것'이라고 생각한다. 말하자면, 김연아 선수나 타이거 우즈의 코치는 그 선수들의 성공적인 경기 운영을 도와준다. 즉, 언제 경기를 하더라도 의도한대로 경기 운영을 할 수 있도록 선수들을 모니터하고, 교정할 부분을 찾아내고, 마땅히 해야 할 것들을 잊지 않고 정확히 할 수 있도록 돕는 것이다. 이런 의미에서 볼 때, 좋은 코치는 다음의 두 가지 조건을 만족시키는 사람이라고 생각한다.

첫째는, 경험이 많아야 할 것이다. 경험이 많다는 것은 다양한 실패에 대한 경험을 포함한다. 세상은 경험한 만큼 보인다. 여행을 할 때 푸른 벌판, 논과 밭을 보면 평화로움과 아름다움에 감탄하곤 한다. 하지만 농촌에서 자란 이들은, 그 안에서 고생하고 있는 농부들의 고통이 먼저 떠오를지도 모른다. TV 공익광고는 근로자의 땀을 아름다움으로 승화시키지만, 실제 그 삶을 살아가는 우리는 땀을 너무 많이 흘려서 지쳐버린 상태일 수도 있다. 우리는 아름다움만 즐기고 싶겠지만, 그 이면에 존재할 수 있는 아픔도 알아야만 성숙할 수 있다. 만약 그 아픔의 순간들을 책으로 배운 코치가 과연 진정으로 공감을 할 수 있을지는 의문이다. 그리고 그런 공감이 없이도 위기의 순간에 일어설 수 있게 해주는 능력 있는 조언이 나올 수 있을지 또한 심히 의문이다.

둘째는, 철저히 내 편이어야 할 것이다. 한 코치가 경쟁관계인 두 선수를 동시에 가르치는 상황을 상상할 수 있을까? 감정을 배제하고 공평하게 가르치면 문제 없다고 생각할 수도 있다. 하지만 그렇지 않다. 코치는 나를 감정적으로 응원하고 있어야 한다. 전적으로 내가 이기기를 원해야 한다는 것이다. 그래야 코치는 나를 위해 최선을 다할 수 있다. 만약 그렇게 할 수 없다면, 코치는 스스로 물러나는 것이 맞다. 선수는 아직도 코치가 자기 편이라고 믿고 있을지 모르니 말이다.

앞서 얘기한 엄마의 미스테리에 대해 다시 생각해보고 싶다. 엄마는 우리에게 기회를 준 것이 아닐까 하는 생각이 든다. 한 번 스스로 해볼 수 있는 기회를 말이다. 엄마의 눈은 우리에게서 떠난 적이 없다. 왜냐면, 우리는 분명 또 다시 엉뚱한 실수를 할 것이기 때문이다. 다치면 어떡하나, 어디서 무시를 당하면 어떡하나, 삶이 힘들면 어떡하나…. 대신 살아 줄 수도 없으니 늘 걱정인 것이다. 그렇다면 엄마는 우리가 실수할 때를 귀신같이 알고 나타난 것이 아니라 우리가 실수를 할 만한 곳에 늘 함께 있었던 것은 아닐까?

전갈과 개구리

전갈과 개구리가 함께 강가에 앉아 있었다. 전갈이 개구리에게 말했다.

"날 좀 네 등에 업고 이 강을 건너가 줄 수 있겠니?"

개구리가 전갈을 쳐다보며 말했다.

"그렇게는 할 수 없지. 널 업고 가다 보면 넌 분명 날 독침으로 찌를 거야. 그러면 내가 죽게 될 거고, 너 역시 물에 빠져 죽게 돼."

그러자 전갈이 다시 말했다.

"그건 정말 말이 안 돼. 널 찌르면 나도 죽게 되는 게 뻔한데 내가 왜 그런 짓을 하겠니?"

개구리가 생각해보니 일리가 있는 이야기였다. 그래서 결국 전갈을 등에 업고 강을 헤엄쳐 건너가기 시작했다. 강을 반쯤 건너왔을 때였다. 무슨 일이 일어났을까? 그렇다. 역시나 전갈이 개구리를 찌르고 말았다. 개구리는 독이 퍼져 더 이상 수영을 할 수 없었고 전갈 역시 서서히 강물에 빠지기 시작했다. 개구리가 죽어가며 마지막 있는 힘을 다해 말을 했다.

"도대체 왜 나를 찌른 거야? 이렇게 둘 다 죽게 될 것을…."

그러자 전갈이 대답했다.

"나도 어쩔 수 없었다고… 난 전갈이니까…."

이 우화는 본성이나 본능이 얼마나 변하기 힘든 것인지를 이야기해 주고 있다. 아무리 전갈의 말이 일리가 있었다 하더라도, 결정적인 순간에 본성이 앞서버린 것이다. 이런 모습은 우리 현실에서도 매우 흔히 볼 수 있다. 문제는 본인 자신이 상대방을 찌르고 있는지를 깨닫지도 못하거나 크게 신경 쓰지 않는 경우가 많다는 것이다. 만약 이런 사람이 당신의 코치라면 어떤 문제가 있게 될까?

나는 사람에게 있을 수 있는 돈과 관련된 거의 모든 문제들을 상담하고 있다. 이것은 내가 좋아서 하고 싫어서 하지 않을 수 있는 일이 아니다. 사람의 삶 속에서 돈과 관련된 문제들이 그만큼 많기 때문이다. 집을 사야 할지 임대가 나을지, 집을 사려는데 대출 조건은 괜찮은 것인지, 자동차를 사야 좋을지 리스가 유리할지, 권유 받은 보험에 가입할지 말지, 투자하려는 부동산이 투자 가치가 있는지, 은퇴는 어떻게 준비해야 하는지, 돈이 생겼는데 빚을 갚아야 할지 투자를 해야 할지… 등등, 고객들과 만나다 보면 이런 얘기들이 끝도 없이 쏟아져 나온다. 당장 그들에게는 골치 아픈 문제들인 것을 알기 때문에 아무리 바빠도 쉽사리 얘기를 끊기도 어렵다.

그런데 이런 얘기들을 하다 보면 그들의 돈 문제들 속에서 많은 전갈들을 만나게 되곤 한다. 사실 전갈이 가진 본성은 좋다 나쁘다를 따지기는 어렵다. 전갈은 전갈일 뿐이다. 다만, 그 본성으로 인해 다른 사람이 위험에 노출될 때가 문제인 것이다.

예를 들어, 고객들이 묻는 질문 중에 가장 많은 것은 어떤 투자상품이 좋은 것인지에 대한 것이다. 이런 질문을 할 때는 대부분 이미 어떤 재정 전문가와 만나고 있는 경우가 많다. 그리고 고객들은 그들이 추천한 상품들을 내게 보여주곤 한다. 판단 좀 해달라는 것이다. 나는 대부분의 재정 전문가들은 정말로 고객을 위해 최선을 다하려고 노력한다고 생각한다. 일단 그렇게 생각하고 추천 상품들이 적합한지에만 집중하려고 한다. 그러면 대체로 이런 검토 후에는 나는 두 가지 문제 제기를 하곤 한다.

첫째는 왜 그 상품이 추천되었는지를 묻는다. 즉, 투자 목적에 적절하게 추천되었는지를 알고자 하는 것이다. 고객의 투자 목적을 제대로 파악하지 못하는 것도 큰 문제이지만, 고객이 어떤 투자 목적을 갖고 있든지 관계없이 동일한 상품만 추천이 되는 것도 문제이다. 만약 그 전문가가 매우 선하고 성실하기는 하지만 무엇이 고객에게 최우선인지를 간과한다면, 그것은 그 전문가의 전갈이 될 수 있다. 자신도 모르는 사이에 고객 인생에 독침을 놓을 수도 있다는 것이다. 가장 치명적인 독침은, 고객보다는 자신에게 더 유리한 상품을 추천하는 것이다.

둘째는, 그 상품 말고 다른 대안에 대해서는 어떤 것을 들었는지를 묻는다. 말하자면, 펀드에 투자하기를 추천받았다면 부동산 투자 같은 다른 대안들과 어떤 비교가 있었는지를 묻는 것이다. 사실 이 질문은 물어보나 마나이다. 부동산 서비스로 수익을 낼 수 없는 회사에서 그 분야에 대한 상담이 제대로 이루어지기는 어렵기 때문이다. 이것은 모든 펀드 전문가들의 공통적인 한계일 것이다. 그런데 그 한계가 바로 그 전문가의 전갈의 모습일 수 있다.

예를 들어, 추천되는 펀드는 소속 회사에서 팔 수 있는 상품들로만 구성될 것이다. 그런데 만약 그 전문가가 다른 회사에서 고객에게 더 알맞은 상품이 있다는 사실을 알게 된다면 어떨까? 설령 그 사실을 안다고 해도 달라질 것은 별로 없을 것이다. 그 다른 회사 상품을 사라고 고객을 내보내기는 어렵다는 말이다. 그럼 이런 사실을 고객이 몰라도 되는 것일까? 당연히 그렇지 않다. 하지만 언제쯤 고객이 이 사실을 알게 될지는 미지수이다.

이런 전갈의 모습은 모든 전문가들에게 나타날 수 있다. 나와 같은 회계사들 역시 예외는 아니다. 조금 극단적인 예가 될 수도 있겠지만, 세금을 적게 내기 위해서 절세 전략을 세우다 보니 돈을 적게 버는 것을 전략으로 제시한다면 어떻게 생각이 들겠는가. 말도 안 되는 전략이라고 생각할 것이다. 하지만 실무적으로 보면 사업이나 투자에 대해 잘 모르거나 전혀 고려하지도 않는 회계사들은 사업 발전에 도움이 되지 않는 절세 전략을 제시하기도 한다. 물론 본인은 전혀 문제를 의식하지도 못할 것이지만 말이다.

물론 본업에 충실한 것, 그리고 그 분야에 전문가로서 본인이 가장 확실히 아는 것을 추천한다는 것은 분명 가치 있는 일이다. 하지만 고객은 그 이상의 알 권리가 있다. 그러기 위해서는 각 전문가들이 전갈의 자세를 버리기 위해 노력해야 한다. 그럴 때 정말로 고객의 입장에서 최선의 결과를 위해 일하는 코치가 될 수 있을 것이다. 그와 더불어

고객 역시 더 넓은 시야를 갖기 위해 끊임없이 질문하고 배우는 노력을 게을리하지 말아야 할 것이다.

당신에게 필요한 사람은 누구인가?

만약 김연아 선수가 제작한 피겨 스케이팅 레슨 비디오를 보고 따라하기만 해도 세계 최고의 선수가 될 수 있다고 한다면, 사람들은 그 비디오를 갖기 위해 얼마를 지불하려고 할까? 아마도 돈이 문제가 아닐 것이다. 정말로 그 비디오만으로 제 2의 김연아 선수가 될 수만 있다면 말이다. 그렇게만 된다면 세계 대회를 휩쓸고 다니면서 엄청난 돈을 벌 수 있게 될 것이다. 그런데 설령 이것이 사실이라고 하더라도 여기에는 한 가지 문제가 있다. 오랜 시간 동안 엄청난 노력을 해야 할 것이기 때문이다. 적어도 김연아 선수만큼의 체력을 갖추어야 할 것이고, 그런 힘을 바탕으로 기술의 완성도를 높이기 위해서 끊임없이 노력해야 할 것이기 때문이다. 비디오는 불과 몇 시간밖에 되지 않을 수도 있지만, 천재적 재능과 완벽한 신체조건을 갖고 태어난 김연아 선수도 정상에 오르기까지 수년간의 피나는 노력이 있었다는 것을 잊어서는 안 된다.

우리가 성공하지 못하는 이유가 정말로 방법을 모르기 때문일까? 그렇지는 않다고 생각한다. 공부를 잘 하는 방법, 스케이트를 잘 타는 방법, 골프를 잘 치는 방법… 이런 것들은 절대로 비밀이 아니다. 오히려 누구 말을 들어야 할지 모를 정도로 수많은 전문가들이 존재한다. 만약 그 누구의 말도 믿을 수 없겠다 하더라도 방법이 없는 것은 아니다. 우리는 TV로 세계 최고의 선수들의 경기 모습을 볼 수 있고, 그들의 자세나 기술 등을 상세히 분석할 수 있다. 설령 김연아 선수처럼 되는 것은 불가능하다고 생각될지라도, 좋은 선수가 되는 것은 충분히 가능할 것이다.

솔직히 김연아 선수처럼 되기 위해서 그녀의 경기를 분석하는 것은 대다수에게 무모한 도전일 수 있다. 아무리 똑같이 해보려고 노력해도, 심지어 그녀가 직접 찾아와서 매일 같이 먹고 자며 훈련을 시켜준다고 해도 똑같이 될 수 있다는 보장은 전혀 없다. 우리가 성공한 사람들을 분석하는 현실적인 이유는, 우리가 걸어가는 길에 대한 확신과 자신감을 얻기 위함이라고 생각한다. 그 길은 적어도 실패로 가는 길은 아니기 때문이다.

이제 다시 세계적인 선수들의 코치들에 대해 생각해보도록 하자. 우리가 주목할 부분은 세계 최고의 선수들도 여전히 코치를 필요로 한다는 사실과, 그 코치들의 가장 중요한 임무이다.

사람들은 성공을 원할 때 성공한 모델을 찾기 위해 노력한다. 앞서 얘기한 것처럼 성공한 롤모델을 찾아 그들을 분석하고 따라가는 것은 분명 의미가 있다. 롤모델은 우리에게 강력한 동기부여가 될 수 있다. 그리고 그들이 걸어간 길은 실제로 증명이 된 길이다. 또한 그들과 같이 되기 위해 노력하다 보니 성공하게 된 사례들도 찾아볼 수 있다. 분명 성공을 이루는 데 있어서 롤모델의 역할은 중요하다. 그런데 두 가지 간과해서는 안 될 것이 있다.

첫 번째는, 누구도 특정 롤모델의 삶을 똑같이 복사할 수는 없다는 것이다. 그것은 불가능하다. 김연아 선수나 타이거 우즈는 노력 이외에도 타고난 천재성과 탁월한 신체조건이 있다. 그것마저 똑같이 할 수 있다고 하더라도 가정 환경과 시대적 배경 등 그들의 삶에 영향을 주는 변수들은 무수히 많을 수 있다. 그리고 두 번째는, 그 성공한 롤모델들 곁에는 늘 코치 또는 멘토(Mentor)가 있었다는 것이다.

자, 2010년 동계 올림픽 피겨 스케이팅 경기장으로 돌아가서 가만히 그 경기 현장을 떠올려 보기를 바란다.

김연아 선수는 코치와 마지막 대화를 한 후 홀로 경기장에 들어선다. 음악이 시작되고 그녀는 첫 점프를 위해 빠른 속도로 빙판을 가르며 달려간다. 긴장감이 흐른다. 이 점프는 가장 어려우면서도 경기에서 가장 중요한 점프이기 때문이다. 코치의 몸은 선수의 움직임을 따라 움직이고 있다. 해설자는 말을 아끼고 있다. 관중들도 숨을 죽이고 함께 집중하고 있다. 행여나 방해가 될까 기침을 참기도 하고, 어떤 이는 간절히 기도를 하기도 한다. 모두가 한 선수가 최고의 점프를 할 수 있도록 힘을 합하고 있는 것이다. 드디어 환상적인 첫번째 점프 성공! 코치는 주먹을 불끈 쥐며 환호한다.

모든 성공한 사람들에게는 멘토가 있다. 멘토는 그저 동경하며 따라가야 할 롤모델과는 다르다. 멘토는 올바른 방향을 알려줄 뿐만 아니라, 계속적으로 방향을 바로잡아주는 역할을 한다. 무엇보다도 멘토는 철저히 당신 편이다. 멘토는 당신을 감정적으로 응원한다. 멘토의 이익이 당신의 이익보다 앞설 수 없다. 왜냐하면 당신의 성공이 곧 멘토의 성공이기 때문이다. 당신의 성공을 위해서는 이런 사람이 필요하다.

감사하라

한 사람의 가치는 무엇을 받을 수 있느냐가 아니라

그가 지금 무엇을 주고 있느냐에 있다.

— 알버트 아인슈타인

풍요로움의 마지막 퍼즐

이 책의 서문에서 부자는 풍요로움을 누리는 사람이라는 말을 했다. 그리고 풍요로움이란 필요가 충분히 채워짐으로써 만족이 있는 상태라고 정의했다. 지금까지 우리는 이 필요를 채우기 위해 꼭 필요한 도구, '돈'을 벌고 지키는 방법에 대해 많은 얘기를 했다. 이 책에서 얘기한 내용들을 제대로 이해하고 따라가면 분명 본인의 필요를 충족시키기에 충분한 돈을 벌 수 있으리라고 확신한다. 그런데 한 가지 불확실한 것이 있다. 그 필요가 다 채워졌을 때, 당신이 과연 그 풍요로움을 만끽하며 살 수 있을지… 나는 그럴 것이라고 자신 있게 말할 수 없다.

어린 아이들은 무엇이든 다 갖고 싶어한다. 이것은 매우 자연스러운 인간의 기본적 욕구이다. TV에서 보거나 친구가 갖고 놀던 장난감을 보고도 아무렇지 않게 지나칠 수 있는 아이는 많지 않다. 그리고 그 장난감 하나만 사주면 더 이상 소원이 없겠다고 눈물로 호소하는 아이의 말을 믿는 부모도 없다. 그렇다고 해서 그런 아이의 모습을 탐욕적이라고 말하는 사람은 없을 것이다. 아이들은 자라면서 끊임 없이 새로운 것들을 알게 될 것이고, 그때마다 새로운 것을 갖고 싶은 욕구가 계속 생길 것이다. 이것은 지극히 자연스러운 것이다. 다 자란 우리 어른들도 여전히 그렇지 않던가.

하지만 매일 장난감을 사고 또 사도 계속해서 장난감을 사 달라고 하면 어떻게 될까? 그 아이는 혼난다. 지금 있는 장난감들도 다 버리겠다는 협박을 듣게 될지도 모른다. 그것은 더 이상 자연스러운 욕구가 아니기 때문이다. 자라나는 아이들은 반드시 이런 과정을 겪으면서 성장한다. 그리고 이런 과정은 꼭 필요하다.

배가 고프지 않아도 먹고 싶은 욕구는 있을 수 있다. 달콤한 초콜릿을 먹고 싶은 것을 식탐이라고 말하는 이는 없을 것이다. 그런데 초콜릿을 끝없이 먹고 또 먹는데도 만족이 안 된다면 이런 모습을 어떻게 봐야 할까? 이제는 더 이상 초콜릿의 달콤한 맛을 즐기는 모습으로 볼 수는 없을 것이다. 분명 그 달콤함을 느끼고는 있을 것이다. 하지만 전혀 그 달콤함이 주는 즐거움을 만끽하고 있는 것으로 보이지는 않는다. 한 개만 더 먹으면 완전 만족이 될 것 같은데, 그런 생각으로 먹은 초콜릿이 도대체 몇 개인지 생각도 안 날지 모른다. 혹시 이 와중에 공감을 하고 있는가? 정신 차려야 한다. 이것은 초콜릿을 아무리 먹어도 완전히 만족할 수 없다는 것을 의미한다.

돈을 더 많이 갖고자 하는 욕구는 아이들이 장난감을 더 많이 갖고 싶은 욕구나 달콤한 초콜릿을 더 많이 먹고 싶은 욕구와 크게 다르지 않다. 분명 예전에 바라던 것보다 더 많은 것을 갖고 있는데도 불안하거나 만족이 안 된다면, 앞으로 돈을 더 많이 번다고 해도 상황은 비슷할 것이다. 풍요로움을 만끽하며 살아가지 못 할 것이라는 말이다.

어째서 만족을 누리며 사는 것이 어려운 것일까? 아마도 원하는 만큼을 갖게 되면 충분한 채워짐을 얻을 수 있을 것이라 생각했을 것이다. 그렇다면 여전히 만족을 누리지 못하고 있다는 것은 아직도 무엇이 부족하다는 말일까? 이를 반대로 생각한다면, 도대체 얼마나 채워져야 완전한 만족을 느낄 수 있다는 것인가?

누구에게나 좋아하는 것이 있을 것이다. 다들 좋아하는 것은 계속하고 싶어하거나 많이 갖고 싶어한다. 어린아이에게만 이런 욕구가 자연스러운 것은 아니다. 이것은 우리가 살아가기 위해 꼭 필요한 좋은 감정이다. 하지만 우리의 마음은 마치 밑 빠진 독과 같다. 즉, 원하는 것을 다 얻는다고 해도 그것이 충분하다고 느끼기가 어렵다는 말이다. 그런데 이 밑 빠진 독을 한 번에 채울 수도 있는 것이 있다. 그것은 감사함이다. 이 감사하는 마음이, 바로 풍요로움의 마지막 퍼즐이다.

나는 오늘도 더 나은 내일을 준비한다

나는 가끔 첫째 아이를 보면서 복잡한 심정에 휩싸이곤 한다. 누구나 자녀들을 생각하면 말할 수 없이 사랑스럽기도 하고, 잘 자라줘서 고맙기도 하고, 더 잘해주지 못한 것이 미안하기도 할 것이다. 나도 두 딸들을 보며 늘 이런 생각을 한다. 하지만 첫째 아이에게는 유독 고마운 마음이 더 크다. 그것은 단지 잘 자라줘서 고마운 마음은 아니다. 첫째 아이는 어려서부터 우리 부부가 걱정할 만큼 다른 사람을 먼저 생각했다. 구걸하는 사람을 보면 불쌍하다고 눈물을 흘리고, 엄마 아빠가 힘들어 보이면 힘내라고 편지를 써주고 선물을 만들어줬다. 무엇보다도 늘 우리에게 고맙다고 했다. 나는 이것이 늘 놀랍고 고맙다.

첫째 아이가 태어날 무렵, 나는 내 인생에서 가장 힘든 시기를 살아가고 있었다. 말 그대로 내일이 보이지 않는 나날들이었다. 모든 것이 하루아침에 사라질 수도 있다는 각오를 하고 마치 하루살이처럼 살아야만 했다. 가장 절망스러웠던 것은 내가 할 수 있는 것이 많지 않았다는 것이다. 왜 이런 일들을 겪어야만 하는 것일까? 잠깐만 정신줄을 놓으면 억울한 생각들이 밀려 올라왔다. 그런데 인생은 참 아이러니했다. 이렇게 처절한 시간 속에서, 가장 행복하고 축복된 순간이 찾아왔다. 첫째 아이가 태어난 것이다.

사람들은 본인이 경험한 만큼만 이해할 수 있다. 물론 책으로 보고 드라마에서도 보고 주변 사람들의 삶을 통해 충분히 간접 경험을 해서 본인은 다 이해한다고 생각할 수 있지만, 실제로는 그렇지 않다. 분명 모르는 것은 아니다. 하지만 정확히 어떤 느낌인지는 모른다. 본인이 다른 사람의 삶을 정말 제대로 이해했는지를 알 수 있는 때는, 그런 삶이 본인의 현실이 되었을 때다.

나 역시 그랬다. 어릴 때부터 남들에게 평범한 것들도 누리기 쉽지 않은 형편에서 자랐기 때문에, 없는 속에서도 자족하는 법을 일찍부터 배웠다. 그래서 나는 충분히 세상의 고통을 이해하고 있다고 생각했다. 실제로 그렇게 살아왔기 때문이다. 그런데 그것은 나의 착각이었다. 미국에 와서 느끼게 된 좌절감은 이전의 그 어떤 것과도 달랐다. 말 그대로 아무 것도 할 수 없는 상황들의 연속이었다.

나는 미국에 온 후 1년 반 동안 일자리를 잡을 수 없었다. 지금은 충분히 이해가 가는 일이지만, 당시 나는 필라델피아 지역의 회계법인들로 수백 통의 이력서들을 보내고도 단 한 번의 면접 기회도 얻어내지 못했다. 미국은 철저히 신뢰 기반의 사회다. 미국에서 학교를 다니지도 않았고, 일한 경력도 전혀 없어서 신원 조회(Background Check)조차 되지 않는 외국인을 누가 만나보고 싶어했겠는가. 지금의 내가 그런 이력서를 받아본다면 아마도 비슷한 마음일 것이다.

하지만 이런 상황은 당시 나로서는 전혀 상상하지 못했던 일이었다. 한국에서 갖고 온 돈은 다 떨어져가는데 돈을 벌 수 있는 가능성은 보이지 않았다. 더군다나 나는 취업 비자가 있어야만 일을 할 수 있었기 때문에 원한다고 해서 아무 일이나 할 수도 없는 상황이었다. 그때부터 나는 돈을 벌기 위해 일을 하기 시작했다. 즉, 회계법인 취업을 포기하고 당장 돈을 벌 수 있는 곳들을 찾아다닌 것이다. 싫고 좋고를 따질 틈도 없었다. 나에게 취업 비자를 주는 곳이라면 어디든 일하겠다는 마음이었다. 말 그대로 진퇴양난이었기 때문이다. 누구나 살다 보면 정도의 차이는 있을 수 있겠지만 이런 순간을 경험할 때가 있을 것이다. 그런데 이것은 정말로 중요한 순간이다. 이 순간을 어떻게 받아들이느냐에 따라 내일이 달라지기 때문이다.

우리 딸들이 잠자리에 들기 전에 나에게 하는 인사는 'Good Night'이 아니다. 언제부터 왜 그렇게 인사를 하게 되었는지 기억도 안 날 것이겠지만, 딸들은 늘 나에게 '잘 일해' 하는 인사를 하고 잔다. 아이들이 자는 시간은, 아빠가 일을 시작하는 시간이기 때문이다.

나는 낮에는 돈을 벌기 위한 일을 하고, 밤에는 내일을 준비하는 일을 했다. 사실 누가 봐도 나의 미래는 그리 달라질 것 같지 않았다. 대학원에 진학해서 기회를 넓힐 형편도 되지 않았고, 미국에서 한인들이 많이 하는 사업을 할 돈도 없었다. 매일 저녁 열심히 연구를 한다고 크게 달라질 것은 없어 보였다. 그런데 내가 한 일은 그저 지식을 쌓기 위한 공부가 아니었다. 나는 내가 하고 싶은 일들을 구체적으로 설계해 나갔다. 그 일들을 위해 알아야 할 것들을 습득하고, 경쟁력을 갖기 위해 필요한 것이 무엇인지를 연구했다. 그것이 언제 실현될 수 있는지는 불확실했다. 하지만 나는 언젠가는 기회가 올 것이라고 믿었다. 내가 늘 준비한 목적은, 기회가 왔을 때 그것이 기회인지를 알아차리고 그 기회를 잡을 수 있기를 원했기 때문이다. 기회가 있느냐 없느냐보다 더 중요한 것은, 기회가 왔을 때 실제로 그 기회를 잡을 수 있느냐라고 생각했다. 물론 상황은 쉽게 변하지 않았지만, 매일 밤 나는 한 걸음씩 더 걸어가는 기쁨을 경험했다. 내가 그렇게 할 수 있었던 원동력은 무엇이었을까? 그것은 역시나 감사함이었다.

받은 것들을 생각해보고 기억하자

감사한다는 것은 기억하는 것이다. 우리가 받은 것이 무엇인지, 그리고 지금 무엇을 받고 있는지를 명확히 알 때 우리는 감사할 수 있다. 그러므로 감사하는 마음을 가지면, 우리가 누리고 있는 것들의 가치를 깨달을 수 있게 된다.

감사함은 긍정의 힘보다 더 강력하다. 감사함은 상황이 좋지 않은데도 좋게 받아들이기 위해 노력하는 마인드 컨트롤이 아니다. 감사함은 기억하는 것이라고 했다. 우리는 태어나서 아무 것도 스스로 할 수 없는 순간부터 무수히 많은 것을 받으면서 살아왔다. 공부를 할 때도 아무 것도 모르는 것부터 시작했고, 돈을 벌기 시작할 때도 매우 미약하게 시작했다. 그렇게 우리 삶이 채워지고 형성되어 온 순간들은 어떻게 보면 기적과도 같이 느껴질 때가 많다.

감사함은 이 모든 순간들을 기억하는 것이다. 그래서 이런 감사함이 우리 마음을 가득 채우고 있으면, 힘든 순간에도 우리는 쉽게 흔들리지 않을 수 있다. 감사하고 있는 그 모든 순간들이 바로 새로운 희망을 가질 수 있는 증거가 되기 때문이다. 그리고 삶이 안정되고 돈을 많이 벌게 되면, 감사함으로 인해 우리는 그 풍요로움의 진정한 가치를 알 수 있게 된다. 이제 그 감사함의 정도가 얼마나 큰 것인지를 확실히 느낄 수 있게 되기 때문이다.

내가 만약 그 고난의 시간을 지나면서 고난 그 자체에만 집중했더라면 아마도 매일 비관의 삶을 살았을지도 모른다. 하지만 나는 그렇지 않았다. 아침이면 오늘도 숨을 쉬며 눈을 떴다는 사실에 감사했고, 일을 할 수 있도록 무사히 비자가 나왔다는 사실에 감사했으며, 일을 해서 가족들이 한 달을 또 먹고 살아갈 수 있는 현실에 감사했다. 퇴근을 하고 집에 돌아오면 나를 세상에서 가장 행복한 아빠로 만들어주는 아이들과 아내가 있어서 감사했고, 그들이 오늘도 건강해서 감사했다. 그리고 나에게는 감사하게도 여전히 밤에 두세 시간이나 더 나은 내일을 만들어 나갈 수 있는 체력이 있었다.

물론 현실적으로 감사하기 어려운 것들도 많이 있었다. 하지만, 시간이 흘러서 되돌아보면 그 순간들 역시 쓸데없는 시간들이 아니었다는 것을 깨닫게 되며 놀랄 때가 많다. 나를 힘들게 하는 사람들 덕분에 나는 나태해지지 않을 수 있었다. 세상은 나의 가치보다는 겉으로 보이는 것으로 판단한다는 것을 알기에 더 이상 그들로 인해 좌절하지 않았다. 대신에 더욱 성공을 위해 집중할 수 있었다. 돈이 없었던 덕분에 좋은 아이디어들이 샘솟을 수 있었다. 원치 않은 일을 해야 할 때는 자존심이 많이 상했지만, 돌아보니 그 다양한 일들을 경험한 덕에 나는 지금 우리 고객들을 훨씬 더 잘 이해할 수 있게 되었다.

하지만 노력하지 않으면 이 모든 감사한 것들은 보이지 않는다. 너무도 상투적인 얘기지만, 우리는 호흡하는 매 순간이 얼마나 감사한 일인지를 깨닫지 못한다. 그런데 우리가 이처럼 너무도 당연한 것에 대해 깊은 감사를 느낄 때가 있다. 그것은 다른 이들의 장례식에 참석했을 때다. 그제서야 실감이 나는 것이다. 지금이 얼마나 감사한 순간인지를.

무엇을 주고 있는가?

세상이 워런 버핏을 얘기할 때, 그의 투자 전략과 막대한 재산만큼이나 화제가 되는 두 가지가 있다. 그것은 평상시 그가 살아가는 검소한 모습과 그의 기부 금액이다.

이미 언론을 통해 많이 알려졌듯이 버핏은 1958년부터 무려 60년간이나 같은 집에 살고 있다. 이 집은 당시에 3만 1,500달러(약 3,500만 원)에 구입한 것이라고 하는데, 이것을 현재 가치로 환산해보면 약 27만 달러(약 3억 원) 정도라고 하니 버핏 같은 사람에게는 너무도 검소한 집으로 여겨지곤 한다. 그런데 실제로는 생각과는 달리 그리 작은 집은 아니다. 전체 크기는 6,570sf(약 185평)이고 방은 5개가 있으니 일반인에게는 상당히 큰 집에 속한다. 그리고 현재 시세로는 약 70만 달러(약 8억 원) 정도는 되니 그렇게 초라한 집은 아니다. 다만 그렇게 부자인 사람이 일반 서민들도 살 수 있는 집에 살고 있다는 것 자체가 이해가 안 되는 것뿐이다. 그러면, 버핏은 왜 이사를 가지 않고 있는 것일까? 그의 대답은 간단했다. 그 집보다 더 행복한 곳이 없었기 때문이라고 한다.

버핏은 그가 타고 다니는 자동차 때문에도 화제가 되곤 한다. 역시나 너무나 검소한 차를 타고 있기 때문이다. 그는 2006년부터 타고 다니던 캐딜락을 팔고 2014년에 새 캐딜락을 샀다. 그런데 차 가격은 불과 4만 5,000달러(약 5천만 원)밖에 되지 않았다. 사람들은 이런 것이 궁금해서 못 견디는 모양이다. 초특급 부자가 타는 차는 금으로 도배가 되어 있어도 이상하지 않을 것 같은데, 왜 이런 평범한 차를 사는 것인지… 역시 버핏은 이런 질문에도 대답을 해줬다. 그가 차를 자주 바꾸지 않는 이유는, 차를 별로 타지 않기 때문이라고 했다. 그는 일년에 3,500마일(5,600km) 정도밖에 운전을 하지 않는다고 한다.

이 외에도 동네에서 파는 3달러짜리 햄버거를 아침으로 사먹는다거나 친구인 빌 게이츠와 맥도날드에 가서 식사를 하는 것 등도 뉴스거리가 된다. 왜냐하면 이런 것들이 그의 재산 규모에 비해 너무도 검소해 보이기 때문이다. 그렇다면 그는 도대체 왜 이렇게 사는 것일까? 버핏은 이런 세상의 궁금함에 대해서 한 잡지사와의 인터뷰에서 이렇게 대답했다.

"나는 여러분이 생각하는 것과 달리 살면서 원하는 모든 것을 삽니다. 그런데 집을 10채 사서 갖고 있다면 내가 더 행복해질까요? 소유의 기쁨은 그저 한순간입니다. 나는 맥도날드 햄버거보다 100달러짜리 음식을 더 좋아하지 않는 것뿐이에요."

버핏은 검소한가? 그렇지 않다. 적어도 버핏 자신은 자신에 대해서 그렇게 말하고 있다. 그는 단지 그가 좋아하는 대로 살고 있는 것뿐이다. 그저 나이든 자린고비가 아니라는 말이다. 자린고비는 돈을 쓰지 못하는 것이지만, 버핏은 본인이 필요한 데에만 돈을 쓰고 있는 것일 뿐이다. 즉, 버핏은 돈이 줄 수 있는 행복을 만끽하며 살고 있는 것이다. 실제로 버핏은 언론에서 소란을 피우는 만큼 그렇게 돈을 쓰지 않고 사는 것도 아니다. 그는 5만 달러도 안되는 자동차를 타지만, 먼 곳을 갈 때는 개인 전용기를 타고 다닌다. 살고 있는 집은 백만 달러가 채 되지 않지만, 2017년까지는 1,100만 달러짜리 별장을 갖고 있기도 했다. 그런데 상대적으로 검소한 부자로 알려져 있는 그가 아낌없이 돈을 쓸 때가 있다. 그것은 그가 기부를 할 때이다.

버핏과의 35억 원짜리 점심식사 이벤트에서 번 돈 전액은 GLIDE라는 자선단체로 기부가 되었다. 이것만으로도 대단하다고 생각할 수 있다. 그런데 그는 2018년도에 이 점심식사 값의 1,000배나 되는 돈을 5개 자선단체에 기부했다. 2018년도 버핏의 기부액은 3.4billion(약 3조 8천억 원)이었다. 실로 엄청난 금액이 아닐 수 없다. 하지만 버핏이 너무 무리하게 기부를 한 것은 아닐까 걱정할 필요는 없다. 현재 버핏의 재산액은 85billion(약 95조 원)으로 추정되기 때문이다.

버핏은 너무도 돈이 많아서 우리 같은 평범한 사람과는 다른 세계의 사람처럼 보인다. 그런데 그럼에도 불구하고 그는 우리에게 돈에 관한 매우 현실적인 메시지를 주고 있다. 그는 결코 돈의 노예로 살아가고 있지 않다는 것이다. 그는 그가 말한 것처럼, 돈을 써서 얻게 되는 가치를 위해 돈을 쓰며 살아가고 있다. 만약 그 가치를 모르는 사람이 부자가 된다면, 그는 돈을 쓰지 못하는 자린고비가 되거나 헛된 쾌락에 빠져 무의미하게 돈을 써버릴지도 모른다. 그런데 이것은 꼭 부자가 되었을 때만의 문제는 아니다. 지금 우리가 돈을 버는 과정에서 이 가치에 대해 생각해보지 않는다면, 돈을 많이 벌었을 때의 당신의 모습은 뉴스에 나오는 부자들의 모습과 크게 다르지 않을 수도 있다. 아무리 돈이 많아도 돈으로부터 자유롭지 않은 모습 말이다.

부자들은 기부를 많이 한다. 적어도 미국의 부자들은 그렇다. 혹자는 그것이 절세 목적이라고 말하기도 하지만 버핏 같은 부자들에게는 틀린 말이다. 버핏은 자신이 내는 세금보다 수백 배 이상의 기부를 하고 있기 때문이다. 나는 버핏에게 있어서 기부는 일종의 보험과 같은 역할을 한다고 생각한다. 버핏을 탐욕으로부터 지켜주는 보험 말이다. 기부와 같은 나눔의 삶은 버핏에게 돈이 필요한 곳이 어디인지를 알려주는 나침반 역할을 할 수 있다. 그 나침반이 이제 더 이상 버핏을 가리킬 일은 없다. 그는 이미 필요를 채우는 데 쓰기에는 너무도 많은 돈이 있기 때문이다. 만약 이런 나침반이 없으면, 당신은 평생 돈의 노예로 살아가게 될지도 모른다.

다시 말하지만 버핏은 자신을 위해 충분히 만족할 만큼 돈을 쓰며 살아가고 있다. 그것은 애써서 자족하는 것도 아니고, 혹시 쓸데없는 데 돈을 쓸까 봐 위축되어 있는 것도 아니다. 버핏은 돈을 쓰면서 얻는 행복감을 누리고 있다. 당신 역시 그렇게 돈을 벌고 쓰면서 행복감으로 충만해지기를 바란다. 당신은 그럴 자격이 있고, 당신의 돈은 행복이라는 가치를 만들어내 줄 수 있는 매우 중요한 도구가 될 것이다. 그러나 돈의 쓰임새의 가치가 극대화될 수 있는 곳을 보여주는 나침반을 잊지 말기를 바란다. 이 나침반 덕분에 당신은 돈으로 인한 갈증에서 해소되고 진정한 만족을 누리며 살 수 있게 될 것이다.

지금 당장 시작하라

2장에서 '절대 실패하지 않기 위한 7단계 전략'에 대해 살펴보았다. 그 중 다섯 번째 단계가 무엇이었는지 기억나는가? 그것은 '전략 수립'이었다. 지금까지 우리가 함께 살펴본 내용들이 바로 이 단계에 속한다고 할 수 있다. 조금은 도전적으로 들릴 수도 있겠지만, 이제 당신은 분명히 돈 걱정 없이 살 수 있게 될 것이다. 당신은 더 이상 뭘 해야 할지 모르는 막막함 속에서 살아가지 않아도 된다. 자신이 해낼 수 있는지 확실치도 않은 것들에 인생을 건 모험을 하지 않아도 된다. 무엇보다도 당신의 미래가 어떤 모습일지를 시작부터 꽤나 명확하게 그려볼 수 있다. 하지만 이 책이 해줄 수 있는 것은 아쉽지만 여기까지이다.

2장에서 소개한 여섯 번째 단계는 '실행에 옮기기'였다. 다시 말하지만, 실제로 행하지 않으면 아무 일도 일어나지 않는다. 그것은 당신만이 할 수 있는 일이다. 책을 마무리하는 이 순간까지도 나는 이 문제에 대한 묘책을 위해 매우 고심했다. 어떻게 하면 당신의 첫 발을 떼게 만들 수 있을까. 자, 그에 대한 결론은 이것이다. 당신이 이 책을 읽은 직후에 할 일은 두 가지뿐이다.

첫째는, 곧바로 첫 페이지로 돌아가 다시 한 번 이 책을 정독하는 것이다. 그러면 당신이 어디로 첫 발을 내딛어야 할지 더욱 명확해질 것이다.

둘째는, 지금 당장 시작하는 것이다. 이 책은 이것을 목표로 쓰여졌다고 해도 과언이 아니다. 우리는 이제 실패에 대한 두려움 없이 투자를 할 수 있게 되었다. 기다릴 이유가 없다. 제발 그냥 시작하기를 바란다. 혹여나 다른 화려한 방법들이 당신을 유혹한다 할지라도, 시작은 해놓고 고민하길 바란다. 그런다고 해도 당신이 손해볼 일은 생기지 않을 것이다. 지금 당장 시작하라!

한 시간이 만드는 기적

당신이 아무리 마음을 굳게 먹고 도전을 시작한다고 하더라도 매번 당신의 발목을 잡았던 불리한 환경과 조건의 한계들은 여전히 그대로일 것이다. 또한, 아무리 좋은 결과를 확신할 수 있더라도 오랜 시간 동안 꾸준히 그 신념을 유지해 나간다는 것은 결코 쉬운 일이 아니다. 이것은 부자들도 예외가 아니다. 결과가 생각보다 더디게 느껴질 수 있고, 시간이 지나면서 환경과 조건들이 바뀔 수도 있다.

그런데 현실적으로 가장 큰 문제는 이것이 아닐까 한다. 당신은 이미 너무도 바쁘다. 시간이 없다는 말이다. 지금도 오늘을 살아가기 위해 최선을 다하고 있는 상황이다. 설령 애써서 시간을 쪼개어 새로운 것을 배우고 도전해보려고 해도, 당신 앞에 놓인 급한 문제들로 인해 계속 미뤄질 수도 있다. 나는 이런 당신의 상황을 너무도 잘 이해하고 있다. 매일 만나고 있는 다양한 고객들을 통해서도 당신의 삶을 느낄 수 있다. 나는 이 문제가 당신에게 얼마나 중요한 문제인지를 안다. 당신에게는 변화가 필요하다. 이 변화를 위해 가장 효과적인 방법은, 역시나 당장 시작할 수 있는 방법이어야 한다.

시간은 다른 조건이 부족한 사람들에게 가장 귀한 자산이다. 그 이유는, 모든 사람에게 하루 24시간은 동일하게 주어졌기 때문이다. 다른 것들은 상대적으로 부족할 수 있어도 시간은 그렇지 않다. 당신은 그 시간을 갖기 위해 어떤 대가를 치르지 않아도 된다. 말하자면, 그 시간을 어떻게 쓰느냐는 이전에도 당신 선택이었고, 앞으로도 그럴 것이다. 나는 확실히 말할 수 있다. 이 시간에 대한 선택은 당신의 미래를 위해 가장 중요한 선택 중 하나가 될 것이다.

나는 당신이 미래의 당신을 위해 10%를 저축하듯이, 지금부터 하루에 한 시간을 미래의 당신을 위해 쓰기를 제안하고자 한다. 혹시 한 시간씩이나 시간을 확보해야 한다는 것이 불가능해 보이는가? 그렇다면 매 한 시간마다 10분씩 6번 시간을 내는 것은 어떤가? 아니면 식사하는 동안이나 출퇴근하는 시간. 심지어 화장실에 가는 시간도 괜찮다.

솔직히 한 시간으로 뭘 해낼 수 있겠느냐고 묻는 것이 더 현실적이지 않을까 한다. 하지만 한 시간은 결코 적지 않은 시간이다. 하루 한 시간을 확보하면 1년이면 365시간을 쓸 수 있다. 만약 하루 정규 근무 시간을 8시간으로 본다면, 365시간은 거의 46일이나 되는 근무일로 생각할 수 있다. 공휴일은 절대 양보할 수 없는가? 그럼 1년간 300시간을 확보할 수 있다고 보자. 그래도 37일 정도의 근무일을 확보할 수 있다. 지난 37일간 직장에서 처리해 온 일의 양을 생각해보자. 이 정도 시간이면 군인은 삽 한 자루로 산 하나를 옮겨버렸을지도 모른다. 절대로 무시해버릴 수 있는 시간이 아니다. 당신이 마음 먹은 일을 시작하고, 조금씩이라도 변화를 만들어가기에 충분한 시간이다.

나는 미국에 온 지 8년만에 회계법인을 창업했다. 앞서 얘기했듯이 나는 거의 매일 밤 두세 시간씩 미래를 위해 투자했다. 물론 피곤해서 일찍 자버린 날도 있었고, 아팠던 때도 있었고, 가족들과 시간을 보내느라 따로 시간을 내지 못한 적도 있었다. 이런 사정을 고려해서 8년간 매일 저녁 한 시간씩 투자한 것으로 따져보면 총 2,920시간나 된다. 그리고 이것은 정확히 1년(365일)의 근무일에 해당하는 시간이었다. 나는 8년 중 1년을 지금의 나를 위해 일한 것이다.

그런데 다행인 것은, 당신은 이렇게 많은 시간을 쓰지 않아도 된다는 것이다. 내가 투자한 1년의 시간 대부분은 무수한 시행착오를 거듭하며 보낸 시간들이었다. 물론 시행착오의 시간들이 절대로 헛된 것들은 아니었지만, 반드시 모든 비바람을 맞으며 지나갈 필요는 없다. 꼭 빠져 죽을 뻔한 경험이 있어야만 수영을 잘 하게 되는 것은 아니다. 빠져 죽을 수도 있다는 위험을 잘 이해하고, 어떻게 그런 상황에 대비할 수 있는지를 알면 된다. 당신은 이미 이 책을 다 읽음으로써 수많은 시간을 절약할 수 있게 되었다. 물론 아직 아무 일도 일어나지는 않았다. 하지만 당신의 시작은 이제 절대로 연약하지 않다. 이제 그 밟는 페달에 가속도를 붙일 차례이다.

성공의 열쇠

대부분 부자들의 삶은 전혀 혁신적이지 않다. 부자들의 탁월함은 아무도 가지 않는 길을 가거나, 아무도 보지 못하는 것을 보는 데 있지 않다. 그들이 정말로 탁월한 이유는, 평범한 방법으로 성공을 이루어 낼 수 있다는 데 있다. 지금은 이 말이 그리 크게 와 닿지 않을 수도 있다. 하지만 시간이 지나고 꿈을 이루어 나가다 보면 이 말이 무슨 말인지 깊이 공감하게 될 것이다.

이제 마무리를 해야 할 것 같다. 당신을 결국 성공으로 이끌어주는 것은 정보(Information)가 아니라 변화(Transformation)이다. 정보도 분명히 매우 중요하다. 하지만 그것보다 훨씬 더 중요한 것은, 그 정보가 누구에게 있느냐이다. 세상의 지식과 유용한 도구들이 당신에게 왔을 때 빛을 발할 수 있도록 당신을 변화시켜 나가기를 바란다. 그런 변화의 노력은 꾸준히 계속되어야 할 것이다. 다음 5가지 내용들은 그 과정 속에서 당신이 흔들리지 않도록 도움을 줄 것이다. 당신의 성공을 응원한다.

1. 우선 지금 하고 있는 직장에 충실하라.

현재를 잘 살아가는 것은 매우 중요하다. 당신의 직장은 성공으로 가는 길을 꾸준히 갈 수 있게 해줄 고마운 엔진이 될 것이기 때문이다.

2. 뭔가 막힌 느낌이 들 때마다 다시 이 책을 찾아라.

특히 2장, '절대 실패하지 않기 위한 7단계 전략'의 각 단계를 수시로 점검하기 바란다.

3. 구체적인 시간적 계획(Timeline)을 설정하라.

이 계획은 언제든 수정될 수 있다. 물론 성공을 보장해 주는 것도 아니다. 하지만 이런 시간적 계획에 따라 움직이면 당신의 강점과 약점이 무엇인지 파악하는 데 도움이 된다. 무엇보다 시간을 허비하는 일이 현격히 줄어들 것이다.

4. 무엇을 모르는지 점검하라.

당신이 무엇을 모르는지도 모르는 상태에서 계속 전진해 나가는 것이 가장 위험하다. 계속해서 배워야만 한다. 제대로 변화를 이루어 나가고 있다면, 당신이 무엇을 더 배워야 할지 자연스럽게 알게 될 것이다.

5. 계속해서 목표를 확인하라.

성공을 위해서는 끊임없는 동기부여가 필요하다. 10년 전의 당신과 지금, 그리고 10년 후의 당신은 모두 다른 상황에서 살고 있을 수도 있다. 때로는 목표가 수정되는 경우도 있을 것이다. 하지만 사람들이 궁극적으로 원하는 삶의 방향은 그리 쉽게 바뀌지 않는다. 다만 당신의 현재 상황으로 인해 잠시 주춤거리는 순간은 올 수 있다. 그렇기 때문에 늘 목표를 상기시키고 그것이 당신에게 어떤 의미인지를 생각해 나가는 것이 중요하다. 훗날 당신의 자서전을 볼 때, 위기의 순간들을 회상하며 감사하는 기도를 올릴 수 있게 되기를 기대해 본다.

감사의 글

내가 회계사로 살아가는 것은 정말로 큰 축복이다. 나는 고객들의 삶을 통해 정말로 많은 것을 배운다. 가난한 고객들을 보면서 더욱 큰 책임과 사명감을 느끼고, 그들의 성실함에 오히려 내가 힘을 얻게 되기도 한다. 부자 고객들을 보면서 세상에는 선한 부자들도 많이 있다는 희망을 얻게 되고, 그들의 지혜로움과 겸손을 배우기도 한다. 부디 모든 고객들의 삶이 늘 평안하기를 기도한다.

모든 힘든 순간을 함께 이겨내고 그 순간들마다 나를 믿고 격려해준 아내가 없었다면 이 책은 나올 수 없었을 것이다. 글로 표현하는 것이 부족하게 느껴지지만, 늘 고맙고 사랑한다는 말을 전하고 싶다. 세상의 어떤 보석과도 비교할 수 없는 나의 두 딸, 혜나와 유나. 하루의 모든 피로를 한순간에 잊게 해주는 마법같은 웃음으로 매일 맞아주어 나를 정말 행복한 아빠로 만들어 준다. 이 책을 다 쓰면 정말로 그동안 놀지 못했던 것 다 놀아줄 것을 약속한다.

매일 새벽 부족한 아들을 위해 눈물로 기도하시는 부모님께는 늘 죄

송한 마음뿐이다. 삶을 통해 사랑을 보여주시고, 영원하고 가장 귀한 가치가 무엇인지를 깨닫게 해주신 부모님께 이 책을 바친다. 마지막으로 이 모든 과정 속에서 지혜를 주신 하나님께 감사드리며 모든 영광을 올려드린다.